Mulheres no Espírito Santo®

Edição Poder de uma História

Volume 1

Copyright© 2024 by Editora Leader
Todos os direitos da primeira edição são reservados à Editora Leader.

CEO e Editora-chefe:	Andréia Roma
Revisão:	Editora Leader
Capa:	Editora Leader
Projeto gráfico e editoração:	Editora Leader
Suporte editorial:	Lais Assis
Livrarias e distribuidores:	Liliana Araújo
Artes e mídias:	Equipe Leader
Diretor financeiro:	Alessandro Roma

Dados Internacionais de Catalogação na Publicação (CIP)

M922
1. ed.
Mulheres no Espírito Santo/coordenadora Ana Paula França Pereira Vespermann. – 1.ed. – São Paulo: Editora Leader, 2024.

310 p.; 16 x 21 cm. (Série mulheres/coordenadora Andréia Roma)

Várias autoras
ISBN: 978-85-5474-205-8

1. Espírito Santo (Estado) – Descrição. 2. Inspirações. 3. Liderança. 4. Mulheres – Histórias de vidas. 5. Mulheres – Relatos pessoais. I. Vespermann, Ana Paula França Pereira. II. Roma, Andréia. III. Série.

04-2024/23   CDD 920.72

Índices para catálogo sistemático:
1. Mulheres : Histórias de vidas : Biografia   920.72

Bibliotecária responsável: Aline Graziele Benitez CRB-1/3129

2024
Editora Leader Ltda.
Rua João Aires, 149
Jardim Bandeirantes – São Paulo – SP
Contatos:
Tel.: (11) 95967-9456
contato@editoraleader.com.br | www.editoraleader.com.br

    A Editora Leader, pioneira na busca pela igualdade de gênero, vem traçando suas diretrizes em atendimento à Agenda 2030 – plano de Ação Global proposto pela ONU (Organização das Nações Unidas) –, que é composta por 17 Objetivos de Desenvolvimento Sustentável (ODS) e 169 metas que incentivam a adoção de ações para erradicação da pobreza, proteção ambiental e promoção da vida digna no planeta, garantindo que as pessoas, em todos os lugares, possam desfrutar de paz e prosperidade.

    A Série Mulheres, dirigida pela CEO da Editora Leader, Andréia Roma, tem como objetivo transformar histórias reais – de mulheres reais – em autobiografias inspiracionais, cases e aulas práticas. Os relatos das autoras, além de inspiradores, demonstram a possibilidade da participação plena e efetiva das mulheres no mercado. A ação está alinhada com o ODS 5, que trata da igualdade de gênero e empoderamento de todas as mulheres e meninas e sua comunicação fortalece a abertura de oportunidades para a liderança em todos os níveis de tomada de decisão na vida política, econômica e pública.

CONHEÇA O SELO EDITORIAL SÉRIE MULHERES

Somos referência no Brasil em iniciativas Femininas no Mundo Editorial

A Série Mulheres é um projeto registrado em mais de 170 países!
A Série Mulheres apresenta mulheres inspiradoras, que assumiram seu protagonismo para o mundo e reconheceram o poder das suas histórias, cases e metodologias criados ao longo de suas trajetórias. Toda mulher tem uma história!
Toda mulher um dia já foi uma menina. Toda menina já se inspirou em uma mulher. Mãe, professora, babá, dançarina, médica, jornalista, cantora, astronauta, aeromoça, atleta, engenheira. E de sonho em sonho sua trajetória foi sendo construída. Acertos e erros, desafios, dilemas, receios, estratégias, conquistas e celebrações.

O que é o Selo Editorial Série Mulheres?
A Série Mulheres é um Selo criado pela Editora Leader e está registrada em mais de 170 países, com a missão de destacar publicações de mulheres de várias áreas, tanto em livros autorais como coletivos. O projeto nasceu dez anos atrás, no coração da editora Andréia Roma, e já se destaca com vários lançamentos. Em 2015 lançamos o livro "Mulheres Inspiradoras", e a seguir vieram outros, por exemplo: "Mulheres do Marketing", "Mulheres Antes e Depois dos 50",

seguidos por "Mulheres do RH", "Mulheres no Seguro", "Mulheres no Varejo", "Mulheres no Direito", "Mulheres nas Finanças", obras que têm como foco transformar histórias reais em autobiografias inspiracionais, cases e metodologias de mulheres que se diferenciam em sua área de atuação. Além de ter abrangência nacional e internacional, trata-se de um trabalho pioneiro e exclusivo no Brasil e no mundo. Todos os títulos lançados através desta Série são de propriedade intelectual da Editora Leader, ou seja, não há no Brasil nenhum livro com título igual aos que lançamos nesta coleção. Além dos títulos, registramos todo conceito do projeto, protegendo a ideia criada e apresentada no mercado.

A Série tem como idealizadora Andréia Roma, CEO da Editora Leader, que vem criando iniciativas importantes como esta ao longo dos anos, e como coordenadora Tania Moura. No ano de 2020 Tania aceitou o convite não só para coordenar o livro "Mulheres do RH", mas também a Série Mulheres, trazendo com ela sua expertise no mundo corporativo e seu olhar humano para as relações. Tania é especialista em Gente & Gestão, palestrante e conselheira em várias empresas. A Série Mulheres também conta com a especialista em Direito dra. Adriana Nascimento, coordenadora jurídica dos direitos autorais da Série Mulheres, além de apoiadores como Sandra Martinelli – presidente executiva da ABA e embaixadora da Série Mulheres, e também Renato Fiocchi – CEO do Grupo Gestão RH. Contamos ainda com o apoio de Claudia Cohn, Geovana Donella, Dani Verdugo, Cristina Reis, Isabel Azevedo, Elaine Póvoas, Jandaraci Araujo, Louise Freire, Vânia Íris, Milena Danielski, Susana Jabra.

Série Mulheres, um Selo que representará a marca mais importante, que é você, Mulher!

Você, mulher, agora tem um espaço só seu para registrar sua voz e levar isso ao mundo, inspirando e encorajando mais e mais mulheres.

Acesse o QRCode e preencha a Ficha da Editora Leader.
Este é o momento para você nos contar um pouco de sua história e área em que gostaria de publicar.

Qual o propósito do Selo Editorial Série Mulheres?
É apresentar autobiografias, metodologias, *cases* e outros temas, de mulheres do mundo corporativo e outros segmentos, com o objetivo de inspirar outras mulheres e homens a buscarem a buscarem o sucesso em suas carreiras ou em suas áreas de atuação, além de mostrar como é possível atingir o equilíbrio entre a vida pessoal e profissional, registrando e marcando sua geração através do seu conhecimento em forma de livro.

A ideia geral é convidar mulheres de diversas áreas a assumirem o protagonismo de suas próprias histórias e levar isso ao mundo, inspirando e encorajando cada vez mais e mais mulheres a irem em busca de seus sonhos, porque todas são capazes de alcançá-los.

Programa Série Mulheres na tv
Um programa de mulher para mulher idealizado pela CEO da Editora Leader, Andréia Roma, que aborda diversos temas com inovação e qualidade, sendo estas as palavras-chave que norteiam os projetos da Editora Leader. Seguindo esse conceito, Andréia, apresentadora do Programa Série Mulheres, entrevista mulheres de várias áreas com foco na transformação e empreendedorismo feminino em diversos segmentos.

A TV Corporativa Gestão RH abraçou a ideia de ter em seus diversos quadros o Programa Série Mulheres. O CEO da Gestão RH, Renato Fiochi, acolheu o projeto com muito carinho.

A TV, que conta atualmente com 153 mil assinantes, é um canal de *streaming* com conteúdos diversos voltados à Gestão de Pessoas, Diversidade, Inclusão, Transformação Digital, Soluções, Universo RH, entre outros temas relacionados às organizações e a todo o mercado.

Além do programa gravado Série Mulheres na TV Corporativa Gestão RH, você ainda pode contar com um programa de *lives* com transmissão ao vivo da Série Mulheres, um espaço reservado todas as quintas-feiras a partir das 17 horas no canal do YouTube da Editora Leader, no qual você pode ver entrevistas ao vivo, com executivas de diversas áreas que participam dos livros da Série Mulheres.

Somos o único Selo Editorial registrado no Brasil e em mais de 170 países que premia mulheres por suas histórias e metodologias com certificado internacional e o troféu Série Mulheres – Por mais Mulheres na Literatura.

Assista ao lançamento do Livro Mulheres no Seguro:

Marque as pessoas ao seu redor com amor, seja exemplo de compaixão.

Da vida nada se leva, mas deixamos uma marca.

Que marca você quer deixar? Pense nisso!

Série Mulheres – Toda mulher tem uma história!

Assista ao lançamento do Livro Mulheres que Transformam:

Próximos Títulos da Série Mulheres

Conheça alguns dos livros que estamos preparando para lançar: • Mulheres no Previdenciário • Mulheres no Direito de Família • Mulheres no Transporte • Mulheres na Aviação • Mulheres na Política • Mulheres na Comunicação e muito mais.

Se você tem um projeto com mulheres, apresente para nós.

Qualquer obra com verossimilhança, reproduzida como no Selo Editorial Série Mulheres®, pode ser considerada plágio e sua retirada do mercado. Escolha para sua ideia uma Editora séria. Evite manchar sua reputação com projetos não registrados semelhantes ao que fazemos. A seriedade e ética nos elevam ao sucesso.

Alguns dos Títulos do Selo Editorial Série Mulheres já publicados pela Editora Leader:

Lembramos que todas as capas são criadas por artistas e designers.

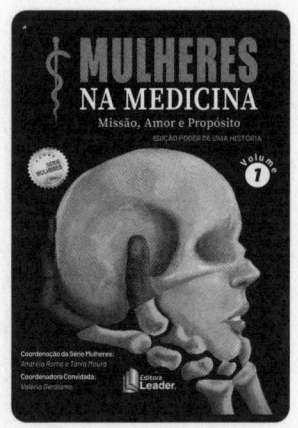

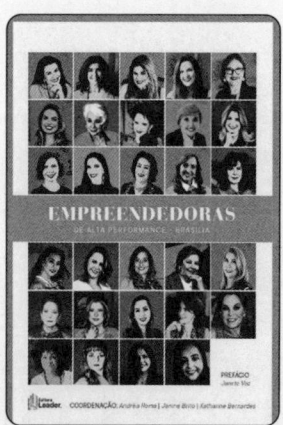

SOBRE A METODOLOGIA DA SÉRIE MULHERES®

A Série Mulheres trabalha com duas metodologias

"A primeira é a Série Mulheres – Poder de uma História: nesta metodologia orientamos mulheres a escreverem uma autobiografia inspiracional, valorizando suas histórias.

A segunda é a Série Mulheres Poder de uma Mentoria: com esta metodologia orientamos mulheres a produzirem uma aula prática sobre sua área e setor, destacando seu nicho e aprendizado.

Imagine se aos 20 anos de idade tivéssemos a oportunidade de ler livros como estes!

Como editora, meu propósito com a Série é apresentar autobiografias, metodologias, cases e outros temas, de mulheres do mundo corporativo e outros segmentos, com o objetivo de inspirar outras mulheres a buscarem ser suas melhores versões e realizarem seus sonhos, em suas áreas de atuação, além de mostrar como é possível atingir o equilíbrio entre a vida pessoal e profissional, registrando e marcando sua geração através do seu conhecimento em forma de livro. Serão imperdíveis os títulos publicados pela Série Mulheres!

Um Selo que representará a marca mais importante que é você, Mulher!"

Andréia Roma – CEO da Editora Leader

CÓDIGO DE ÉTICA
DO SELO EDITORIAL
SÉRIE MULHERES®

Acesse o QRCode e confira

Nota da editora

É com imenso prazer que apresento "Mulheres no Espírito Santo - volume I", uma obra que busca representar a diversidade e a riqueza cultural do estado através das histórias inspiradoras das mulheres que compõem este livro. Este projeto não apenas celebra suas contribuições individuais, mas também destaca o papel essencial que todas elas desempenham no tecido social.

O Espírito Santo, com suas praias deslumbrantes, montanhas majestosas e uma cultura rica que mescla influências indígenas, africanas e europeias, é um estado de beleza natural e patrimônio vibrante. É nesse cenário que essas mulheres escreveram suas histórias, contribuindo para a construção de nosso legado histórico e cultural.

A coordenação do livro ficou a cargo da querida Ana França, que desempenhou um papel crucial na seleção criteriosa das autoras que aqui compartilham suas experiências e visões. Ana trouxe, além do seu olhar apurado, também seu coração.

Este livro é um convite para explorar as múltiplas facetas do Espírito Santo através de suas mulheres, que com coragem e determinação moldam o presente e inspiram o futuro do estado e do país. Espero que os leitores encontrem nas suas histórias a mesma inspiração e orgulho que eu sinto ao publicar livros como este em cada estado do Brasil.

Com gratidão e admiração,

Andréia Roma
CEO da Editora Leader
Idealizadora e coordenadora do Selo Editorial Série Mulheres®

Prefácio
por Ana Paula França Pereira Vespermann

Bem-vindos à Série Mulheres, um selo editorial dedicado a destacar e celebrar o papel fundamental das mulheres em diversas esferas da sociedade. Em cada livro desta série, a Editora Leader traz luz a histórias inspiradoras de mulheres de todo o Brasil que deixam sua marca por meio de sua resiliência, determinação e coragem.

Em "Mulheres no Espírito Santo: Histórias de Mulheres que Marcam o Estado com seu Amor e Coragem", adentramos em um universo rico e diversificado, onde as capixabas são protagonistas de suas próprias narrativas. O Espírito Santo, estado encantador e pulsante do Brasil, é palco de uma rica tapeçaria cultural, marcada por sua história, tradições e empreendedorismo.

Neste livro, exploramos a essência do empreendedorismo feminino no lindo estado da região Sudeste. Aqui, as mulheres se destacam não apenas por sua força e resiliência diante dos desafios, mas também por sua habilidade em empreender e transformar suas realidades.

A semente desta obra germinou quando eu fui convidada pela Editora Leader para contar a minha história, em 2021, no livro "Mulheres nas Finanças", ao lado de grandes diretoras financeiras deste país. Após o sucesso desse lançamento e do meu projeto Acelera Mulheres, por meio do qual me conectei a um universo feminino extraordinário de dezenas de empreendedoras que mereciam ver eternizadas suas lutas e conquistas, propus um livro dedicado às mulheres do Espírito Santo.

Estou muito feliz por mais um projeto realizado em parceria com tantas mulheres. Agradeço pelo "sim" de todas elas e pelos textos que vão comover e inspirar a todos nós no país inteiro. Ao lê-los, vamos sentir cada dor, cada silêncio, cada oração e cada momento de superação e descoberta da força interior que move indústrias, instituições e empresas de vários portes, além de gerar emprego e renda para milhares de famílias.

Ao mergulhar nas experiências e conquistas das mulheres capixabas, somos convidados a refletir sobre a importância da diversidade de vozes e perspectivas na construção de uma sociedade mais inclusiva e justa. Cada uma dessas histórias é um tributo à capacidade humana de superação e ao potencial ilimitado das mulheres em deixar sua marca indelével no mundo ao seu redor.

Junte-se a nós nesta jornada de descoberta e inspiração, enquanto celebramos as mulheres extraordinárias que moldam o Espírito Santo com seu amor, coragem e determinação.

Ana Paula França Pereira Vespermann
Coordenadora convidada do livro

Sumário

Três fases da carreira e um objetivo: ser melhor sempre..................25
Andréia Lopes

Da Construção de Sonhos à Construção de Pontes: Uma Jornada de Propósito e Impacto..................37
Bartira Almeida

Trilhando Caminhos, Superando Desafios..................49
Cecilia Maria Entringer Perini

Mercado Sabor da Terra..................61
Celia Nolasco

Caminhos da memória..................73
Celina Lievori

A coragem de ser líder e escrever a própria história..................83
Eduarda Buaiz

Raízes no Campo: Uma Jornada de Sucessão e Cooperação no Agronegócio 93
    Fernanda Marin Permanhane

Como a felicidade me salvou 105
    Flavia da Veiga

Se às vezes a vida não é doce, temos sempre chocolate 115
    Flavia Gama

Breves relatos: escolhas, incertezas, propósito 125
    Gabriela Vichi

Nascida no Rio de Janeiro e abraçada pelo Espírito Santo 135
    Isabele Duran Cordeiro

Não há nada tão certo que não possa se transformar 147
    Izabella Tessarolo

Colaborar para transformar 155
    Júlia Caiado

Nossa força, nossa soma 165
    Lara Brotas
    Sandra Matias

65 rumo aos 100 177
    Lourdes Ferrolla

A poesia é Deus 187
    Maria Filina Salles Sá de Miranda

Muito prazer, eu sou a Martina..195
    Martina Varejão Gomes

Arte, liderança e expressão...207
    Patrícia Brotto de Barros Castro

Construindo e Inspirando 219
    Roberta Drummond Motta Modenesi

Sem raízes, não há Sustentação 229
    Stefany Sampaio Silveira

Transformando Desafios em Oportunidades.....................241
    Verônica Lopes de Jesus

Uma história boa de contar nunca foi fácil de viver..........251
    Zilma Bauer Gomes

História da CEO da Editora Leader e
Idealizadora da Série Mulheres® 259
    Andréia Roma

Três fases da carreira e um objetivo: ser melhor sempre

INSTAGRAM

Andréia Lopes

É jornalista, consultora, master em Jornalismo CEU-SP/Universidade Navarra, MBA em Gestão de Empresas de Comunicação, pós-graduação em Estratégias de Comunicação Organizacional e foi professora do MBA de Gestão de Riscos Reputacionais na UVV. Foi repórter, colunista da coluna Praça Oito, editora de Política, editora executiva da redação multimídia de A Gazeta, além de comentarista de Política da Rádio CBN Vitória. Foi secretária de Estado de Comunicação de 2015 a 2018. É vencedora em 2023 do Prêmio Mérito Empresarial da Associação dos Empresários da Serra (Ases) em duas categorias: Mulheres de Negócios e Micro e Pequena Empresa. Atualmente é consultora em gestão de imagem e CEO na empresa Andréia Lopes Consultoria.

Meu nome é Andréia Lopes e desde muito cedo soube que a curiosidade seria minha companheira de vida. Nasci em uma família grande, a mais nova entre quatro irmãs, e ainda pequena aprendi a arte de observar o mundo ao meu redor.

Gostava de ler tudo, em especial livros da minha irmã mais velha – que tem uma diferença de 13 anos comigo. Sou a caçula de uma família de mulheres, irmã da Deuceny (Déo), da Vanda e da Ângela. A filha do seu Genilzo e da Dona Deuzeny. A tia da Daniele.

Nasci a fórceps. Minha mãe sofreu muito no parto e um dia uma médica disse: "Você lutou pra vir ao mundo". Acho que é verdade.

Quando criança, lendo os livros da Déo, que já era professora, minha imaginação florescia, e a Medicina inicialmente se tornou um sonho. Explorava os corredores da Casa dos Braga, em Cachoeiro de Itapemirim, quando a internet ainda era uma realidade distante. Era a nossa biblioteca, minha segunda casa. Ajudava Déo com os trabalhos da faculdade. Mas, no fundo, acho que sempre quis ser jornalista, até mesmo quando eu queria ser médica. Com o tempo, percebi que minha verdadeira paixão estava na escrita.

Adoro a minha profissão e percebi isso claramente ainda no ensino fundamental, quando uma professora me colocou para participar de um concurso de crônicas. Fiquei em quarto lugar. Depois participei de outros, inclusive de um para o qual não tinha idade suficiente e usei o nome de um vizinho. Fiquei como terceira colocada e ele é que foi lá receber o prêmio. Eu só contei isso aproximadamente 30 anos depois, em uma crônica no jornal A Gazeta - onde trabalhei por 17 anos. E, quando eu já era secretária de Estado de Comunicação, participei de uma solenidade na Casa dos Braga em que também relembrei o fato.

Não havia faculdade de jornalismo na minha cidade. Na hora de decidir por uma profissão, eu disse em casa que deveria ser um ofício em que eu pudesse escrever. Então realmente corri atrás do meu sonho, já que eu precisava sair da minha cidade e minha família não tinha condições para tal.

Nada é por acaso

Sempre estudei em escola pública, mas no ensino médio consegui uma bolsa em escola particular. Estudava dia e noite para passar na Ufes (Universidade Federal do Espírito Santo). Também fiz vestibular para Direito em Cachoeiro, para o caso de não ser aprovada na federal. Passei em segundo lugar em Direito. Mas saiu o resultado para Comunicação e fui aprovada para o segundo semestre de 1994.

Antes de terminar a faculdade, em 1997, passei no Curso de Residência em Jornalismo da Rede Gazeta. Meu sonho estava próximo de se tornar realidade. Passar naquele curso para mim foi tão importante quanto o vestibular. Era o meu passaporte para o mercado. Assim que terminou o curso, fui contratada na Rádio CBN Vitória como radialista e, logo em seguida, como repórter de Política do jornal A Gazeta, ainda impresso.

Na minha vida profissional de jornalismo político, as histórias foram se entrelaçando, já que comecei cobrindo o Tribunal de Justiça e o Judiciário. Não fiz Direito, mas acabei sendo setorista do Tribunal Regional Eleitoral quando era "foca" em A Gazeta. Meu primeiro emprego de carteira assinada, no entanto, foi como recepcionista, para juntar dinheiro para vir para Vitória. Também dei aula particular para conseguir chegar à Ufes.

No início da vida universitária, eu não tinha lugar para ficar em Vitória. Primeiro fiquei na casa de uma amiga da minha irmã, em seguida consegui alugar um quartinho (que era um quarto de empregada) perto da universidade. Era simples, mas para mim estava ótimo: ficava localizado na rua da Ufes. Um ano depois fui morar numa república com dois amigos e a situação foi melhorando.

Um passo à frente e já não estamos no mesmo lugar

Sabia que precisaria trabalhar para poder continuar em Vitória e àquela época não era permitido o estágio em redações. Ainda assim, consegui uma oportunidade na Empresa Brasileira de Pesquisa Agropecuária (Embrapa), fazendo *clipping*. Sempre tive metas e estava determinada a alcançar o sonho de ser jornalista de veículo impresso.

Passei então no curso de residência na Gazeta. Conquistar esta oportunidade ao lado de grandes amigos, como Renata Rasseli, Mário Bonella, Breno Areas, Naira Scardua, entre outros, era incrível para mim. E a sensação de ver minha primeira matéria publicada na editoria de Polícia durante o curso foi indescritível. À medida que o curso chegava ao fim, surgiu uma oportunidade na Rádio CBN Vitória. E o rádio se revelou para mim uma grande paixão.

Em 1998, fui contratada para a editoria de Política de A Gazeta.

Minha primeira cobertura aconteceu na antiga Assembleia Legislativa, algo que jamais imaginei. Os acasos me levaram para onde eu deveria estar.

Cheguei a acumular os cargos na CBN e no jornal, até que, durante meu plantão, ocorreu o acidente envolvendo o iatista Lars Grael, que me fez perceber a dificuldade em conciliar as duas atividades. A cobertura triste e caótica, em nível nacional, marcou meu plantão na rádio. A pauta se expandiu, assim como minha participação. Eu também fazia plantão de Política no Tribunal Regional Eleitoral (TRE) no mesmo dia. A logística ficou complicada e, naquele dia, me peguei refletindo que algo não estava indo bem. Foi quando percebi que era o momento de pedir demissão para correr atrás do meu sonho. Saí da CBN para focar o jornal.

A Gazeta foi minha casa

Durante 17 anos, a Gazeta foi minha casa. Fui desde repórter de Política até colunista (na Praça Oito), editora de Política e editora executiva da redação multimídia. Mesmo tendo saído da CBN, mantinha meu pezinho lá como comentarista e substituía a grande jornalista Fernanda Queiroz nas férias dela. Até hoje amo a rádio.

Na redação, aos poucos fui me vendo envolvida em reportagens especiais e recebi meu primeiro prêmio por uma matéria investigativa sobre vereadores acusados de *Rachid*. Passei para uma abordagem mais profunda em meio à tensa cena política local, cobrindo crises na Assembleia Legislativa e no governo. Cobri um período turbulento da vida política capixaba: o crime organizado. Fiz coberturas históricas, entre elas a da morte do juiz Alexandre Martins de Castro Filho - um dos momentos mais tensos da minha carreira.

Foi em meio a essas coberturas que ganhei mais dois prêmios de jornalismo, além de premiações internas de A Gazeta e fui finalista de um prêmio nacional com uma matéria envolvendo a prisão do ex-presidente da Assembleia Legislativa.

Depois veio a trajetória para me tornar editora. Esta transição foi desafiadora, pois eu tinha o desejo de ser também colunista. Para mim, a ideia era que, ao se tornar editor, o jornalista saía da linha de frente. Consegui conciliar ao receber a oportunidade de ter uma coluna semanal de política com meu nome (o que era inédito), aos domingos.

Pude participar de todas as eleições de 1998 a 2014, sob a constante pressão de não decepcionar. Sempre cobrei muito de mim mesma. E acho que isso, somado à convicção de que eu precisava dar certo ao vir de Cachoeiro para Vitória, me fizeram ir em frente.

Minha experiência como editora foi enriquecedora. Tive a oportunidade de inovar na redação multimídia - que passou a englobar não só o impresso, mas o rádio e a internet. Os debates ganhavam uma dimensão enorme, chegando a ser líder de audiência no período no Gazeta On-line. Também fui responsável pelo primeiro blog de Política, levando a cobertura do impresso para análises extras na internet.

Chegando ao topo

Então veio a transição para o cargo de editora-executiva, uma experiência breve. Contudo, acumulei uma riqueza de experiências, auxiliando as direções editoriais dos jornalistas André Hees e Eduardo Caliman. Estive no topo da hierarquia da redação.

No cargo de editora-executiva, havia passado a ser uma gestora do jornalismo da redação - tarefa que havia me preparado para exercer quando, ainda colunista, consegui espaço entre os indicados de A Gazeta para fazer o Master em Jornalismo, que realizei em São Paulo. Antes disso eu já havia feito um MBA em

Gestão de Empresas de Mídia e uma pós-graduação em Comunicação Organizacional. Mas foi o Master em Jornalismo, com a equipe do professor Carlos Alberto Di Franco, uma das minhas melhores experiências acadêmicas.

Transição abrupta na carreira

Durante 17 anos, minha vida esteve entrelaçada com A Gazeta. Todos os valores, prêmios e minha reputação profissional foram moldados ali, e tenho um imenso orgulho disso. Convivi com grandes profissionais, entre eles o mestre Serginho Egito – minha referência profissional.

Nunca imaginei que um dia sairia de lá. No final de 2014, tive a oportunidade de entrevistar o governador eleito Paulo Hartung. Eu já ocupava o cargo de editora-executiva, mas ainda me envolvia na redação de algumas reportagens especiais. O governador me surpreendeu ao me oferecer o cargo de secretária de Estado de Comunicação. Com um misto de nervosismo e incredulidade, até questionei a razão da escolha.

O próprio governador, na ocasião, me disse que não existe um curso para aprender a ser secretária. Que se aprende sendo. E reconheceu meus atributos como uma profissional competente e responsável.

Foi surpreendente para todos quando o anúncio com o meu nome foi feito. Apenas minha família sabia. Pedi alguns dias para pensar e tomei a decisão de sair de A Gazeta no Natal de 2014, numa conversa em família. Era o fim de um casamento profissional significativo. Eu não sabia se estava certa, mas precisava ir e aprender mais sobre um novo mundo: o da comunicação pública. Sempre escrevi sobre política e chegava a minha vez de fazer parte.

Informei em A Gazeta que precisava sair imediatamente. Afinal, era 26 de dezembro e o início oficial no cargo aconteceria em 1º de janeiro.

Sabia que o novo desafio não dependia apenas de mim, mas trabalhei incansavelmente desde o primeiro dia. Eu me cobrava ainda mais, afinal, por anos, cobrei dos políticos. Não podia agir de forma contrária às minhas convicções. Assim, os primeiros seis meses foram bem desafiadores. Todo o período na verdade foi.

À medida que eu persistia e me dedicava, comecei a desempenhar um papel crucial. A mesma dedicação que eu tive no jornal depositei no governo, tratando a comunicação pública como se fosse uma empresa privada. Fui a porta-voz do governo, enfrentando crises em todos os gabinetes. Aprendi muito com tudo isso e nunca deixei de exercer meu papel, tendo em mente que agora era uma servidora pública, paga com o dinheiro público e que deveria honrar isso.

Do relacionamento com colegas admiráveis do time de secretários – como Eugênio Ricas, André Garcia, Ana Paula Vescovi e Bruno Funchal, só para citar alguns –, até a atuação em momentos críticos e entrevistas com figuras importantes, esta experiência moldou um capítulo excepcional na minha história. Nos quatro anos em que estive no governo, testemunhei a formação de um verdadeiro time e vivenciei assuntos sobre os quais antes eu escrevia. Passei a saber como funcionam os dois lados.

No governo, o aprendizado de uma vida

Durante o tempo no governo, nunca deixei ninguém sem resposta, uma filosofia que adotei para honrar a confiança depositada em mim. No fim das contas, estes quatro anos superaram, em aprendizado, qualquer doutorado ou pós-doutorado que eu pudesse ter imaginado.

O governo era um laboratório de crises, em que acordar para resolver um problema era apenas o começo de um dia de desafios. Sob a liderança do Paulo, que comandava o time como fosse o CEO de uma empresa, aprendi a importância de um planejamento estratégico, de gerir uma crise do início ao fim, do papel da comunicação na construção de imagem.

Enfrentamos algumas das maiores crises, desde a hídrica até o desastre ambiental da Samarco e a greve da Polícia Militar – meu maior desafio profissional. Ninguém sai do mesmo jeito que entrou ao viver tudo isso. Se souber trabalhar, sai melhor. Mas, se decidir se encantar, se perde. Eu fiquei com a primeira opção.

Recomeço do zero

Quando chegou o final do mandato do governador, tive a convicção de que havia cumprido o meu papel. Sabia que o governo era uma passagem, nunca pensei em fazer carreira ali dentro. Então reiniciei do zero e a vida me levou a abrir o meu próprio negócio - empresa à qual me dedico hoje. Esta transição não foi fácil, até porque abandonei a segurança do salário fixo para embarcar no empreendedorismo após os 40 anos de idade.

Os desafios foram intensos. O ano de 2019 marcou o começo da minha jornada como empreendedora. No início de 2020, no auge da pandemia, decidi tomar a arriscada e corajosa decisão de romper uma sociedade. Mais um momento desafiador, pois as atividades comerciais estavam paralisadas.

Enfrentei meus clientes para comunicar a ruptura. Funcionou, como tinha que ser. Assumi então o controle total da minha vida empresarial e percebi uma mudança significativa: tudo o que dava certo ou errado era responsabilidade exclusivamente minha. Eu me encontrei no empreendedorismo e toda essa paixão pelo jornalismo e essa dedicação pelo período que vivi no governo eu trouxe para minha nova vida. E queria fazer tudo dar certo de novo. Era como se aquela estudante de Cachoeiro tivesse chegado de novo a Vitória.

Olhar de quem carrega uma bagagem

Eu sou o reflexo da minha jornada e carrego a mesma sede de conhecimento, a mesma curiosidade até hoje. Esta bagagem de experiências moldou minha abordagem na gestão do meu negócio.

Ser jornalista exigia que eu buscasse a verdade. No governo, sempre busquei resolver tudo. Precisava gerir as crises. Hoje, estas experiências se convertem em ativos valiosos para minha empresa.

Ao longo dos anos, sempre busquei entregar o meu melhor. Esta busca incessante pela qualidade é transmitida à minha equipe. Quero mostrar ao mercado que nosso produto é inovador e que nosso trabalho é diferente.

Como reconhecimento, venci em 2023 (enquanto escrevia este capítulo do livro) o Prêmio Mérito Empresarial da Associação dos Empresários da Serra (Ases) em duas categorias: Mulheres de Negócios e Micro e Pequena Empresa, ambos motivos de muito orgulho profissional.

Carrego o fardo necessário para garantir o sucesso da empreitada. Hoje percebo que minha transição para o empreendedorismo não foi acidental, mas sim resultado de muito esforço. Agora, olhando para o futuro, sinto a necessidade de continuar crescendo e inovando, fazendo a diferença na vida dos meus clientes.

Almejo constantemente evoluir e me enxergo como uma empreendedora intrínseca, que sempre dedicou seu máximo em tudo e, agora, no próprio negócio. Cada fase foi uma oportunidade para melhorar, e acredito que meu futuro continuará a refletir esta mentalidade. Sempre em frente.

Da Construção de Sonhos à Construção de Pontes: Uma Jornada de Propósito e Impacto

LINKEDIN

Bartira Almeida

25 anos atuando no ramo da construção e incorporação de imóveis e 10 como voluntária ativa no Terceiro Setor. Sócia e presidente do Conselho de Administração da Morar Construtora e Incorporadora, uma das três maiores construtoras do ES. Fundadora e presidente do Instituto Ponte, uma ONG que tem o propósito de promover a ascensão social em uma geração, por meio de educação de qualidade, para jovens em vulnerabilidade social. O Instituto Ponte foi eleito cinco vezes consecutivas como uma das 100 melhores ONGs do Brasil.

Nascida em Brasília em 1974, é engenheira civil formada pela Universidade Federal do Espírito Santo (Ufes) e pós-graduada pela Fundação Getulio Vargas (FGV) em Controladoria, Auditoria e Finanças. Membro ativo do Young President Organizations (YPO) desde 2008. Vencedora do Prêmio Mulheres do Amanhã na categoria Terceiro Setor da ArcelorMittal Tubarão em 2019 e Ibefiana de Sucesso no Prêmio Equilibrista do Instituto Brasileiro de Executivos de Finanças do Espírito Santo (Ibef-ES) em 2018.

Na loteria do CEP, eu fui sorteada. Nasci em uma família classe média que foi melhorando seu poder econômico durante o meu crescimento. Uma família na qual a educação é prioridade (meus pais até hoje pagam as escolas de todos os netos para que seja a melhor escolha, independentemente do valor). Minha mãe, na década de 60, foi a única mulher da sua turma de Engenharia. Sempre fui incentivada a dar o meu melhor; me ensinaram que as minhas realizações dependeriam de mim. Tenho uma autoestima que me faz achar que sou bem-vinda em qualquer lugar. E que posso até ser coautora de um livro.

Voltando às origens....

Meus pais, Sebastião e Delva, nasceram no interior do ES no início da década de 40, ambos de família humilde. Papai, filho de agricultores, foi o 9º filho de 11 irmãos e aos 13 anos foi estudar em um internato na Escola Agrotécnica de Santa Teresa. Ele sempre gostou de matemática e achava que estudar era o melhor caminho. Mamãe, filha de um alfaiate e uma dona de casa, foi a 7ª filha de oito irmãos e cursou o "Normal" (atual ensino médio) para ser professora.

Ele, inspirado em suas convicções, e ela, inspirada na sua irmã mais velha, se aventuraram a ir para a capital fazer o cursinho preparatório para o vestibular. Lá se conheceram, passaram juntos para Engenharia Civil, na Ufes, sendo mamãe a única mulher da sua turma. Formaram-se em 1967 e, em seguida, foram iniciar a vida profissional em Brasília, onde havia muitas oportunidades e, por isso, eu e meus irmãos somos candangos.

Trabalharam juntos em empresas de Engenharia, em Brasília e em Belo Horizonte. Em 1981 voltaram para Vitória para serem empreendedores. Fundaram a Morar Construtora Incorporadora, atualmente umas das três maiores construtoras do ES.

Passei a minha infância vendo meus pais trabalhando com muita dedicação e muito prazer. Os nossos passeios de final de semana geralmente incluíam uma visita às obras. Papai, um empreendedor e otimista, e mamãe, mais "pé no chão", formam uma bela dupla! Em uma empresa com mais de 40 anos, os vi passarem por muitas crises, demissões de funcionários e também presenciei muitas conquistas. Pouquíssimas vezes vi meus pais reclamando do trabalho. Aquilo sempre foi uma fonte de prazer para eles. Hoje, tenho a felicidade de tê-los, acima dos 80 anos, com muita saúde e ainda trabalhando em situações pontuais na empresa. Uma das frases que tenho guardada do meu pai é: "O homem se realiza pelo trabalho".

Quando fui fazer o vestibular, optei por Engenharia Civil, pois gostava de matemática. Não tenho lembrança de me sentir pressionada na escolha do curso nem por começar a estagiar na Morar. Na minha cabeça, foi tudo muito natural. Comecei estagiando na área de orçamento e tive a sorte de, logo depois de formada, coordenar a implantação do Sistema de Qualidade. Fomos a 1ª Construtora do Espírito Santo a ser certificada na ISO 9001. Foi muito bom para a minha formação, pois escrever todos os processos me deu uma visão geral da empresa. Comecei trabalhando com mamãe, que era uma chefe muito exigente com a qualidade do trabalho e tinha pouca paciência para explicar os detalhes. Ter a primeira chefe bastante exigente foi muito bom para não me conformar com um trabalho nota 7. Mamãe me ensinou a analisar um documento desde o título e reclamava se algum não tivesse data. Provocada por um consultor de planejamento estratégico, mudei de área e comecei a acompanhar meu pai nas obras. Ele sempre foi preocupado que eu aprendesse todas as áreas da empresa. Chamava-me para as mais diversas reuniões, me incentivou a fazer pequenos cursos e, a cada dia, me dava novas responsabilidades. Com meu pai, aprendi que o trabalho era mais transpiração do que inspiração. Ele me expôs a diferentes situações: desde construir soluções com operários das obras a discutir parcerias com empresários renomados. De forma natural, aprendi que eu me encaixava em todo lugar.

Assim, passei 20 anos trabalhando na Morar: fui de estagiária a vice-presidente responsável pelas áreas técnica, administrativa e financeira da empresa. Foi um período muito gratificante na minha vida. Aprendi a trabalhar, me realizei vendo minha capacidade de fazer as coisas acontecerem e conheci pessoas bem interessantes. Neste período, casei-me e tive os meus dois filhos, Caio e Ana, que me fizeram descobrir que o papel que mais gosto na vida é o de ser mãe.

Em 2012, começamos a discutir a sucessão executiva na Morar. Meu pai me perguntou seu eu queria ser presidente e aquela pergunta foi muito importante para mim. Próxima dos 40 anos, refleti sobre o que eu queria fazer na segunda metade produtiva da minha vida (atualmente, a minha mãe está me mostrando que podemos seguir produtivas após os 80 anos) e cheguei à conclusão de que queria construir uma nova história. Optei por sair da minha posição executiva da Morar e continuar no Conselho de Administração da empresa. Sou uma privilegiada na vida, a minha família tem uma estrutura de governança que permite aos filhos terem liberdade nas suas escolhas pessoais.

Para o sucesso de pais empreendedores é muito importante que exista harmonia familiar e empresarial. Cada filho tem seu interesse pessoal, quer formar o seu núcleo familiar e tem objetivos de vida próprios. Sempre foi claro para os meus pais que eles seriam mais realizados pessoalmente se a empresa fosse bem-sucedida e os filhos estivessem felizes. Na nossa estrutura de governança há regras para entrar e sair da parte executiva da empresa, com dividendo mínimo, para cada um ter mais liberdade nos seus projetos pessoais. Assim, após os 80 anos, meus pais começaram a cuidar da sucessão patrimonial. Trata-se de um processo lento, construído por eles com muitas reuniões e mestria. Mesmo sendo uma família relativamente pequena, temos, além do Conselho de Administração na Morar, o Acordo Societário Familiar, Conselho de Sócio, Conselho de Família e contratamos conselheiros externos para nos apoiar. Focamos nos pontos de interesse em comum para continuarmos juntos, sempre com muito respeito às individualidades.

Não foi tão fácil a decisão de deixar as minhas funções executivas na Morar. Como disse minha psicóloga: *"A Morar é mais enraizada na sua vida do que você imagina"*. A *coach* que me acompanhou neste processo de transição falou que eu só descobriria a minha nova atividade quando tivesse tempo para praticá-la. Passei dois anos conversando com pessoas que fizeram mudanças na vida, visitei 42 projetos sociais em diferentes estados do Brasil e, em 2014, optei por fundar uma ONG de educação, o Instituto Ponte. Como acredito que temos melhores resultados se iniciarmos um projeto aprendendo com quem já executa algo semelhante a sua ideia, fui em busca de quem tinha experiência. Neste processo, percebi que as pessoas são bem acessíveis e têm prazer em dividir seus feitos. Atualmente, sempre que alguém me pede opinião sobre um projeto que quer implementar eu pergunto: "Quem executa algo semelhante no Brasil ou no exterior? Você já estudou esta empresa? Já tentou conversar com o empreendedor?". Parece clichê, mas é bem mais fácil iniciar aprendendo com a experiência e os erros dos outros. As pessoas sabem disso, mas poucas colocam em prática.

Faz dez anos que utilizo 70% do meu tempo trabalhando voluntariamente para melhorar a vida daqueles que precisam apenas de uma oportunidade. E eu não poderia ter me dado um presente melhor.

Começar algo novo é desafiador. Além disso, a minha opção por trabalhar de forma voluntária, sem remuneração, se tornou de difícil compreensão para muitas pessoas. A minha mãe falou: *"Você nunca teve problema na vida e agora você está procurando um problema. Você não conhece nada de educação, nem de terceiro setor e vai atuar nesta área? Mas, na minha vida, eu fiz o que quis e na sua vida você tem que fazer o que você quer. Eu acho que é loucura, mas o que você quiser, se for coerente, vou te apoiar'".* Ouvi, também, de diferentes pessoas *"Quando você vai voltar a trabalhar?"* ou *"O que você está ganhando com este Instituto Ponte?".* Sou grata a todas que têm a coragem de dizer o que realmente pensam para mim. Quando estou segura das minhas decisões, as críticas são apenas insumos para reflexão.

E, assim, comecei de forma solitária; não tinha ninguém para fazer nada por mim. Na construtora, eu rabiscava um papel com as ideias e direções e alguém fazia um belo Power Point. Nesta nova empreitada, tive que dar 20 passos para trás. Foi ótimo, porque reaprendi muita coisa.

Metas a alcançar sempre foram importantes para mim. Eu escolhi um empresário e combinamos uma reunião mensal, eu prestaria conta do meu progresso para ele todo mês. Ele me atendia com toda atenção e, ao final, falava que tinha aprendido mais do que me ensinado, mas que, se eu quisesse continuar as reuniões, ele estaria à disposição. E assim, experimentando e conversando, fui encontrando meu novo caminho.

No Instituto Ponte, a minha principal função é ser uma "pedinte ambulante". Não temos recursos públicos. Toda a nossa receita vem de pessoas e empresas que acreditam e agem para construir um Brasil menos desigual. Não conheço ninguém que goste de ser pedinte, mas posso garantir que, quando você encontra um propósito, tudo vale a pena.

E o **propósito** do Instituto Ponte é **ser a ponte** para a **Ascensão Social** em **Uma geração,** por meio de educação de qualidade, para jovens em vulnerabilidade social. Segundo a OCDE, um descendente brasileiro, entre os 10% mais pobres, demora nove gerações para atingir a renda média do país. Nove gerações? Nosso elevador social está quebrado! No Instituto Ponte, fazemos isso em uma geração. Assim, o filho do pescador hoje estuda Engenharia Mecatrônica no Insper; a filha da auxiliar de TV faz Medicina na Unicamp e o filho do motorista de van escolar, de uma cidade de 15 mil habitantes no interior do ES, faz Engenharia no Inteli.

Gosto de explicar o que o Instituto Ponte faz com uma analogia ao futebol. O Brasil tem vários jogadores eleitos entre os melhores do mundo: Kaká, Ronaldinho, Romário, Rivaldo... E nenhum prêmio Nobel. Mais de 200 milhões de habitantes e aqui só nasce quem tem talento para futebol? Inteligência diferenciada não nasce no Brasil? É isso mesmo? Lógico que não! Por que isso acontece? Porque no futebol temos um olheiro em cada campo de várzea. E o que todos deveriam se perguntar é: o que estamos fazendo com os talentos que existem entre os 30 milhões de estudantes da escola pública? Praticamente nada. Já ouvi dizer até que eles atrapalham o andamento da sala de aula.

O que o Instituto Ponte faz é ser este "olheiro", achar estes talentos nas escolas públicas, com renda familiar de no máximo 1,5 salário-mínimo per capta, e lhes dar oportunidades iguais às que damos para nossos filhos. Esses jovens passam a ter a chance de estudar em uma escola que os desafia, de cursar inglês, de conhecer diferentes profissões e conversar sobre projetos de vida. Hoje, temos mais de 280 alunos oriundos de oito estados do Brasil.

Dos universitários, 8% estudam Medicina; 49% estudam Engenharia ou Tecnologia. Vamos fazer a ascensão social deles em uma geração. Mas não é tão simples. Continuo tentando entender também a realidade daqueles que chegam próximo, mas não conseguimos fazer avançar. Tenho um aluno que passou no Inteli, faculdade "de ponta", com bolsa integral, moradia, alimentação e tudo gratuito em São Paulo. Com dez dias de aula, depois de muita conversa com psicólogos, ele desistiu e voltou para Vitoria: *"Meu sonho é ser policial igual ao meu tio"*.

Como sou uma pessoa que acha que todas as oportunidades me cabem, fico a me perguntar aonde esses jovens poderiam chegar, se nós, como sociedade, disséssemos a eles que todas as oportunidades são para eles.

A notícia boa é que esses dez anos de voluntariado me deram a segurança para dizer que cada um que está lendo este livro **pode influenciar a vida de alguém muito mais do que imagina.** Só cabe a você decidir, se quer ficar no campo onde o jogo acontece ou na plateia, em que se conversa sobre o jogo. Se quiser ficar no campo e a sua causa for educação, eu estou esperando você. Procure-me.

Muitos talentos são desperdiçados todos os dias. O tamanho do impacto que o trabalho do Instituto Ponte pode alcançar também depende da sua atitude.

Fazer uma transição opcional de carreira é uma tarefa difícil. Muitos se perguntam: por que sair de um lugar que hoje lhe faz bem? Mas eu gosto de me projetar lá na frente. Quero estar neste lugar daqui a dez anos? Com estas pessoas? O que me fará mais feliz? E quando, por diferentes motivos, tenho segurança de que serei mais feliz com a mudança, mesmo tendo que pagar um "preço caro", inicialmente, eu escolho mudar. Sempre tive a coragem de enfrentar a situação. Eu gosto de viver a vida de uma forma intensa. Tenho sede de viver bem cada dia, de aproveitar a minha saúde e de honrar as belas oportunidades que nos são dadas todos os dias. Isso também tem um preço, eu não aprendi a relaxar "fazendo nada". Sou aquela que está sempre atrás de um programa, de um aprendizado ou de uma diversão. Algumas vezes estou muito cansada "fazendo acontecer" e preciso ter atenção para aproveitar a "viagem" e não apenas o ponto de chegada.

Me dou pequenos desafios. Já participei de um TEDx, já palestrei para plateia com mais de 1.000 pessoas e até hoje não encontrei minha zona de conforto no palco. Eu fiz a opção de falar em público sempre sem ler. Isso me dá uma ansiedade extra, pois estou exposta com menos apoio a uma plateia. Mas em compensação, falar sem ler aumenta a minha conexão com o público. Tenho uma cabeça bem positiva, acho que as coisas vão conspirar a meu favor. Aprendi que a plateia torce pelo meu bom desempenho e, se errar o meu texto inicial, apenas eu saberei. Sempre me lembro da fala de um amigo: *"Quanto mais você se divertir no palco, mais relaxada a plateia ficará"*. Mesmo sabendo dessas dicas, sigo tentando encontrar minha zona de conforto. Mas já fiz alguns avanços.

Ampliei a minha atuação para o setor social, além do setor privado, com os mesmos valores. Demorei a entender que algumas pessoas viam as ONGs de forma diferente das empresas. O Instituto Ponte tem planejamento estratégico, metas arrojadas de resultados (aumentamos 15 vezes o número de alunos em nove anos!), controle de orçamento de forma semelhante ao da Morar Construtora e Incorporadora. Eu que transito nas duas organizações, vivo fazendo uma troca de "melhores práticas" entre elas. Imagino que isso é um dos motivos de o Instituto

Ponte ser a única ONG do Espírito Santo eleita por cinco vezes consecutivas entre as 100 melhores do Brasil. E como disse a minha filha em um depoimento: *"Minha mãe não é aquela senhora docinha, altruísta, que imaginamos que cuida de uma ONG. Quando você a conhece, ela não é aquela pessoa fofinha, é superfocada e isso traz muitos, muitos resultados. E ela realmente encontrou o propósito de transformar a vida destes jovens. Muito legal ter a noção que não precisarmos ser tão magnânimas quanto a Madre Teresa de Calcutá para fazermos este tipo de transformação".*

Ao longo da minha trajetória fui aprendendo, valorizando o que me faz feliz. Muitas vezes sou criticada: *"No Instituto Ponte, ela trabalha o bom aluno, quero ver ela trabalhar com aquele que tem dificuldade"*; *"Com o relacionamento que ela tem, é fácil captar dinheiro"*. Será que quem fala isso já pediu dinheiro para um amigo, para ajudar um desconhecido? Ou será que já fez ações reais para transformar a vida de algum desconhecido? Quando as críticas vêm, eu observo qual a história de quem está falando. Não tenho receio de fazer o que eu acredito e sou ciente que não agradarei a todos. O mundo está repleto de problemas, eu escolhi cuidar daquele que fez sentido para mim. Convido cada um a escolher o que faz sentido para si. Todas as causas têm valor. Desde "dar o peixe", até "ensinar a pescar". Aprendi isto no meu primeiro ano, após conhecer o trabalho de maravilhosas ONGs pelo Brasil. Já conversou e entendeu a realidade de alguém que passa fome? Já se imaginou passando fome? Diminuí minhas críticas e passei a admirar quem faz pelo outro, independentemente do motivo. Admiro aquela pessoa que está agindo, sendo ou não por uma causa que me toca.

Reflita sobre o que o emociona, o que lhe dá energia, o que faz sua garganta trancar. Quando eu li o livro "O momento de voar", da Melinda Gates, reli algumas páginas várias vezes. Me senti profundamente conectada, em especial, quando ela menciona em um trecho: *"Se há na vida algum significado maior do que se conectar com outros seres humanos, eu ainda não encontrei"*. Durante a leitura, foi aumentando em mim a certeza de que estava gastando a minha energia no melhor lugar que eu poderia escolher.

Ajudar o outro me faz muito bem! Faço porque me faz feliz. E lembra que eu disse que meu papel favorito na vida é o de ser mãe? Não vejo nada melhor para meus filhos do que crescerem tendo como exemplo uma mãe trabalhando feliz, conectada com o seu propósito. Desejo que cada um consiga achar o que o faz feliz e deixo a dica de que ajudar os outros foi um ótimo caminho para mim.

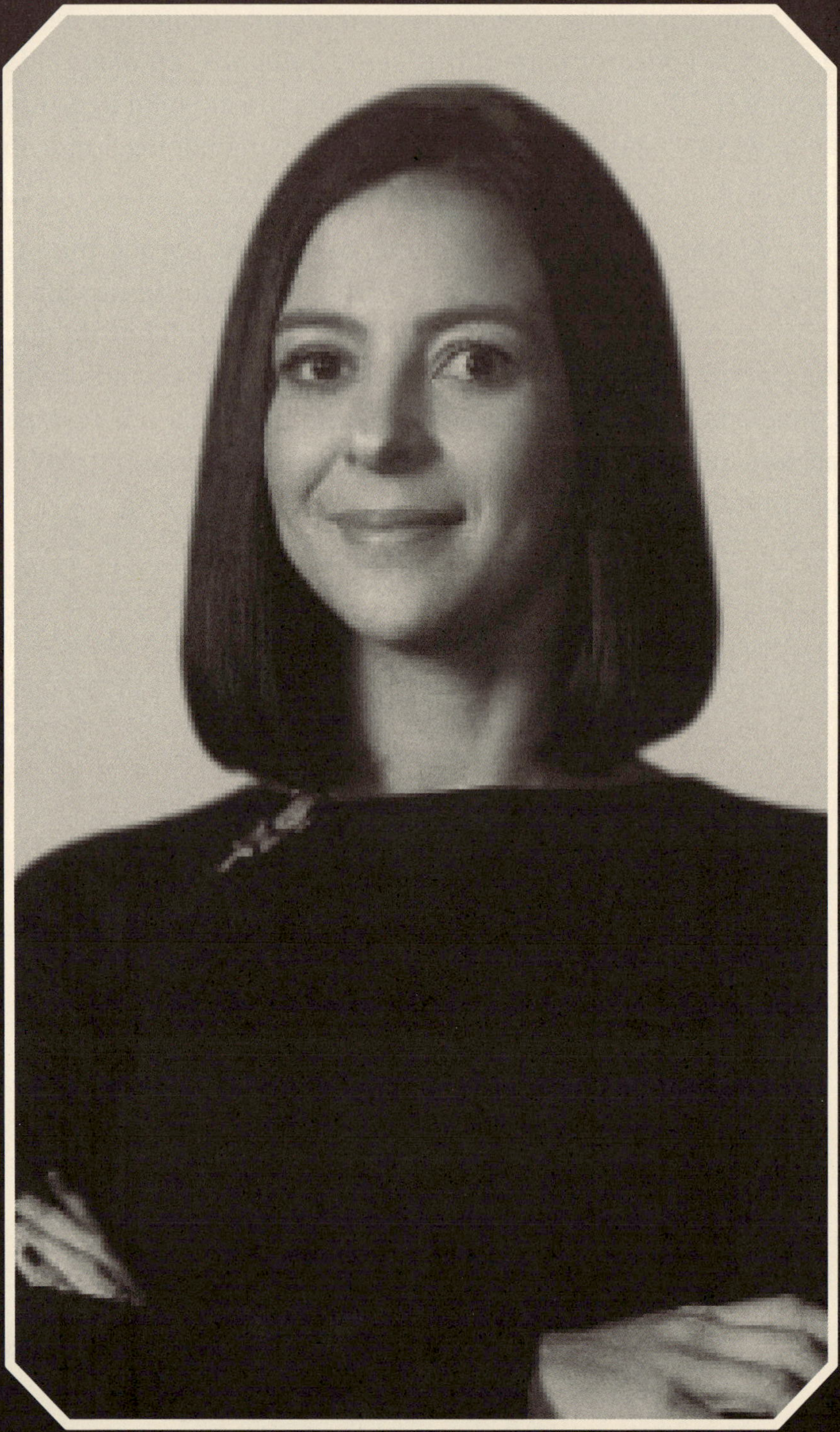

Trilhando Caminhos, Superando Desafios

Cecilia Maria Entringer Perini

Tem 35 anos, é economista, com MBA em Finanças, iniciou a carreira na Tristão e tem passagem pelo HSBC e Itaú. Hoje atua como Regional responsável pela operação MG e ES do Canal Direto da XP Investimentos.

É casada com Alessandro Perini e tem duas filhas, Mariana e Estela.

Perseverar sempre foi um verbo que pratiquei com muito afinco ao longo de toda a minha trajetória. Desistir nunca esteve em meus planos. Mudar a rota, sim, muitas vezes em pleno voo vários caminhos foram reavaliados, porém a determinação sempre foi minha forte aliada.

Nasci em uma família muito humilde, filha do meio de cinco irmãos. Em meio ao agito de uma família intensa, pude perceber que meus pais trabalhavam muito para garantir nosso sustento, mas não tinham discernimento, nem bagagem para nos direcionar nas escolhas da vida e também nas tarefas escolares. A falta de experiência neste caminho dificultou esse amparo, pois meus pais cresceram sem instrução, então como exigir de alguém algo que não teve?

Apesar desse vazio emocional e da falta de recursos financeiros, sempre fui rodeada de pessoas boas que trouxeram referências valiosas e muito apoio à minha infância. Minhas memórias quando criança misturam-se entre momentos de alívio e de alegria que eu vivia com minha madrinha, minhas tias, amigos e primos, com momentos de confusão e instabilidade dentro de casa com meus pais.

Esse sentimento confuso me acendeu uma urgência de raciocinar, desde muito nova, sobre minhas decisões e perceber que a vida é feita de escolhas. Desde muito pequena eu sentia o que me incomodava e o que eu não queria para a minha história.

Na passagem da vida infantil para a pré-adolescência eu já tinha uma certeza: quero morar em uma casa melhor, com condições básicas e, principalmente, viver em um ambiente sem brigas.

Para isso, eu tinha que agir e comecei a vender na escola produtos que estavam ao meu alcance, por exemplo, bolos, pulseiras e até frutas, como o cajá que nascia no quintal de nossa humilde casa. Desde criança eu frequentava a igreja, local em que conheci outras famílias e histórias interessantes que alimentavam minha curiosidade e minha sede de conhecimento. Ali tive outras referências de vida e percebi os melhores caminhos para a conquista dos meus sonhos: o estudo e o trabalho.

Apesar de os meus pais nunca terem nos acompanhado nem estimulado os nossos estudos, sempre tive dentro de mim um motor de mudança e de transformação. E o combustível desta máquina foi o desejo de aprender sempre mais, por isso, fui dedicada aos estudos e essa entrega me abriu uma importante porta: fui menor aprendiz em uma empresa exportadora de café, a Tristão/Real Café, aos 14 anos.

Ser capitã e protagonista de sua própria história

A experiência foi tão boa que naquele momento senti os primeiros sinais de que eu queria ser a protagonista da minha vida, e que tudo que acontecesse comigo seria minha responsabilidade. Eu senti esse poder nobre e genuíno que me impulsionou para o futuro. O primeiro ano de trabalho foi intenso e minha meta era ser efetivada no ano seguinte.

Me dediquei ao máximo, entregando com agilidade o que era pedido e solicitando novas tarefas. Lembro, com carinho, que minha principal função era organizar um arquivo de contratos de câmbio e com minha curiosidade, aos 14 anos, já conseguia entender quase tudo sobre o fluxo de pagamentos que existe nas transações de exportação de café.

Nas minhas férias de escola eu pedia para trabalhar durante todo o dia, adorava o que fazia e as pessoas com quem eu trabalhava. Acabou o primeiro ano e meu primeiro sonho se realizou, fui efetivada. Foi como um presente de aniversário aos meus 15 anos: ter a carteira assinada e ver meu salário triplicado.

Fiquei tão feliz, me senti tão valorizada e reconhecida que meu maior prazer era trabalhar e estudar. Segui trabalhando, escutando meus líderes, meus colegas e buscando oportunidades de crescimento dentro da empresa. Assim, fui galgando outros departamentos, como o financeiro, a controladoria e a contabilidade. Fiz amizade com pessoas que se tornaram referências para mim, me ajudaram a escolher meu curso da faculdade e me incentivaram muito. Eu estava me encontrando no mundo, conhecendo meu valor e meu potencial.

A dedicação e a colheita dos primeiros frutos

Optei pela faculdade de Economia e ao longo de quatro anos me dediquei plenamente aos estudos e ao trabalho me deslocando por vários quilômetros, todos os dias, entre as cidades de Vitória, Viana e Vila Velha. Em alguns dias eu precisava pegar nove ônibus para conseguir trabalhar e estudar. No entanto, no segundo ano de faculdade consegui comprar um carro que me ajudou no deslocamento e aumentou minhas horas de sono, que muitas vezes não passavam de seis.

Quase terminando a faculdade, em uma matéria chamada "Mercado Financeiro", decidi que queria seguir uma carreira em que eu pudesse me relacionar com mais pessoas, passar meu conhecimento e ensinar sobre bolsa de valores e investimentos. Eu estava encantada com o mercado e aceitei um convite para ir trabalhar em um banco. Pedi demissão da Tristão com o coração muito apertado e aceitei a proposta. Só que eu não contava com um pequeno golpe do destino. Vinte dias antes de começar, recebo uma ligação do banco dizendo que o processo tinha sido cancelado, pois o funcionário que estava me contratando havia sido demitido.

Foi um baque, uma surpresa negativa enorme para aquele momento. Tive que mudar a rota do avião em pleno voo. Precisei reavaliar meus planos de forma rápida. Eu tinha uma reserva financeira que havia guardado e decidi estudar para um concurso. Nessa época, eu já namorava há três anos com meu atual marido, que me incentivou a estudar. Estudei com afinco durante quatro meses e comecei a ser bem classificada em algumas provas que fiz. Porém, ao conversar com as pessoas que estavam estudando (e que já tinham passado) percebi que não era o que eu queria para minha vida e acabei voltando logo para o mercado de trabalho. Já me conhecia o suficiente para perceber que eu gostava mesmo era do bom combate. Uma vida acomodada e sem desafios não combina comigo.

Recebi alguns convites para voltar a trabalhar com exportação, mas decidi mudar para a área comercial. Dediquei-me a uma jornada de cinco meses como corretora de imóveis. Foi uma experiência incrível em que aprendi muito sobre o mercado imobiliário.

Depois dessa experiência, um amigo de faculdade me indicou para uma vaga em um escritório de agente autônomo de investimentos correspondente da XP. Foi onde me via bem-sucedida e feliz. Mesmo com uma função nada simples de explicar o mercado de ações e convencer os clientes a diversificar os investimentos, eu me sentia realizada trabalhando.

Nessa época eu tinha 20 anos e muitos sonhos para realizar e também precisava me sustentar, o mercado de ações era ainda muito pouco divulgado e estávamos começando a dar os primeiros passos para mudar, o que demandava paciência e anos de trabalho para consolidar uma carteira que pudesse remunerar bem. Como eu era responsável pelo meu sustento e ainda ajudava em casa, fui buscar uma carreira em que eu pudesse alinhar uma função que fosse satisfatória com um ganho financeiro maior.

Bancos: um rico aprendizado na vida profissional

Nessa época, aos 21 anos, aceitei a proposta do Banco HSBC e um novo portal de conhecimento se abriu. No banco conheci um ambiente corporativo e hierárquico. Aprendi sobre resiliência, colaboração, persuasão, comunicação e plano de carreira. Tive uma visão excepcional sobre vendas e entendi o que era empatia. Casei-me com o Alessandro no segundo ano de banco, aos 23 anos.

Ao longo dos cursos realizados, conquistei certificações que me ajudaram a crescer no mercado. Por conta de um desses títulos, fui convidada para assumir uma carteira no banco Itaú, onde fiquei nove anos. Iniciei em uma carteira montada por "limpeza de base", ou seja, clientes que os gerentes atuais não queriam atender e dessa carteira eu fiz o melhor resultado da agência naquele semestre.

No primeiro ano do Itaú tive minha primeira filha, Mariana, que me deu ainda mais energia e propósito para seguir em frente. Durante a gestação, continuei minha jornada de estudos e aprendizado e fiz um MBA em Finanças. Quatro anos depois tivemos a Estela, que chegou em um momento em que eu estava muito feliz com minha trajetória na empresa e conquistando muito espaço.

Potencializando o dom de servir

Sempre falo que nasci para ser mãe e sempre escutei que tenho o dom de servir. Tenho o prazer de estar disponível para ajudar e apoiar as pessoas e também me preocupar com elas. Quando minhas filhas nasceram eu vi que esse dom se potencializou. Entreguei-me por inteiro e durante o período de licença-maternidade dispensei ajuda e entreguei o meu melhor para elas.

Ao retornar ao trabalho, busquei sempre equilibrar vida pessoal e carreira para não perder nenhum momento importante e dar um tempo de qualidade quando estivéssemos juntas. Hoje percebo que elas já entendem minha dinâmica profissional e me emociono quando vejo que elas me admiram não só como mãe, mas como uma pessoa que busca sempre entregar o melhor para todos que me cercam.

A primeira grande experiência como líder

A minha sede de realizar me fez voltar a trabalhar antes do fim da licença-maternidade e, neste período, surgiu um grande desafio: equilibrar a vida de mãe com duas filhas, as viagens a trabalho e entregar resultados na segunda maior agência do Itaú no Espírito Santo.

Ao longo de quase uma década no Itaú, fui gerente de relacionamento e líder de agência, com o pensamento muito focado em dar o meu melhor para a empresa e para o cliente. Minha intensa dedicação sempre me ajudou a atingir resultados de destaque dentro da companhia. Em meio a um cenário de muita competição entre funcionários e equilibrando os interesses do banco e dos clientes, consegui criar relações de amizade e cresci sem pegar atalhos.

Reputação e ética norteiam minha carreira e sempre pensei que nenhuma conquista dura muito tempo se não for fruto de um trabalho genuíno e consistente, e que esse processo de conquista vai demandar muita humildade, adaptabilidade, *networking* e mente aberta para conseguir avançar.

Atalhos existem em qualquer profissão e em quase todas as áreas das nossas vidas, mas eu sempre pensei em crescer por minhas competências e pelo esforço. Sei que isso dá mais trabalho, mas me sinto feliz de ter chegado aonde cheguei dessa forma.

Histórias inspiradoras de liderança e desenvolvimento pessoal

No Itaú tive minha primeira experiência de liderança profissional e isso me fez questionar minha capacidade, pois agora o resultado não dependia só de mim. Por isso, comecei a buscar referências em pessoas do trabalho e nas minhas maiores inspirações: os livros.

Compartilho alguns marcantes: "A coragem para liderar" e "A coragem de ser imperfeito", ambos de Brené Brown; "Mindset", de Carol Duek, e "Inteligência emocional", de Daniel Goleman.

Meus pensamentos sempre estiveram voltados para a consistência e para o crescimento de longo prazo, então, em momentos difíceis eu tenho um método: focar no presente, ter consistência, trabalhar muito e de maneira correta, ajustar a rota e ser justa com as pessoas. Realmente agindo assim percebi que as coisas deram muito certo.

Assumi minha primeira liderança com 27 anos e fui uma das líderes mais jovens na operação naquela época. A maior parte da liderança tinha de 20 a 30 anos só de banco. Passei por um processo bem rigoroso, mas o meu resultado e avaliações me validaram. Antes mesmo de assumir eu já exercia a função de forma natural, sempre preocupada com o todo e o resultado da companhia.

Liderar times comerciais de alta performance é sempre um desafio, pois a barra é alta e os desafios de entrega e crescimento são gigantes, então, para que o processo seja leve e prazeroso sempre busquei ser uma liderança positiva, mostrando o caminho para chegar e ajudando as pessoas a olharem as situações por diversos pontos de vista até encontrarem a solução para chegar ao resultado.

Novos desafios: XP Investimentos

A pandemia da Covid, em 2020, foi um momento profundo e inusitado para muitos de nós e para a minha vida também. Em meio a tanto medo e incerteza, recebi uma mensagem no LinkedIn com um convite da XP Investimentos para uma conversa.

Eu estava feliz e entregando ótimos resultados no Itaú e não tinha pretensão de sair, mas eu havia acabado de perder uma funcionária para a XP, então pensei: "Vou entrar nessa conversa para compreender melhor as informações e características da vaga para blindar meus funcionários".

Eles me apresentaram uma nova função dentro da companhia, um trabalho *"anywhere"* em que os assessores iriam atender clientes de forma remota e estariam em todos os estados do Brasil por meio de um canal direto da companhia. Avisei meu superior de que participaria dessa conversa e marquei a reunião.

Entendi o projeto e fui me interessando pela proposta. Busquei informações com outras pessoas e a cada conversa eu enxergava mais propósito. Foi quando eu me encantei por algo chamado Cultura XP. Dentro dos princípios de cultura da XP, temos: sonho grande, mente aberta e espírito empreendedor. Pedi demissão do Itaú em setembro de 2020 e em outubro eu embarquei no foguete chamado XP Investimentos.

Quando comecei achei que seria apenas a continuidade de um trabalho, mas na verdade encontrei um ambiente fértil de pessoas empreendedoras com muita fome de crescimento e muita humildade para aprender, desaprender e aprender novamente.

Na XP acelerei minha curva de aprendizado e consegui pôr em prática muitos ensinamentos que aprendi nos livros e com profissionais que foram mentores importantes para mim. Fui convidada para ajudar na expansão do projeto em que a ideia inicial era regionalizar o atendimento de clientes que estavam na XP, mas eram atendidos em São Paulo. O objetivo dessa expansão era contratar os melhores profissionais dos bancos tradicionais. Conseguimos avançar neste desafio no Espírito Santo e construímos uma operação consistente com os melhores profissionais.

Com a entrega consistente de resultados ganhei mais espaço e assumi a operação da Bahia por onde fiquei por um ano ajustando o que precisava. Logo após esse desafio, fui convidada para assumir a regional de Minas Gerais.

Autocuidado e crescimento pessoal

Dentro desse processo de autoconhecimento, ficou muito claro que eu sempre me doei muito para todos o tempo todo e não olhava para as minhas necessidades, ou seja, não tinha nenhum tempo para mim. Foi aí que comecei a me interessar por fazer uma atividade física, comecei a academia, mas tomei gosto pela corrida, que entrou na minha vida em viagens de trabalho.

Encontrei na corrida um esporte que me traz a sensação de conquista. Comecei em 2020 e não parei. Já fiz sete meias maratonas e estou me preparando para a de Paris, que aconteceu no dia 7 de abril de 2024.

Quando me perguntam o que mais me ajudou no meu crescimento profissional eu digo: tenha a mente aberta para aprender e mudar de opinião e mantenha sempre em foco o seu propósito. Cuide do seu *networking* e rodeie-se de pessoas que sabem mais do que você. Esteja sempre na cadeira de aprendiz e adote o "lifelong learner".

Ganhe a confiança das pessoas fazendo a coisa certa e só prometa o que puder cumprir. O problema que está enfrentando não é o que vai atrapalhá-lo, como você vai agir diante dele sim, tente ser criativo e busque sempre a solução. Busque desenvolver sua inteligência emocional. Importe-se com a opinião e com a aprovação das pessoas que têm poder de decisão na empresa. E lembre-se: se você está entregando só o que lhe pediram, vai demorar a crescer. Busque surpreender.

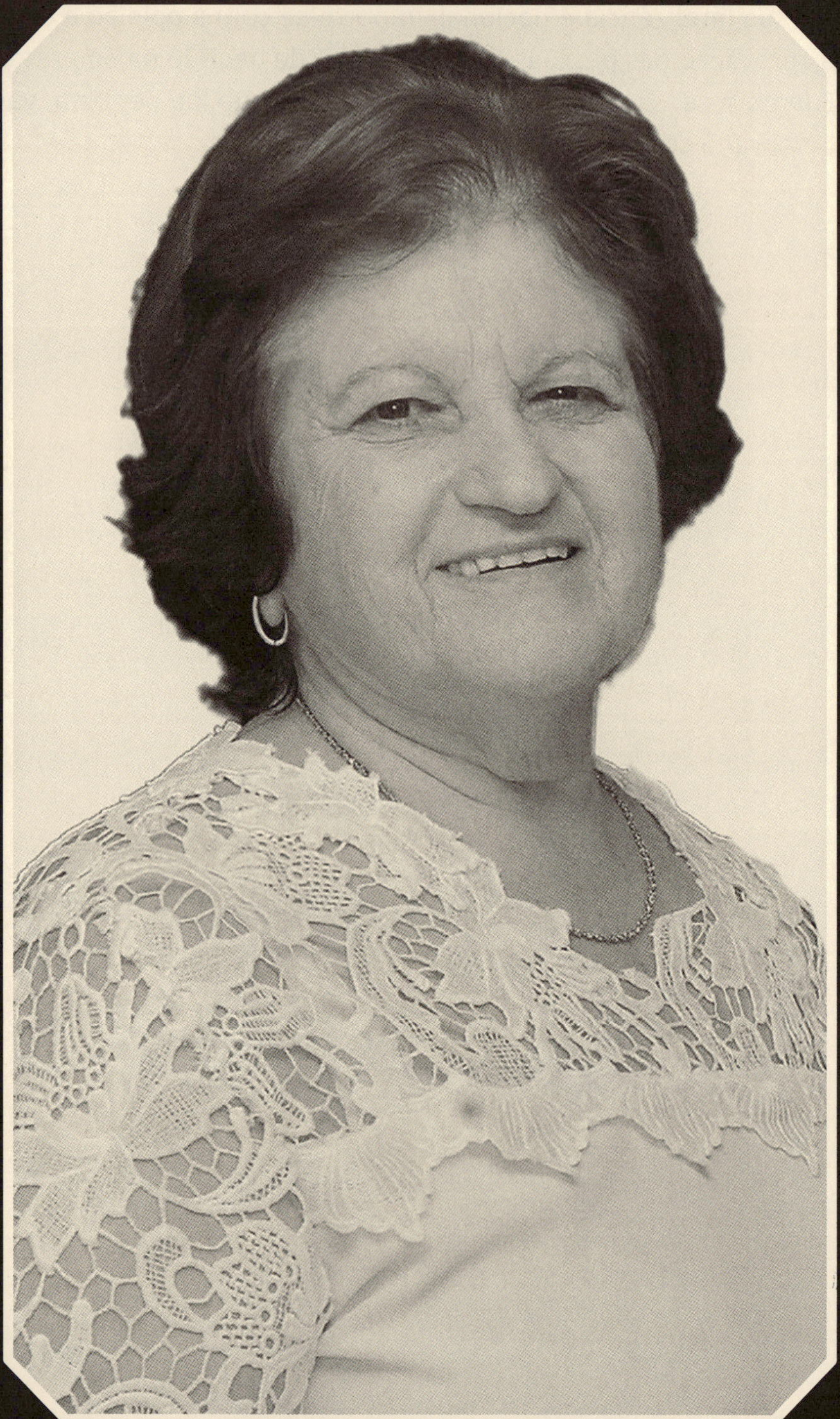

Mercado Sabor da Terra

INSTAGRAM

Celia Nolasco

É empreendedora e criadora do Sabor da Terra, mercado que completou 30 anos em 2022, com lojas na Praia do Canto e no Shopping Vitória. Casada com Ciro, é mãe de Luciana e Fernanda, avó de Lucas e Helena.

"Aprendi com as primaveras a deixar-me cortar e voltar sempre inteira. Meu nome é recomeço."

A frase acima, inspirada em uma reflexão da poeta Cecília Meireles, reflete a atmosfera que envolveu grande parte da minha vida como empreendedora. Recomeçar, após inúmeras batalhas, é um verbo ditado de maneira constante em minha jornada.

Eu sempre digo aos meus colaboradores: "Vai dar certo. Vamos com fé. Junte forças, erga a cabeça, respire fundo e recomece". Afinal, viver é isso, estar o tempo todo equilibrando-se entre escolhas e consequências.

Sou capixaba nascida na região do Caparaó, na pequena cidade de Divino de São Lourenço. Saí cedo de casa, estudei no colégio internato Maria Matos em Anchieta, Sul do Espírito Santo, e, em seguida, fui para Belo Horizonte estudar na Congregação das Irmãs Carmelitas. Fui noviça por três anos, estudava para ser freira, mas deixei a congregação aos 22 anos. Queria estudar, aprender outras coisas, me formar em uma faculdade. Cursei Letras na primeira turma da PUC de Minas, em 1973.

Esse foi o primeiro recomeço da minha vida. Sair do interior para morar em uma grande cidade. Tudo era maior e mais desafiador mas, como na vida nada é em vão, foi nessa virada de chave que conheci meu marido, Ciro Vieira. Ele era diretor de uma escola profissionalizante e eu trabalhava como secretária desta instituição. No decorrer do contato diário, fomos nos conhecendo melhor e começamos a namorar. Foi rápido. Nos casamos em 1974 e estamos juntos há mais de 50 anos.

Eu atuava como professora de Português e Inglês em uma escola mineira e tive duas filhas: Luciana e Fernanda. Nas férias escolares, íamos em família para a casa de meus pais, que moravam em Vila Velha. Nessa época, João Batista Nolasco, meu irmão, tinha um "kilão", uma loja que vendia produtos hortifrutigranjeiros, localizada na Avenida Rio Branco, na capital Vitória.

Era um tempo desafiador para ele, pois estava com diversas dificuldades com funcionários, inclusive para fazer o transporte da granja até o kilão. Meu marido estava procurando um novo desafio. Ao ver o cunhado naquela situação, resolveu ajudá-lo e passou o mês de janeiro trabalhando com ele. Foi uma ótima oportunidade para conhecer outras atividades e também ganhar um dinheiro extra. No final desse verão, enxergando os novos caminhos que se abriam e que a experiência proporcionou, Ciro resolveu me propor que largássemos tudo em Belo Horizonte para morarmos em Vitória.

A princípio, não aceitei, pois, além de ver aquela situação apenas como um extra de verão, eu tinha uma vida organizada e planejada na capital mineira: emprego, apartamento, a carreira como professora, amigos, filhas matriculadas, etc. Eu sempre fui considerada uma mulher de muita personalidade, que decidia praticamente tudo sobre nossas vidas, porém, desta vez, Ciro se posicionou firmemente contra a minha vontade e disse que não voltaria mais para Belo Horizonte.

Quem me conhece sabe da força da minha fé. Após muita conversa e orações, concordei com a mudança. O que eu não sabia é que aquela decisão mudaria completamente o destino de toda a nossa família.

Muita fé e coragem para recomeçar

Nessa época, deu-se início o segundo grande recomeço da minha vida. Combinamos que eu ficaria um ano em BH para organizar minha ida e dar tempo para que Ciro tivesse também uma estabilidade para receber a mim e às filhas. Nós não contávamos, porém, que a saudade qua as crianças sentiriam do pai seria tão grande a ponto de nos fazer rever os planos. Todas as noites Fernanda e Luciana choravam de saudade do pai. O que era para durar um ano, durou apenas seis meses.

Em 13 de julho de 1987, partimos "de mala e cuia" rumo a uma nova e desconhecida vida. Vitória, que era ponto de encontro apenas de férias, transformou-se em um destino final. Fomos morar por um ano e meio numa casa alugada no Bairro de Lourdes, que pertencia à minha irmã Celeste. Após esse período, ela precisou da casa e fomos morar em Vila Velha, cidade vizinha à capital, onde ficamos mais um ano, antes de voltar a morar em Vitória.

Durante esse período, eu e Ciro trabalhamos incessantemente no kilão de João Batista, e nos tornamos sócios. No início da década de 90 porém, os donos do ponto pediram uma parte do imóvel, diminuindo o tamanho do comércio. Teríamos que tomar algumas decisões a partir desse novo cenário.

Ao longo dos primeiros dois anos de trabalho, minhas habilidades como professora em sala de aula me permitiram criar minha identidade de trabalho e condução da loja, na forma de atender e receber os clientes. Tanto funcionários quanto clientes me procuravam para comprar e conversar. Saber ouvir sempre foi minha característica. As pessoas gostam de atenção e eu gosto de pessoas. Não é sobre vender. É sobre acolher e ajudar no que for preciso. Eu não sabia que isso era empreender, eu fazia tudo isso espontaneamente e de coração aberto.

Em 1991 uma oportunidade surgiu: abrir uma nova loja na rua Chapot Presvot, naquela época, uma rua tranquila e sem muita movimentação. Ao mesmo tempo, João Batista decidiu que era hora de terminar a sociedade e cada um seguir seu caminho. Eu abracei a oportunidade e junto com meu marido, em 1992, decidimos fundar nosso próprio negócio e abrir nosso kilão, ainda sem nome. Nem imaginávamos o rumo que a história ia tomar, os altos e baixos que iríamos enfrentar e o sucesso que viria pela frente.

Aquela região tranquila virou uma esquina movimentada e nosso comércio era conhecido apenas como kilão, kilão da Dona Célia, ou Celinha. Algum tempo depois uma amiga me sugeriu o nome Sabor da Terra e nós adotamos.

Em 1994, após anos de atuação bem-sucedida na Praia do Canto, decidimos abrir uma filial em Jardim Camburi, com um imóvel próprio. Após breves dois anos, muitas dificuldades e erros de gestão, tivemos que fechar essa loja e nos concentrar apenas na matriz. Foi um baque muito forte e um grande aprendizado também, porque eu entendi quais eram as minhas habilidades e competências e que pontos nós precisávamos aprimorar para evoluir como empresa.

A partir desse período, uma intensa jornada de dificuldades começou a desestabilizar a família. Como se não bastassem os encargos e prejuízos da falência de uma loja, o pior golpe veio da outra loja, na traição de um funcionário e amigo. Ele era considerado de confiança, comprava frutas e legumes na Ceasa (Central de Abastecimento do Espírito Santo). Eu entregava o dinheiro para cada compra, porém, ao invés de pagar os fornecedores, ele embolsava o dinheiro. Tirava proveito de que tínhamos crédito e não os pagava. Com o tempo, os fornecedores se enfureceram e resolveram bloquear a entrega das frutas e dos legumes ao Sabor da Terra. Perdemos o chão.

Naquela época, todas as operações eram feitas à mão, no papel, sem nenhum recurso tecnológico. Não havia internet, e-mail, nem computador para organizar as compras. Tudo era na base da conversa e dos acordos feitos pessoalmente e, quando formalizados, na máquina de datilografar.

Na manhã da revolta, o caminhão que iria abastecer o kilão estava cercado de fornecedores furiosos e policiais. Após o susto de saber que não teria mercadorias naquele dia, eu parei tudo o que estava fazendo e saí em direção à Ceasa.

Cheguei lá, havia dezenas de homens com muita raiva e policiais que impediam o caminhão de seguir a rota. Respirei fundo e fui sincera. Pedi desculpas pela situação, contei que não sabíamos que estávamos sendo roubados e perguntei a eles o que queriam. Responderam que queriam receber pelo pagamento atrasado de tantas mercadorias entregues. Eu disse: "Sim, e eu quero pagar a vocês, mas não tenho dinheiro agora. Por favor, liberem a mercadoria que eu dou minha palavra. Irei pagar todo centavo devido, mas, para isso, preciso trabalhar, pois o kilão é a minha única fonte de renda".

Diante da minha sinceridade e transparência, em consideração aos anos de relacionamento e à nossa ética que todos reconheciam, os fornecedores sentiram confiança e cederam. Aceitaram o acordo, que foi cumprido em seis meses. Seis longos meses em que a família ficou sem tirar um cruzeiro de lucro. O foco principal de todo o caixa era pagar os fornecedores da Ceasa.

Nessa mesma época, para piorar a situação, com aluguel atrasado, tivemos que deixar a casa na qual morávamos. Era o ano de 1995 e, pela primeira vez, eu, Ciro e minhas filhas nos vimos sem ter onde morar. Dessa vez, minha outra irmã, Maria do Carmo, nos acolheu e cedeu um quarto de sua casa em Vila Velha para abrigar minha família. Fomos morar de favor, os quatro, dentro de apenas um quarto. Foram 15 dias que pareciam meses. Para amenizar a crise, vendemos o imóvel de Jardim Camburi e quitamos parte das dívidas com a Ceasa e outra pequena parte usamos para o sustento básico. Assim, seguimos reconstruindo a vida, que havia virado do avesso.

Reconhece a queda, mas não desanima!

Como se não bastassem esses desafios, nos vimos em outra emboscada. Na mesma época, uma mulher que se prontificou a ajudar financeiramente o kilão quase consegue "dar um golpe" para tirar o mercado de nossas mãos. Foi preciso entrar na Justiça para impedir a perda. Com muita luta, apoio de meus clientes e amigos e o suporte e dedicação dos colaboradores, vencemos o caso. A juíza, depois de ouvir todo o processo, ordenou a reintegração de posse imediata, pedindo que o oficial me acompanhasse até o imóvel.

Eu não quis ir. O oficial foi à loja e ouviu da mulher: "Vou deixar para ela quatro paredes". O oficial me deu o recado e respondi: "Pois é tudo o que eu preciso. Eu só preciso do espaço, não quero nada dela, o resto a gente reconstrói". E assim foi. Dois dias depois, lá estava o mercado totalmente vazio. Era uma nova página em branco, um novo recomeço de vida na rua Chapot Presvot.

Lições e diferenciais

Tiramos muitas lições dessa época difícil. Organizamos melhor a gestão financeira do negócio e intensificamos uma peculiaridade que só o Sabor da Terra teve desde a década de 90: o delivery. Nem se usava esse termo em inglês, era tele-entrega. Nós fazíamos questão de entregar com muito carinho e de quebra ainda dávamos oportunidades a menores aprendizes de terem o primeiro trabalho.

O atendimento aos clientes no Sabor da Terra sempre foi tão especial e essencial que mesmo após as entregas, quando uma cliente sentia falta de algo, os entregadores faziam questão de ir completar o pedido. Exemplos não faltam.

Um dia, uma cliente havia feito uma compra, mas na hora de preparar um almoço especial para a família percebeu que fal tavam cebolas e me ligou no telefone fixo na loja pedindo por favor para entregarem. Atendemos de imediato. Isso tem mais de 25 anos e até hoje ela é nossa cliente, elogia nosso atendimento e passa essa fidelidade para filhos e netos. Temos hoje no Sabor da Terra a terceira geração de clientes de tantas famílias que começaram com a gente há três décadas.

Desafios, crise financeira, bênçãos e oportunidades

Após tantas histórias de desafios vencidos, eis que a vida apresentou mais obstáculos. Em 2001, o proprietário do imóvel na rua Chapot Presvot decidiu vendê-lo e nos ofereceu a oportunidade de compra. Naquele momento em que a empresa se restabelecia de tantas reviravoltas, não foi possível fazer a aquisição. Como não poderíamos comprá-lo, teríamos que desocupá-lo. Eram outros tempos. A notícia foi um grande susto, e me vi novamente desafiada pela vida.

Para minha surpresa, apesar das promessas, seria necessário desocupar a loja em curto espaço de tempo e ela chegou a ser fechada por alguns dias. Com a ajuda de advogados, muito empenho e um apoio inesquecível dos clientes – que também intercederam e chegaram até a mandar uma carta ao prefeito, pois ninguém queria que fechassem o Sabor da Terra –, o resultado foi a extensão do prazo para conseguirmos outro local para trabalhar.

Após muitas orações e procura de um novo endereço, um conhecido empresário ofereceu-se para construir um galpão num terreno próximo, que estava desocupado. Fui conhecer o local (era perto da loja), negociei o valor do aluguel, da construção e aceitei a proposta.

O despejo aconteceu no final de 2001 e em janeiro de 2002 nos mudamos para o galpão. Com muita garra, eu e minha equipe de colaboradores sempre leais fizemos a mudança mais rápida de nossa história. De um dia para o outro, levamos todas as mercadorias a pé, de caminhão, de carrinho de compras.

Um contêiner foi alugado para servir de estoque, o que virou praticamente uma sauna de tão quente e, em época de chuva, todo o galpão enchia de lama, pois a base ainda era de chão batido. Foi um período difícil, de muito desconforto e pouca estrutura para trabalhar. Mas, mesmo com tantos desafios, minha gratidão é eterna, seguimos em frente com o apoio de todos. Tenho mais do que clientes, tenho parceiros e amigos fiéis. Nossos funcionários são companheiros de jornada. Todos testemunhas e participantes dessa história de lutas e vitórias.

As oportunidades de cada obstáculo enfrentado

Do galpão improvisado em um terreno vazio ao que é o Sabor da Terra hoje, passaram-se mais de 20 anos. A rua Elesbão Linhares, que era tranquila e pacata, viu crescer ao redor daquele galpão o que hoje é o Shopping Day by Day. A loja foi construída para ser âncora do espaço com tantos outros vizinhos empreendedores. Vi no despejo, no tempo que ficamos alocados no galpão, a oportunidade de me reinventar. Abrimos um modelo de negócio que era novo na época, um mercado de vizinhança, que cresceu no coração do bairro e agora cresce para além dos limites da Praia do Canto. Atendimento ao cliente sempre foi nossa essência. Criar vínculos e relacionamentos é o coração do negócio. É o meu coração traduzido em Sabor da Terra.

Tudo feito com alma de empreendedora, assim me dizem, com conhecimento nato de gestão de negócios, gestão de pessoas e gestão operacional. A gestão financeira era comandada pelo Ciro, que sempre ficou na retaguarda do negócio dando suporte para as inúmeras inovações que eu trazia para o mercado.

Alguns altos e baixos, crises econômicas, greve da Polícia Militar e, em 2020, a assustadora pandemia da Covid. Já na fase mais madura da minha vida, foi necessário me afastar fisicamente da empresa. Ativa como sempre gostei de ser, depois de um tempo fui retornando às atividades. Em meio às incertezas da Covid, uma nova oportunidade surgiu: o convite para abrir uma loja no Shopping Vitória.

Um desafio novo, diferente de tudo que já vivi até aqui. Aceitei com o coração de quem não tem medo do novo e não pretende parar. Com a família atuando na gestão do negócio, fico livre para fazer o que amo: circular pelas lojas, receber bem e conversar com os clientes. Enquanto isso, meu marido assumiu a gestão da horta que temos em casa.

O fantasma da loja que não deu certo lá no passado ficou para trás. Uma nova era está começando, com muito mais experiência, gestão e aprendizados diversos. Em dezembro de 2023, a nova filial do Sabor da Terra foi inaugurada no Shopping Vitória. Uma loja linda, de 500 metros quadrados, o primeiro mercado do *mall*, que entrega o que sempre foi nossa marca registrada: qualidade, diversidade, atendimento e acolhimento.

Quando analiso toda a minha trajetória, reflito sobre a importância de se qualificar sempre, de aprender, não temer as mudanças, de conhecer o mercado e de compreender os clientes. Para isso, ao longo de toda a minha história, busquei estudar, me especializar, frequentar congressos e feiras de varejo, e a sempre seguir minha intuição e ouvir meu coração. Fui a primeira mulher a fazer parte da diretoria da Associação Capixaba de Supermercados (Acaps). Em um mundo ocupado por homens de negócios, os desafios sempre foram maiores para as mulheres.

Somos todos aprendizes nesta estrada da vida. Estou aqui para fazer o bem e tornar a vida das pessoas um lugar com mais sabor e qualidade. Agradeço a Deus pela força que me ergueu durante todos esses mais de 35 anos de história como empreendedora e agradeço ao Ciro, meu parceiro de vida, que construiu essa história comigo. Às minhas filhas, que estiveram sempre presentes. Aos nossos amigos clientes, funcionários e fornecedores, fiés apoiadores e participantes que me permitiram escrever essa história de força e sucesso.

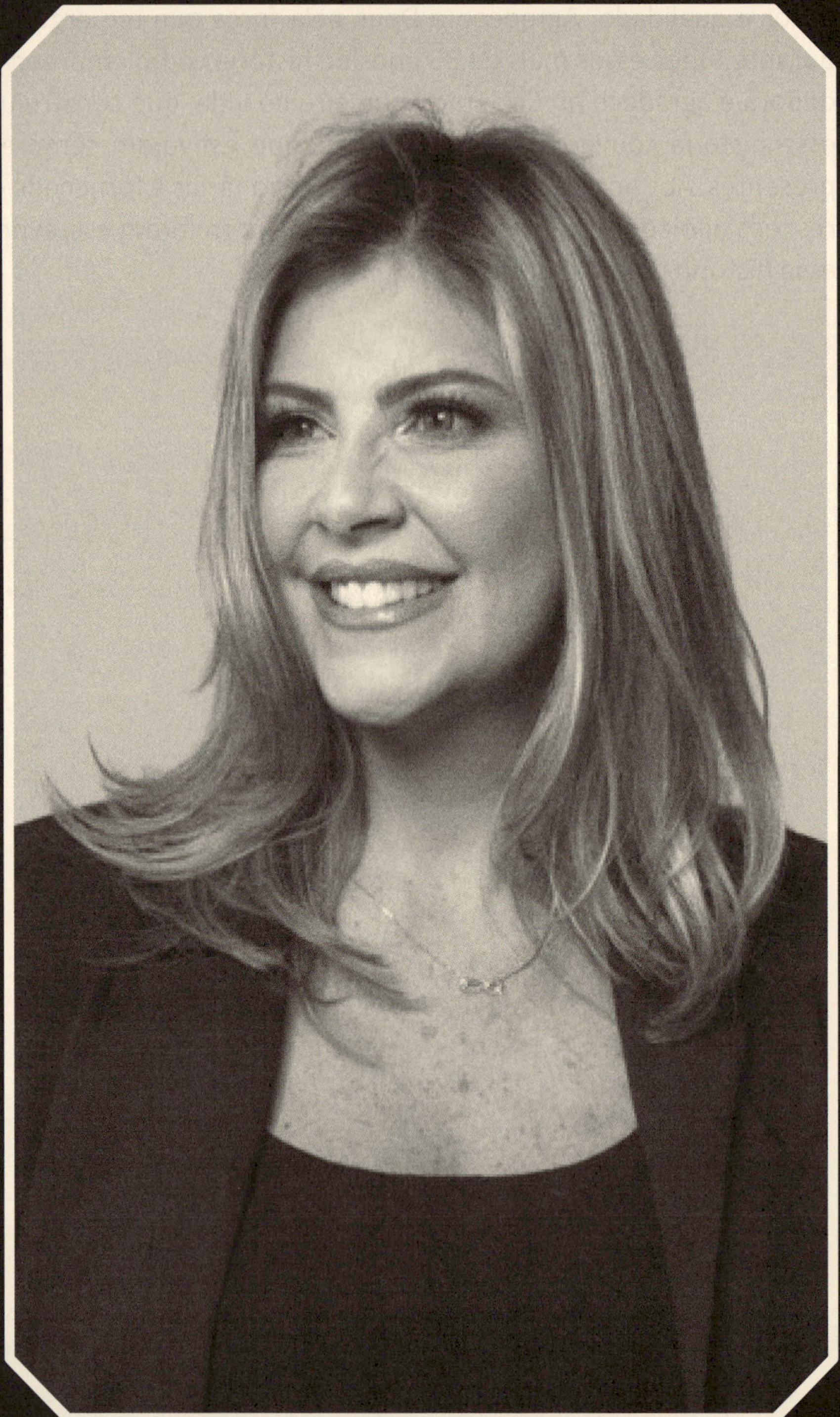

Caminhos da memória

Celina Lievori

Founder da Trynt Group, *startup* de dermocosmético capilar, acelerada pelo grupo Boticário; pós-graduada em gestão comercial e MBA em marketing, ambos pela Fundação Getulio Vargas (FGV)-RJ, desenvolveu toda a carreira de 20 anos na área comercial, passando por empresas como Luigi Industrial de Alimentos S/A, Cia Fiat Lux de Fósforos do Brasil e BDF Nivea Brasil.

Hoje atua como sócia da ALR Soluções Integradas, empresa de consultoria e representação comercial, e exerce o papel de presidente do Instituto Tkare, cujo propósito é combater a subnutrição infantil de crianças em vulnerabilidade alimentar.

Minhas lembranças mais felizes estão situadas na infância. Quando me tornei adulta, essas mesmas lembranças serviram-me de alimento e refrigério nos momentos difíceis que enfrentei na vida. Era para lá que eu me dirigia quando as coisas se tornavam insuportáveis. Ficava sozinha, fechava os olhos e me punha a recordar cada detalhe dos momentos felizes que experimentei quando ainda era uma criança.

Nessa época, eu tinha uma vida tranquila, morava no Espírito Santo, com meu pai, minha mãe e meu irmão. Ali não havia prédios, somente casas. Todo mundo se conhecia, as crianças podiam brincar na rua com toda segurança. Brincávamos livremente e os amigos eram muitos. Andávamos de bicicleta sem preocupação com trânsito e tantas outras coisas.

Porém, mesmo tendo tantas amizades ali no bairro, minha amiga preferida mesmo, a que eu guardava no fundo do coração, infelizmente morava bem longe, no Rio de Janeiro. Eu trocaria qualquer companhia ou brincadeira por ela e para estar com ela. Dessa forma, a coisa que mais aguardava era a chegada das férias. Nada me fazia estar tão feliz como nesse período. O amor que tínhamos uma pela outra era tão grande que jogar buraco com as amigas dela, fazer sorvete de manga com sua amiga de 70 anos e comer pipoca doce vendo o Fluminense jogar era mil vezes mais gostoso do que brincar de pique com as minhas amigas. Estranho? Não! Maravilhoso! Sinto até hoje o cheiro dessa pipoca doce e o sabor do sorvete, e só de escrever isso me dá uma saudade que não sei traduzir em palavras.

Por essas demonstrações de carinho é que eu a amava tanto, minha amiga preferida. Ter um olhar atento ao mundo, e um olhar ao próximo: foi isso que vovó Guguta me ensinou. Sempre saíamos juntas para visitar orfanatos e asilos, fazíamos cursos de culinária, tricô, crochê, lanchávamos com suas amigas na Confeitaria Colombo... Íamos ao Teatro Municipal assistir a óperas e balés, isso tudo me ajudou a desenvolver muita imaginação, sensibilidade e intuição. Ajudou a me tornar quem hoje eu sou.

Quando fiquei adulta, mesmo nos momentos em que me deparava com situações dificílimas, e não foram poucas, fui incapaz de recuar, pois vovó me ensinou a ser perseverante e determinada como ela. Essa minha avó era uma mulher forte, à frente do seu tempo; imagine uma mulher, nascida em 1913, ser escritora, poeta, professora, falar fluentemente o francês, administrar duas residências, uma no Rio e outra no interior de Minas, onde recebia, nas férias, mais de 20 pessoas com requinte e simplicidade. Acolher, isto ela fazia muito bem, intuitivamente, e ela me ensinou.

Esse aprendizado me acompanha até hoje. Ter somente o céu como limite foi o legado que ela me deixou.

Agradeço a Deus todos os dias pelo privilégio de ter tido essa avó que me amou incondicionalmente. Ela foi fundamental.

Minha trajetória profissional

Gosto de dizer que comecei a trabalhar aos 13 anos de idade, meio que brincando na Fábrica de Sorvetes Luigi, que pertencia ao meu pai. Ficava no caixa da lojinha da fábrica nos finais de semana, servindo sorvete. E amava fazer isto.

Bem cedo iniciei um estágio na empresa e trabalhei lá até completar 17 anos. Interrompi esse trabalho para fazer um intercâmbio nos Estados Unidos que durou um ano. Lá, buscando uma atividade, ofereci-me como voluntária na escola onde estudava para trabalhar na cantina e pintar salas de aula. Em seguida, dessa vez de forma remunerada, vendi ingressos de futebol americano. Assim, economizei dinheiro para fazer uma viagem ao Havaí, um dos meus grandes sonhos. Nessa ocasião, tive uma das maiores dores de minha vida: a morte de minha adorada avó.

Findo o intercâmbio, retornei ao Brasil e ao meu trabalho na Luigi e ingressei no curso de Administração da Universidade de Vila Velha. Trabalhava o dia todo e estudava à noite. Ao chegar em casa, exausta, iniciava-se minha tripla jornada: conferir relatórios, junto com meu pai.

Durante os quatro anos de faculdade, a Luigi foi uma verdadeira escola para mim, pois passei por todos os departamentos da empresa, sempre orientada por meu pai, um grande mentor.

Uma vez formada, decidi fazer um curso de pós-graduação na Fundação Getulio Vargas (FGV), no Rio de Janeiro. Meu pai foi radicalmente contra, mas eu não queria renunciar a isso. Fiz as malas e decidi morar com meu avô materno que residia lá. Logo comecei a procurar emprego, até que fui aceita na Fiat Lux. Tudo perfeito, pois a empresa era próxima à Fundação. Meu cargo era de operadora de telemarketing ativo, iniciava então minha grande paixão: Vendas!

Para minha surpresa, já no primeiro ano, fui considerada a melhor operadora. Convidaram-me para uma transferência para São Paulo, assumindo a função de vendas externas.

Comentei com meu pai e, para minha surpresa, o vi, logo no dia seguinte, chegando na casa do meu avô. Vinha com uma proposta para que eu voltasse ao Espírito Santo para trabalhar novamente na Luigi. Ofereceu-me um aumento de salário e uma ótima oportunidade de crescimento profissional. Claro que voltar à minha cidade era muito bom e aceitei o convite na hora.

Resumindo, foram dez anos na Luigi, anos de muito trabalho e dedicação. Tomei a decisão de sair quando percebi que, desde que assumira minhas funções na Luigi, havia ganhado um chefe bem exigente, mas, infelizmente, estava perdendo o meu pai. Foi quando conheci um *head hunter* que estava no estado para um processo seletivo para a área comercial de uma multinacional de cosméticos. Conversei com minha mãe e ela achou que seria interessante eu participar, embora o salário fosse bem menor, eu já estivesse casada e com uma bebê de colo, afinal, resgatar minha relação com meu pai não tinha preço. Participei do processo e fui aprovada para a vaga. Meu pai estava na Itália e quando voltou não gostou nada, mas minha mãe acabou conseguindo convencê-lo de que eu precisava dessa nova experiência.

Após um ano, um dos diretores da empresa veio visitar o estado e quis me conhecer pessoalmente. Nessa oportunidade, pudemos conversar muito; ele queria se inteirar sobre tudo relacionado a meu desempenho e aos clientes e do porquê de tanto crescimento na minha área, já que se tratava de um estado tão pequeno. Ele insistia para eu contar o meu "segredo "em vendas.

Fiquei admirada pelo fato de um homem tão experiente insistir tanto em querer saber o meu método de atingimento de metas, ele perguntava durante todo tempo que aqui esteve: "O que você faz para conseguir um resultado tão extraordinário assim?" Respondi sem pensar: "É que eu amo os meus clientes". Ele ficou parado ali, me olhando sem entender nada, era uma resposta tão fora de padrão! "Como assim, amar cliente?", perguntou.

Naquele momento percebi o quão surreal foi minha resposta, mas isso era fato, porque eu realmente amava meus clientes: eles sempre se tornavam meus amigos. Sempre almoçávamos juntos, falávamos dos filhos, do mercado, das dificuldades da vida. Eles confiavam tanto em mim e isso me deixava tão feliz e tão responsável por fazer o melhor para eles.

Comecei a perceber como sempre fora zelosa com as pessoas e percebi nisso os ensinamentos da vovó em minha vida. Ela sempre repetia para mim um trecho do livro "O pequeno príncipe": "Tu te tornas eternamente responsável por aquilo que cativas", e realmente eu estava colhendo estes frutos que eu semeava com meus clientes, era incrível!

Depois dessa visita recebi uma proposta irresistível de promoção, porém havia um problema: estava grávida da minha segunda filha e, pasmem, fui promovida assim mesmo, aos sete meses, algo difícil em uma multinacional alemã. Tornei-me então supervisora de vendas nos estados de Minas Gerais, Goiás, Distrito Federal e Espírito Santo. Ao voltar da licença-maternidade, logo me fizeram uma nova proposta, assumir interinamente, como gerente, para cobrir uma área descoberta, ou seja, assumir duas funções: supervisora em uma área e gerente em outra, mas em um estado desafiador: o Rio de Janeiro!

Era também de minha competência receber todos os executivos estrangeiros da empresa que vinham ao Brasil. Claro estava que eles queriam conhecer o Cristo Redentor, o Pão de Açúcar e, logicamente, os pontos de vendas, que, evidentemente, tinham que estar perfeitos, afinal, eles veriam ali representado o trabalho do Brasil inteiro. Tudo tinha que estar impecável. Não posso deixar de me lembrar de um fato realmente curioso, que simboliza bem a singularidade dessa minha nova função. Ao ciceronear um desses chefões, tocou-me a tarefa de levá-lo para conhecer o Museu Imperial de Petrópolis. Era final de mês, a época mais importante para nós, do setor comercial: época de fechamento das metas de vendas. Enquanto eu apresentava ao gringo as obras de arte do Museu, a cama do imperador, a coroa de Dom Pedro II, os meus vendedores não paravam de ligar pedindo aprovação das propostas para o fechamento das negociações, e eu lá de pantufa nos impecáveis pisos do palácio.

Muito trabalho, muito sucesso, mas aí começaram os problemas: ser mulher, mãe e profissional em uma das áreas mais fortemente masculinas foi uma tarefa difícil de administrar. Felizmente podia contar com o incentivo e a compreensão de meu marido. Sem ele, meu desempenho teria sido muito diferente.

Após o nascimento da minha segunda filha, durante um certo tempo, eu conseguia levá-la nas viagens. Mas ela começou a adoecer com frequência. Minha preocupação era enorme. Percebendo a situação, a diretoria da empresa prometeu me deixar somente com o Rio de Janeiro e Espírito Santo. Mesmo com esta redução ainda não dava conta de administrar a vida pessoal e profissional estando fora de casa de segunda a quinta-feira. Naquela época a internet era discada e não havia a tecnologia de hoje, era tudo presencial, o que dificultava muito o trabalho. Eu não aguentava mais a pressão e só conseguia dormir à base de tranquilizantes. A carga estava tão pesada que, certa vez, tive um apagão no aeroporto; desmaiei na sala de embarque. Percebi que havia ultrapassado meu limite. Não tinha mais condição de continuar.

Foi então que, visitando um cliente, acabei desabafando; contei o que se passava comigo. Como bom amigo, ouviu minha história e concordou que realmente com a carga de trabalho que eu tinha acabaria adoecendo. Fez uma proposta excelente: montar com ele, aqui no Espírito Santo, um escritório de representação comercial. Não pensei duas vezes; isso era algo que saberia fazer de olhos fechados. Conhecia o mercado como a palma da minha mão. Fui até o RH da empresa e apresentei minha demissão.

Comecei a trabalhar com a representação e, como sou muito inquieta, neste mesmo período recebi uma proposta de ser franqueada da Casa do Pão de Queijo no Espírito Santo.

Propus a minha mãe uma parceria nessa atividade e ela aceitou.

Em pouco tempo tínhamos uma rede de dez lojas. Conclusão: voltei a trabalhar mais do que antes, até 2018, quando vendi o negócio.

Novos rumos

Uma vez com a carga de trabalho bastante diminuída, comecei a dar vez a uma ideia que há muito vinha me acompanhando: me dedicar ao meu próximo, especialmente às crianças. Sentia que a vida precisava ter um objetivo maior. Sentia que Deus queria algo mais de mim. Conheci, então, a mulher e a comunidade que iriam me mostrar o caminho que eu deveria seguir: trabalhar para reduzir a subnutrição infantil. Esta mulher é um capítulo à parte em minha trajetória e eu precisaria de um livro inteiro só para narrar a sua história. Enfim, inspirada nela eu resolvi fundar o que viria a ser o Instituto Tkare.

Foi assim

Em 2019, durante a pandemia, decidi fundar a Royal D para ter recursos suficientes para incrementar os propósitos do Instituto.

Havia desenvolvido junto com uma amiga farmacêutica muito competente e experiente na área de dermocosméticos uma fórmula que impedisse a queda de cabelos e que, principalmente, propiciasse o nascimento de novos fios. Após dois anos de estudos e experiências conseguimos uma fórmula que, testada e aprovada cientificamente, considerada eficiente, foi aprovada pela Anvisa.

Eu pretendia, com o retorno que as vendas dessa empresa trouxessem, fundar e depois sustentar o Instituto TKARE. Mas os caminhos de Deus são insondáveis e muitas vezes não entendemos. Somente em 2023, no mês de dezembro, a empresa começou a engrenar, a vender melhor. Mas, com muita ousadia, me lancei desde o início na fundação do Instituto. Deus nos manda dar o passo e Ele coloca o chão! E assim foi acontecendo. O Instituto tem como objetivo combater a subnutrição infantil, desenvolvendo uma sopa nutritiva para crianças em estado de insegurança alimentar. Uma nutricionista altamente preparada encantou-se com o projeto e voluntariou-se para desenvolver uma fórmula que suprisse todos os nutrientes necessários às crianças na idade de crescimento. Essa fórmula foi aprovada pela Anvisa. Hoje ela está pronta e em fase de implantação nas comunidades que selecionamos inicialmente para trabalhar. O projeto inclui educar as mães para utilizar corretamente a sopa.

Hoje, o Instituto tem dois anos e nossa estrutura cresce solidamente, com escritório, funcionários, estatuto, contador. Damos suporte a 220 crianças em uma comunidade de Vila Velha.

O plano para o ano que vem é expandir para outras comunidades. Começaremos a captar recursos junto a empresas, porque completamos dois anos e já podemos usufruir dos benefícios fiscais existentes na legislação brasileira.

A Royal D é hoje acelerada pelo Grupo Boticário, no qual participei de uma seleção com mais de 212 *startups* do ramo de beleza, sendo uma das sete empresas selecionadas. Passamos por quase um ano de consultoria com o Grupo Boticário e fomos convidadas a participar do maior site de beleza que existe no Brasil e o maior da América Latina que é a "Beleza na Web". Em paralelo abrimos nossa *startup* para um *pitch* de captação de recursos e hoje temos dois investidores-anjo, o que nos dá muito orgulho. Um deles é a empresária Brunella Bumachar, fundadora da faculdade Multivix, e o outro, também empresário, é Rogério Salume, fundador da Wine, maior plataforma de vinhos *on-line* do mundo.

Seguimos crendo que Deus é fiel e justo e que conseguiremos alavancar a Royal D, para que SEUS planos se cumpram na minha vida.

A decisão de doar 50% de todo lucro que a empresa obtiver para o Instituto TKare acelerará os objetivos do Instituto, que pretende erradicar a subnutrição infantil no Espírito Santo e quiçá no Brasil.

Hoje, embora ainda continue trabalhando como representante comercial, quero desacelerar minha vida, porque, até aqui, tudo foi muito intenso. Quero ter mais tempo para me dedicar ao Instituto, que é o grande sonho da minha vida. Graças a ele tenho conhecido mulheres maravilhosas, que se tornaram embaixadoras do projeto. Com o apoio delas, da minha mãe, de meu marido e de minhas filhas temos conseguido resultados surpreendentes, não só junto às crianças, mas também alcançando suas famílias. São gotinhas de esperança nesse imenso oceano de miséria e abandono que existe em nosso país, mas sinto que é uma missão que dará frutos cada vez mais animadores.

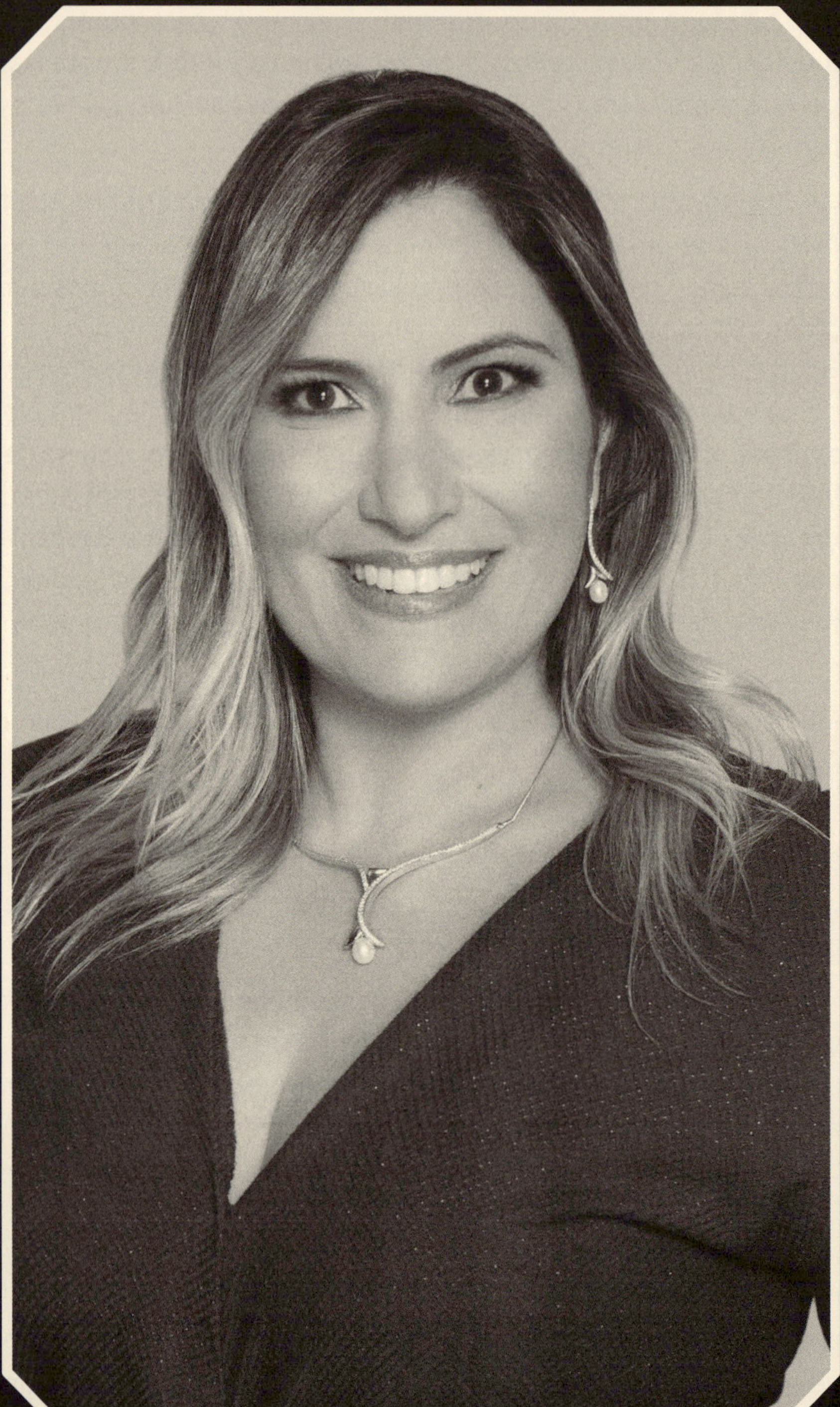

A coragem de ser líder e escrever a própria história

Eduarda Buaiz

É presidente do Conselho de Administração e vice-presidente da Buaiz Alimentos. Com especialização internacional em Moagem para Executivos, na Suíça, é formada em Administração de Empresas pela PUC/RJ, tendo atuado como gerente de Planejamento e Finanças na TV Vitória/RecordTV e como diretora administrativa e financeira do Grupo Buaiz. É casada com Cláudio Rezende, com quem tem dois filhos, Felipe Buaiz e Arthur Buaiz, parceiros dos desafios do seu dia a dia.

Conhecer Eduarda Buaiz é sentir leveza, bom humor e transparência. É ver uma mulher antenada, sensível, despojada e uma profissional forte e habilidosa. Uma gestora líder, inteligente e incansável que comanda uma das maiores indústrias de alimentos do Estado.

A importância de levar à frente o legado da família Buaiz sempre foi um guia essencial na vida desta empresária que trabalha há 25 anos nas empresas do Grupo Buaiz. A Buaiz Alimentos foi criada pelo avô, Americo Buaiz, na década de 40 e é fruto de uma jornada incrível de muitos desafios que começou com o seu bisavô, Alexandre Buaiz, que chegou órfão ao Espírito Santo, aos 16 anos, junto aos imigrantes libaneses a década de 1920.

A história do empreendedor Americo Buaiz sempre foi muito respeitada entre os capixabas. Sua liderança equivale à imagem de Francesco Matarazzo em terras paulistas por conta da construção de um complexo industrial próspero e sólido. Ao longo de sua história, recebeu inúmeras homenagens pela construção de uma trajetória vitoriosa que inspira os capixabas até hoje, 82 anos depois.

Porém, para a então menina Eduarda, segunda neta mais velha, o Sr Americo era o vovô formal que mantinha uma família numerosa e era rígido com a disciplina da casa onde os netos tinham que ter cuidado para não quebrar as louças, não desarrumar os tapetes ou derrubar refrigerantes. Até os 16 anos, a sua relação com o avô era distante, mas o destino reservava uma aproximação afetiva e de muito valor entre os dois.

Eduarda teve a oportunidade de fazer um intercâmbio na Suíça e, neste mesmo período, Americo foi morar três meses em Paris. "Naquele momento, tive a chance de realmente conhecer o meu avô. Ele me chamava para passar os fins de semana com ele. Íamos ao cinema, ao supermercado, passeávamos nos parques e conversávamos sobre assuntos que, em dias normais, ele não teria tempo de conversar, pois trabalhava muito. Eu me sinto muito feliz por ter tido esse contato mais próximo com o meu avô".

Estar fora do ambiente familiar com inúmeros parentes, estar fora do ambiente industrial de muitas demandas de trabalho e, inclusive, estar fora do país configurou-se um cenário perfeito para os dois se aproximarem e se reconhecerem como amigos nas figuras de avô e neta. "Ele queria saber de mim, dos meus anseios e dos meus estudos. Foi um período muito precioso para mim". Mal sabia, o Sr Americo, que anos depois seria ela a comandante de sua indústria.

A primeira mulher da família a ocupar um cargo de liderança no Grupo Buaiz. Sim, porque, como em toda família tradicional, entre os libaneses, apenas os homens tinham a oportunidade de ocupar cargos de responsabilidade nas empresas. Lugar de mulher era em casa cuidando dos filhos e provendo a organização do lar. "Para se ter uma ideia, nenhuma mulher da família havia tido a chance de trabalhar na empresa. Eu vivia em um ambiente extremamente masculino. A expectativa, na época, era toda em cima do meu irmão Marcus Buaiz, que era o neto homem mais velho.".

Desde a infância e a adolescência, Eduarda sempre ouvia falar sobre a empresa nos cafés da manhã junto ao pai, Americo Buaiz Filho, e nos almoços de domingo. Tinha noção dos momentos difíceis e das conquistas celebradas, porém em um universo ainda distante.

Quando voltou ao Brasil, com a mente ampliada de tanto conhecimento e a vontade de encarar novos desafios nos estudos, Eduarda fez faculdade de Administração na PUC do Rio de Janeiro. Sempre dedicada e aplicada em tudo o que faz, a jovem de raciocínio rápido e risada contagiante, não só se formou, mas ficou entre os 10 primeiros lugares da PUC. Com esse feito, ela automaticamente ganhou uma bolsa para fazer um mestrado. Durante a faculdade, fez estágios e programas de trainees importantes para a sua carreira.

> "Aproveitei os desafios e as oportunidades que estavam surgindo para trabalhar em empresas no Rio de Janeiro. Foi um aprendizado riquíssimo para mim e, diante dessa realidade, eu não me imaginava voltando para o Estado".

Foi quando sua mãe, Tânia Buaiz, percebeu o movimento e contou para o pai, Americo Filho. "Minha mãe alertou meu pai da seguinte forma: ela está seguindo o caminho dela. Caso você tenha interesse em chamá-la para algum cargo na empresa, não se demore, porque ela está prestes a aceitar convites de outras empresas. Logo em seguida, meu pai me ligou dizendo que estava precisando de mim para assumir a gestão financeira da Rede Vitória, empresa do Grupo Buaiz", conta Eduarda.

Eduarda aceitou voltar à cidade natal por seis meses como consultora, de forma a avaliar a experiência. Na época, seu irmão estava na gestão da Buaiz Alimentos e ela foi para a Rede Vitória. Os irmãos trabalharam juntos nas empresas da família por dois anos quando Marcus decidiu ir em busca de novos desafios fora do Estado.

Após o período de seis meses como consultora, o pai, Americo Buaiz Filho, convidou Eduarda para assumir a gerência financeira da Rede Vitória, com a missão de avançar nos processos e tornar a área ainda mais eficiente. Logo em seguida, em 2002, Eduarda ocupou o cargo de gerente administrativa. Em 2008, ela passou a liderar o centro de serviços compartilhados que foi criado para unificar as áreas administrativas, de controladoria, RH e financeira das empresas do Grupo Buaiz, buscando mais sinergia entre os negócios.

> *"Meu pai sempre me apoiou e acreditou em mim, é um grande conselheiro. Eu me inspiro diariamente na história que começou com meu avô Americo Buaiz, uma pessoa tão especial que transformou sonho em realidade, idealizou o que somos hoje e marcou a vida de tantos que passaram pela empresa. Meu avô tinha um espírito empreendedor latente e sua vocação era criar novos negócios. Tivemos indústrias de açúcar, prego, sabão, sacos, moinho de trigo. Uma história admirável que teve continuidade com uma gestão brilhante do meu pai, Americo Buaiz Filho, presidente do Grupo Buaiz, que foi marcada por tantos avanços, mantendo a tradição com o vigor e a inovação que continuam presentes até hoje".*

Em constante processo de autoconhecimento e de transformação, Eduarda continuou demonstrando sua capacidade de liderança e, em 2016, recebe um novo convite do pai, dessa vez ainda mais desafiador: ser a diretora-geral da Buaiz Alimentos. "Ele me ligou me fazendo o convite e pediu a resposta para o dia seguinte. Foi um convite que mexeu comigo", conta sorrindo e se lembrando da ansiedade do momento.

Habituada ao universo dos números e à gestão de áreas estratégicas dos negócios, ela passaria a liderar uma indústria de alimentos, e teria que ir além disso. O desafio incluía ter um olhar para o todo, da área industrial ao pessoal, ter sensibilidade e equilíbrio, ter a capacidade de tomar decisões estratégicas com foco no resultado, acompanhar processos, definir investimentos, cuidar do ambiente interno. Um projeto que exigia fôlego, conhecimento e dedicação, características que fazem parte da personalidade de Eduarda.

"A analogia que meu irmão fez com futebol me marcou muito. Ele disse que até aquele momento eu era o meio de campo e agora eu iria começar a chutar para o gol. As pessoas só veem quem fez o gol e não quem passou a bola. Isso me marcou e me ajudou a aceitar um cargo que iria me trazer novas responsabilidades e também mais visibilidade", conta.

Mas, naquela noite em que recebeu o convite do pai, Eduarda teve um sonho muito especial. Era seu avô, Americo. O sonho trazia a lembrança de Paris, os momentos a sós, os passeios juntos, as conversas sobre futuro e sobre a vida. Eduarda sentiu paz e aquele sonho foi fundamental para ela tomar a decisão e aceitar ser diretora-geral da Buaiz Alimentos.

Determinada a construir uma gestão com eficiência, precisão e dinamismo, sem perder de vista a sensibilidade, o cuidado e o acolhimento aos colaboradores, Eduarda começou fazendo um diagnóstico completo da empresa, visitando as instalações, indo ao chão de fábrica, ouvindo quem trabalhava em diferentes funções.

"Acredito que ser exigente comigo mesma me leva a transmitir esse mesmo espírito de superação e comprometimento para aqueles que trabalham comigo. Na época, mapeei o que identifiquei que poderia ser melhorado, desde as instalações, passando por estruturas e processos. Envolvi as equipes e comecei a desenvolver um planejamento que contemplasse melhorias e investimentos para tornar a empresa ainda mais competitiva".

Para se preparar ainda mais para o importante cargo, Eduarda fez uma imersão de um mês na Suíça, para compreender e acompanhar de perto todo o processo industrial desde a colheita do trigo, a limpeza, a umidificação do grão, moagem, separação, cada etapa da fábrica até fazer o próprio pão, tendo como referência o que havia de mais moderno no mundo.

"Sempre tive essa premissa em minha mente. É preciso se capacitar e planejar as ações para a realização de nossos objetivos. Eu não poderia ser uma liderança de algo que eu não conhecia. Isso eu levo para todos os setores de minha vida e passo esses ensinamentos para os meus filhos".

Neste mês que passou na Suíça, Eduarda foi com o marido, Cláudio Rezende, e sua mãe ficou cuidando de seus dois filhos, Arthur e Felipe. As atividades eram intensas. Começavam 7h da manhã e finalizavam às 19h, o que ajudava a minimizar a saudade dos filhos, já que durante todo o dia ficava envolvida na imersão. "Eu tinha a plena confiança de que eles estavam bem e o tempo passou rápido. Sou muito determinada e precisava focar naquilo que era meu propósito para o momento: trazer experiências e práticas bem-sucedidas de uma indústria de trigo reconhecida mundialmente".

Sob o seu comando, a Buaiz Alimentos avançou, se modernizou, cresceu e continuou tendo em seu DNA a tradição aliada à inovação. Desde 2016, quando assumiu, a empresa já recebeu investimentos da ordem de R$ 150 milhões. A primeira etapa dos investimentos contemplou a construção de uma nova fábrica de mistura para bolos, um novo centro de distribuição, uma nova recepção de grãos e a expansão da capacidade de moagem de trigo, além de um novo estacionamento e toda a reforma do prédio matriz.

Neste período, a empresa também adquiriu um terreno com três mil metros quadrados, localizado próximo ao Centro de Distribuição de São Torquato, e outro terreno na região da Darly Santos, como estratégia para ampliar a capacidade de armazenamento de trigo e de estoque de matéria-prima. Foram decisões tomadas com foco no crescimento, na consolidação da empresa em outras regiões e na internacionalização, que já faz parte dos novos planos.

Eduarda – hoje presidente do Conselho de Administração e vice-presidente da Buaiz Alimentos - também liderou vários projetos de modernização de estruturas, como a reforma dos silos, e de inovação, com a implantação de novas soluções tecnológicas para diferentes áreas, buscando ganhos de produtividade, melhorias de processo e excelência na produção.

Sua performance empresarial ainda inclui o olhar diferenciado para as pessoas, agregando e integrando equipes, demonstrando como cada um é importante para o todo. Desde que assumiu, iniciou uma consultoria robusta em gestão de pessoas junto ao Great Place To Work (GPTW), uma companhia global que desenvolve programas e certificação para empresas que buscam excelência no ambiente de trabalho.

Em 2022, pelo quarto ano consecutivo, a Buaiz conquistou o selo GTPW, que a reconhece como uma empresa com excelente ambiente de trabalho. O selo é uma etapa de um projeto mais amplo que busca avanços em diversos aspectos internos, como clima organizacional, remuneração, benefícios, oportunidade de crescimento, infraestrutura, transparência na gestão e autonomia dos colaboradores.

> "Eu acredito em um ambiente de trabalho em que os profissionais sejam reconhecidos, tenham liberdade para falar, sejam ouvidos, sejam estimulados a inovar, recebam investimentos em qualificação. Acredito em um ambiente de trabalho colaborativo, onde se aproveita a competência e as habilidades de cada um para o crescimento e desenvolvimento do todo", observa Eduarda.

A inovação também tem sido um pilar no dia a dia da Buaiz Alimentos e um dos motivos que permitem que uma empresa de 82 anos mantenha o vigor e a competitividade ao longo dos anos. Eduarda acredita na inovação como estratégia para melhorar produtividade, competitividade no mercado e resultados e tem trabalhado a inovação como parte da cultura da empresa.

Essa vibração em torno do novo é o que motiva Eduarda e o que tem feito ela liderar anualmente o lançamento de novos produtos no mercado. "Sigo a estratégia de inovar sempre, para surpreender nosso consumidor e conquistar novos mercados. Nossos últimos lançamentos contemplam farinhas de trigo para pizza, uma mistura para pão caseiro, uma collab com a Le

Chocolatier e uma nova linha de café especial, a Número Um Sentidos, com grãos 100% arábica".

Ouvir Eduarda falar das novidades é perceber o ritmo intenso no trabalho, o amor pelo que faz e o compromisso dela em manter a Buaiz Alimentos uma empresa líder de mercado, reconhecida por clientes, parceiros e, principalmente, por seus colaboradores. Sua história demonstra uma trajetória de sucesso, em constante movimento, buscando novidades, incorporando novos processos, investindo em melhorias contínuas, criando ações internas que motivem e estimulem a criatividade e os resultados, sem perder de vista seus outros papéis como mulher, mãe, esposa, amiga e filha. Uma mulher "multifuncional", que desempenha vários papéis, sem perder o humor e a leveza.

"Quero continuar avançando nos projetos com foco nas pessoas, para tornar o nosso ambiente de trabalho cada vez melhor. É preciso demonstrar seu lado humano, ter humildade para mostrar que não tem respostas para tudo, ter resiliência e, principalmente, ter a capacidade de promover mudanças. Vou continuar vivendo compartilhando valores como integridade, comprometimento e respeito, que busco praticar no dia a dia e transmitir aos meus filhos e as minhas equipes", conclui Eduarda.

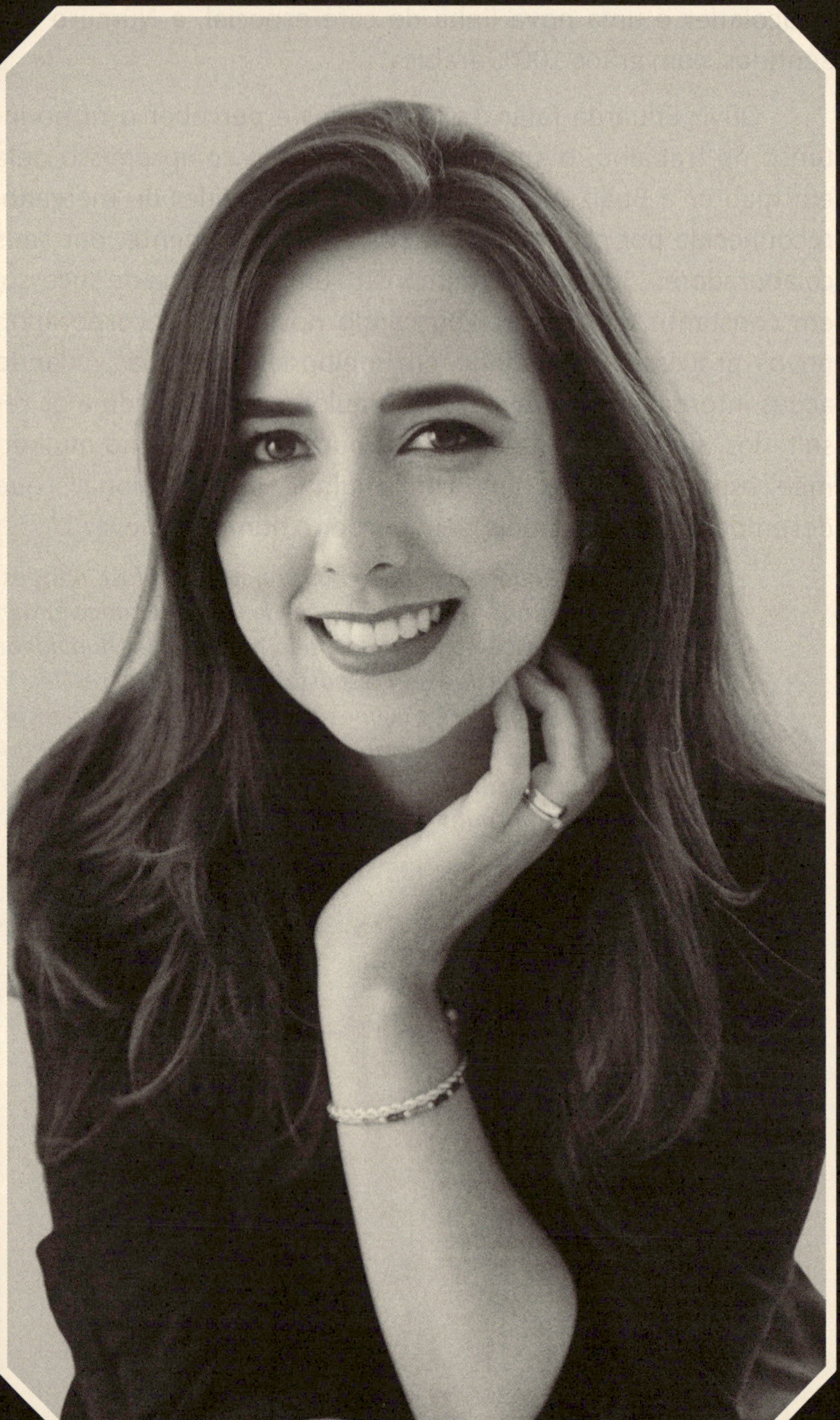

Raízes no Campo: Uma Jornada de Sucessão e Cooperação no Agronegócio

Fernanda Marin Permanhane

Gerente administrativa da Fazenda Vovô Délio e secretária executiva da Associação Agricultura Forte. Pós-graduada em Gestão Empresarial pela MMurad/FGV (Fundação Getulio Vargas) e em Agronegócios pela USP/Esalq (Universidade de São Paulo/Escola Superior de Agricultura "Luiz de Queiroz"), com graduação em Relações Internacionais pela UVV (Universidade Vila Velha). Atua há 12 anos na gestão dos negócios agropecuários da família, responsável pelo financeiro e pela comercialização. Participou ativamente da fundação e expansão da Associação Agricultura Forte, assim como participa de outras entidades de representação do agro. Recebeu a Comenda do Mérito Agrícola pela contribuição ao desenvolvimento socioeconômico do estado do Espírito Santo.

Nasci em Linhares, capital do agronegócio capixaba, no interior do Espírito Santo, em 1990. Sou filha de dois cachoeirenses que foram para lá em busca de uma vida melhor. Boa parte da minha família é ou já esteve envolvida com a agricultura, dos pais aos bisavôs.

Até meus cinco anos de idade morei na roça, numa propriedade em que meu pai era sócio, na zona rural de Linhares. Uma casa de tábua ao lado do galpão onde se embalava o mamão colhido da lavoura. Meu pai trabalhava dia e noite na roça enquanto minha mãe cuidava da casa, de mim e do meu irmão, e de funcionários quando necessário. Com muita dificuldade, em uma época em que a inflação era altíssima, prosperaram!

Tive a sorte de crescer numa família simples, muito trabalhadora e unida, de muita fé, que me passou valores como honestidade, solidariedade, senso de justiça, respeito e responsabilidade. Cresci rodeada dos primos, naquele estilo italiano que preza pela família sempre reunida para comer em fartura, e comemorar toda conquista.

Da minha mãe herdei o jeito mais comedido, detalhista, paciente e cuidadoso. Do meu pai herdei a persistência, a proatividade, o "sonhar alto" e a vontade de crescer. Meu irmão sempre foi um grande parceiro, companheiro de viagens e cobaia quando necessário.

Tive uma infância e uma adolescência felizes, de brincar de

boneca e de escolinha, passeios na roça, lagoa, praia e muitos sonhos. Estudei muitos anos na mesma escola, uma pequena cooperativa, onde participei de praticamente tudo: grêmio estudantil, danças, teatros, time de basquetebol e handebol, banda marcial, organização de gincana e feiras, e até fundamos uma academia de leitores. De lá trago grandes amigos.

Fui boa aluna, daquelas que se sentam na frente, até dormia com livro embaixo do travesseiro. À tarde dava reforço para os colegas que precisassem, e tinha os momentos de diversão. Nessa escola, fui eleita líder de turma sozinha ou em trio em todos os anos em que houve eleição. Algo simples, mas que já era tratado com responsabilidade. Até abaixo-assinado para tirar e advertir professores eu ajudei a organizar.

Adorava as matérias de História e de Empreendedorismo. Criativa e sonhadora, cresci inspirada por histórias de líderes que promoveram grandes realizações, que doaram a vida em prol de mudanças. De certa forma acreditava que cada um tem uma missão e eu precisava encontrar a minha.

Finalizado o ensino médio, me mudei para Vitória para cursar a faculdade de Relações Internacionais na UVV (Universidade de Vila Velha). Como meu pai já exportava algumas frutas que cultivava, o sonho inicial era a possibilidade de um dia talvez montar uma exportadora, mas nada concreto.

Optei por esse curso por abranger várias áreas de interesse, como Economia, História, Terceiro Setor, Direito e Política. Durante as aulas, o agro brasileiro foi abordado inúmeras vezes, em diversas disciplinas, dada a relevância do setor nas relações exteriores do Brasil, então fui interessando-me cada vez mais e vendo as oportunidades profissionais.

Durante a faculdade participei do centro acadêmico, de grupos de pesquisa e estudo. Fiz grandes amizades, ampliei minha visão de mundo, aproveitei bastante e comecei a namorar com meu esposo, com quem viria a me casar oito anos depois.

Sucessão e gestão

Ao concluir a faculdade, voltei para trabalhar nos negócios da família, em São Mateus, onde meu pai havia comprado e arrendado propriedades. Ao longo dos anos tivemos cultivo de café, cacau, seringueira, eucalipto, coco, banana-da-terra, abóbora e mamão, e a criação de carneiro, galinha caipira, coelho e pirarucu. Eram cinco propriedades em dois municípios diferentes, chegando a mais de 200 funcionários.

No começo não sabia exatamente o que iria fazer, mas tinha disposição e vontade de aprender. Comprei uma agenda e uma pasta rosas, uma bota, um chapéu e fui. Confesso que achei que seria mais fácil. Estudei muito, bati cabeça, levei esporro, mas encarei. Me perdi, me estressei, me reinventei e sigo caminhando.

Já no primeiro ano, assumi grandes responsabilidades e aproveitei a oportunidade e confiança em mim depositadas. Vender, controlar as finanças, gerir pessoas, organizar processos, entender um pouco de cada cultura (porque meu pai todo ano acrescentava algo mais) e nesse meio-tempo ainda aprender a gerenciar as minhas emoções e as relações com os familiares envolvidos no negócio.

Um mundo de possibilidades e instabilidade. No agro, são tantos desafios diários com mercado, pessoas, burocracias, clima, que a gente se desenvolve na marra. Além da minha, muitas outras famílias dependem do nosso negócio.

Ansiosa e perfeccionista, um pouco procrastinadora, não foram poucas as lágrimas, mas serviram de aprendizado. Algumas coisas a gente aprende em sala de aula, outras com as pessoas, ouvindo, sentindo ou criando. Outras coisas demandam tempo e saber entender isso é primordial. Respeitar as fases e o processo, enquanto busca o aprimoramento, é importante para não enlouquecer.

A garota que já sentia "frio na barriga" desde a pré-escola aprendeu a lidar com a ansiedade. Os problemas não vêm só numa terça-feira modorrenta, vêm de todo lado, até de quem você não espera, mas a gente também aprende a lidar. Como diria um ex-funcionário: "Joga nos meus peitos que a gente resolve". Sou daquelas que faz *checklist* para tudo e não para enquanto não tiver riscado cada item.

Desde o começo, busquei aprender sobre cada setor, ouvir os funcionários, trocar informações com outros produtores e pesquisar continuamente formas de reduzir custos e agregar valor à produção, para tornar a fazenda mais eficiente e lucrativa, assim como acompanhar tendências do mercado e novas oportunidades. Busco sempre cumprir minha palavra, sendo justa com todos, sem deixar de ser exigente. Persistente e determinada, busco o melhor resultado.

Cheguei em um momento de crescimento, com altos investimentos sendo feitos, um grupo grande de trabalhadores e familiares envolvidos, mas processos, funções e direcionamento pouco definidos. Naturalmente, houve alguns atritos, algumas mudanças no caminho e conseguimos superar.

Em paralelo, nunca deixei de estudar. Fiz MBA em Gestão Empresarial pela FGV/MMurad, MBA em Agronegócios pela USP/Esalq, e mais algumas dezenas de cursos de gestão, administração, liderança, marketing, comunicação e sucessão.

Sempre vi a fazenda como um negócio, uma empresa, com inúmeras variáveis, por isso acredito ser importante profissionalizar-se cada vez mais. É um desafio constante. Tive a sorte de ter uma família que sempre me incentivou e que também me permitiu participar dos negócios. Sempre fui estimulada a me capacitar, saber gerenciar e resolver problemas.

Não é fácil trabalhar em família, principalmente na área rural, em que nem sempre há uma empresa propriamente, é o mesmo CPF para tudo. Contas e dores pessoais e empresariais se misturam, e é necessário maturidade para lidar com tudo isso. Apesar de saber que tinha uma oportunidade privilegiada, foi bem desafiador. Boa vontade e dedicação não são suficientes para fazer dar certo, é preciso que todos queiram, estejam alinhados e busquem ir ajustando-se. Muita paciência, respeito, fé e uma dose de bom humor também ajudam.

Uma bursite aqui, umas dores de cabeça e nas costas ali, um celular no modo silencioso que não tira folga, uns sonhos nas madrugadas com pendências e planilhas, mas a gente aprende a equilibrar os pratos. Outros pontos compensam. Nesse tempo, a fazenda mudou, o time mudou, eu também mudei. Fico feliz em ver a minha contribuição e o que pudemos melhorar juntos.

Cooperação e associativismo: transformação no Agro

Além da fazenda, dadas as dificuldades que passamos durante a crise hídrica no Estado entre os anos de 2014 e 2017, participei da fundação da Associação Agricultura Forte em 2015 e até hoje atuo como secretária executiva.

Um grupo de produtores rurais do norte do Estado se reuniu para debater sobre as dificuldades da época, como falta de água, água salgada em São Mateus, o endividamento que vinha aumentando, dados os prejuízos decorrentes da escassez hídrica, questão quilombola, entre outras. No mesmo dia foi criado um grupo no aplicativo WhatsApp que em poucos meses alcançou 700 pessoas.

A criação do grupo foi algo pioneiro: produtores, empresários, políticos e importantes lideranças do agro de norte a sul do Espírito Santo unidos em um debate sério e produtivo para tentar resolver uma situação atípica que colocava em risco toda a produção rural do Estado.

Embora a Associação tenha sido criada em um período de muitos desafios e prejuízos financeiros, participar de sua fundação foi uma oportunidade de muito aprendizado e crescimento pessoal. Eu era a responsável por administrar os grupos, fazer as atas das reuniões, gerir as redes sociais, elaborar ofícios e comunicados e organizar os eventos e as reuniões.

De lá para cá participei de reuniões com as mais diversas lideranças do país, como ministros da Agricultura e do Desenvolvimento, governadores, secretários de diversas pastas, senadores, deputados federais e estaduais, prefeitos, vereadores, diretores e até com o ex-vice-presidente Hamilton Mourão.

Tivemos inúmeras conquistas como grupo e posteriormente como associação. Através da nossa articulação e com o apoio nas diversas esferas, mudamos leis e normas, desenvolvemos projetos importantes que promoveram mudanças significativas e ajudamos milhares de produtores rurais! Realizamos ações em diferentes áreas como segurança rural, legislação trabalhista, legislação ambiental, recursos hídricos, crédito rural, entre outros, e temos muitos projetos encaminhados para serem executados nos próximos anos.

Acredito muito na união dos produtores em busca de melhorias para o setor. O agro capixaba tem um potencial enorme, por isso precisamos trabalhar para que os gargalos não dificultem a produção de alimentos, para promover o desenvolvimento rural e a valorização do produtor.

Apesar de ser otimista e crente de que o ser humano é bom, diversas vezes me decepcionei em reuniões em que estive presente. Já tive vontade de chorar em algumas delas, e já chorei falando do sofrimento de produtores ao ver o descaso de quem estava lá nos ouvindo. A gente começa acreditando que vai mudar o mundo, mas se depara com um emaranhado complexo de se desenrolar. Mesmo assim, continuo acreditando e lutando.

Em 2019 recebi, da Assembleia Legislativa do Espírito Santo, a Comenda do Mérito Agrícola pela contribuição ao desenvolvimento socioeconômico do Estado. Paralelamente à Associação Agricultura Forte, participo de outras entidades de representação, como cooperativas e grupos de jovens do agro.

Mulheres no Agro: oportunidades e desafios

De modo geral, os cargos ligados ao agro são majoritariamente ocupados por homens. Já presenciei alguns casos de preconceito por ser mulher, mas nada que limitasse meu trabalho. Era a única mulher em diversas reuniões. No começo, por ser bem jovem, nem sempre era levada muito a sério, mas com o tempo fui aprendendo a lidar melhor com essas situações mudando a postura, me capacitando e tendo mais autoconfiança.

No campo, a maioria dos funcionários também é de homens, e quando comecei, a maioria era mais velha que eu. Inicialmente isso gerou uma dificuldade, que com o tempo foi superada. Vez ou outra eles até ameaçam o meu pai: "Se não corrigir isso vou contar para a Fernanda". É necessário criar um ambiente de confiança e respeito. Lidamos com algumas pessoas que não tiveram tanta oportunidade de estudo, com pouca estrutura familiar e financeira, vivendo em ambientes muitas vezes violentos e com vícios. É preciso um maior cuidado ao gerenciar.

Como estou com meu pai em boa parte das funções que desempenho, e por ele já ter um histórico de participação em entidades de classe e ser uma pessoa conhecida no meio, acredito que isso tenha me poupado de passar por constrangimentos que são comuns. Também não sou o melhor exemplo de menina delicada, às vezes sou "mais incisiva que meu pai", como disse um gerente de banco que me ligou certo dia depois das 20h para me pressionar a aceitar uma oferta. Fui bem firme ao defender os negócios da família. Nesse dia não chorei.

Nos últimos anos vimos a imagem do agronegócio mudar após campanhas de conscientização. Atualmente o agro está mais "pop", mais "top". Quando eu comecei o preconceito era maior. Alguns amigos riam quando eu dizia que voltaria para o interior para trabalhar com meu pai. Perguntavam "o que você vai fazer com seu francês, com o mandarim, com a faculdade, com o salto alto?". Como se trabalhar no campo fosse puxar enxada. O agronegócio brasileiro já era na época, e se consolida a cada ano mais, uma potência mundial na produção de alimentos saudáveis, água, fibras e energia renovável, além de ser o principal gerador de renda, emprego e divisas para a maioria dos municípios capixabas.

Novas gerações

Tornei-me mãe recentemente e muita coisa mudou. Apesar do cansaço estar maior, há tanta alegria, tanta gratidão e uma serenidade no peito que é difícil mensurar. É bênção de Deus poder ser mãe de uma princesinha tão maravilhosa. Larissa se tornou prioridade desde o primeiro instante em que soube da gravidez, que foi muito sonhada. Ela me motiva a ser uma pessoa melhor. Com ela também vieram mais responsabilidades e mais pratinhos para equilibrar. Não deixei de trabalhar nenhum dia, nem no dia do parto. Reduzi a carga, mas não "desliguei" do trabalho. O ônus e o bônus de se trabalhar em família em funções estratégicas.

Meu esposo é supercompanheiro, incentivador e tem se mostrado um paizão. Sou muito feliz com a família que estamos construindo, com todos os sonhos que já realizamos e com os que planejamos realizar.

Transmitiremos à nossa filha nossos valores, mas não pretendemos incentivá-la a nenhuma profissão específica. Que ela entenda e respeite toda história e o trabalho da família, mas que consiga enxergar as infinitas oportunidades que ela tem, desde que se dedique, dê o seu melhor, se desafie e busque crescer. Que ela tenha certeza de que é muito amada, que tem a família sempre junto, que é capaz, mas que precisa fazer a parte dela.

Trabalhar em família é algo muito comum, e natural, de certa forma. A pessoa cresce naquele ambiente e isso se torna uma opção de vida. Há aqueles que criam uma certa aversão, já que conhecem as dificuldades; aqueles que têm outros sonhos e aspirações; aqueles que ficam por comodismo/oportunismo; e há aqueles que olham como um presente que a vida lhes deu, se capacitam e buscam aprimorar o presente recebido. A sucessão não é um caminho simples nem fácil, precisa haver muito diálogo e transparência para dar certo sem prejudicar a família, que é o nosso bem mais precioso.

Independentemente das relações familiares, é importante se dedicar e buscar o seu máximo desempenho, fazer o melhor que puder com os recursos que tem em mãos.

Propósito

Analisar a própria história é uma oportunidade de avaliar o que se construiu até aqui e uma chance para escrever capítulos ainda melhores daqui para frente. Há uma narração do Pedro Bial em que ele diz: "Às vezes se está por cima, às vezes por baixo, a peleja é longa e no fim é só você contra você mesmo".

Embora eu não soubesse, intuitivamente tomei a decisão em comunhão com meu propósito: cresço profissionalmente enquanto cuido da minha família e contribuo com a comunidade.

Não há fórmula mágica. Buscar seu caminho no mundo passa por assumir suas responsabilidades básicas, honrar sua família, se dedicar para realizar seus sonhos, tentar melhorar um pouco a cada dia, superar seus próprios desafios e ajudar o próximo com seus dons e habilidades.

Sou grata por todas as bênçãos e aprendizados e tenho certeza de que, apesar da minha lista de afazeres e melhorias ainda ser longa, foram muitas vitórias até aqui, independentemente de todas as dificuldades. Por isso, celebro (no meu coração) e agradeço a Deus. Que venham os próximos capítulos dessa história e que sejam ainda melhores! Que você que está lendo encontre o seu caminho e seja muito feliz!

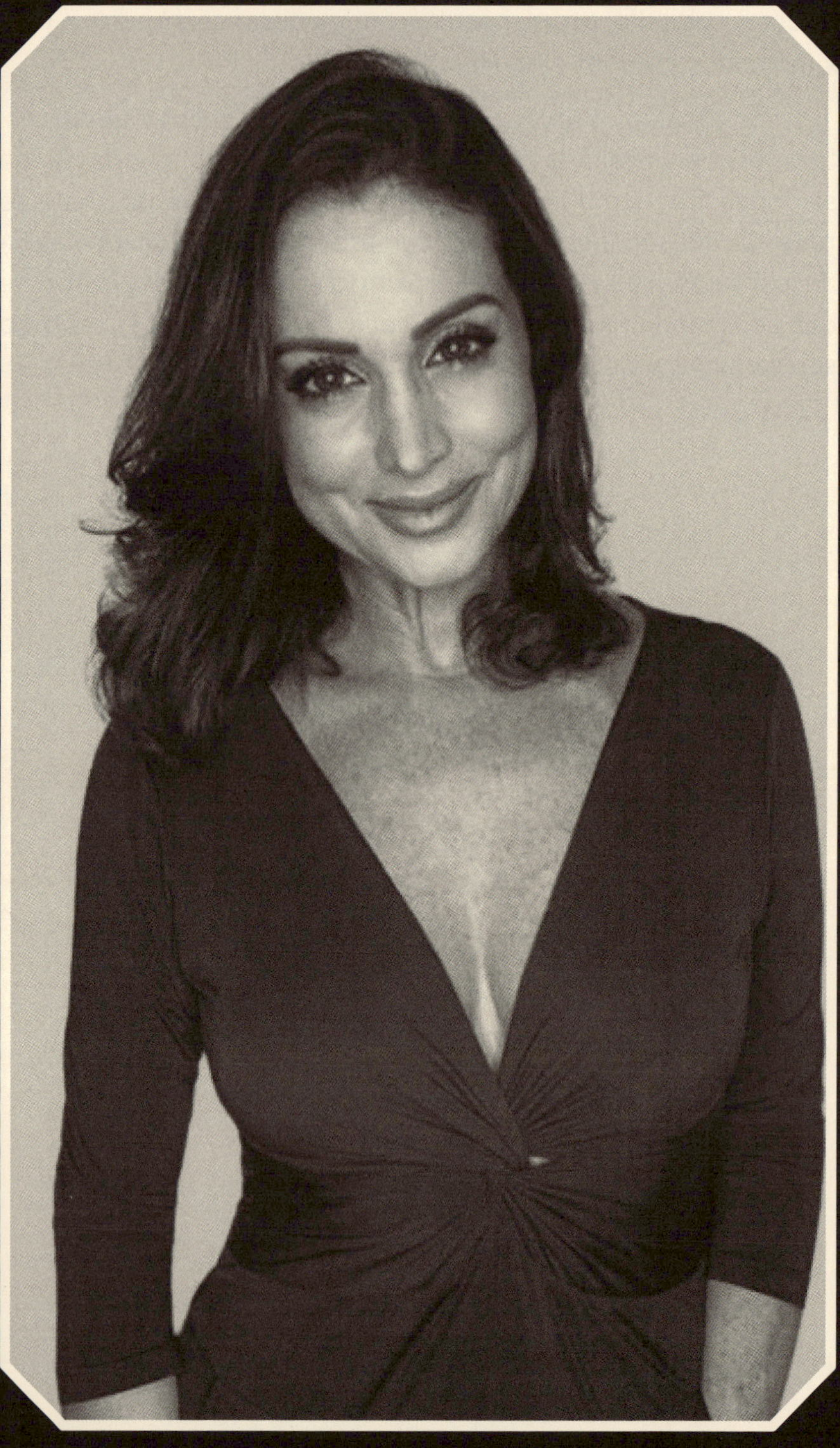

Como a felicidade me salvou

Flavia da Veiga

É empresária e uma apaixonada por estudar e compartilhar sobre a ciência da Felicidade. É fundadora da *startup* BeHappier e da BeGroup Publicidade Positiva. Embaixadora do Movimento Capitalismo Consciente no ES, compartilha seu conhecimento em palestras nacionais e internacionais como o TEDx, na sua coluna na Rádio BandNews e nas turmas de MBA da Faesa. Publicitária, pós-graduada pela FGV (Fundação Getulio Vargas), certificada pela Harvard Business School em Geração de Valor Compartilhado, pela Universidade de Yale na Ciência do Bem-estar, pela Universidade de Berkeley em Princípios da Felicidade e Felicidade no Trabalho, pela PUC-RS em Psicologia Positiva, Ciência do bem-estar e Autorrealização, e INSEAD em Singapura por Empreendedorismo Feminino para negócios de alto impacto social. Recebeu diversos prêmios, dentre eles a Comenda Maria Ortis pelo seu trabalho com causas na publicidade e o Action Responsible no Cannes Lions Creativity Festival.

Acordei cedo no último sábado do mês de março. O ano era 2019. O motivo para sair logo da cama era a expectativa para lançar o programa BeHappier em uma apresentação para pessoas interessadas em inovação. Ainda me lembro de ter pensado sobre como a felicidade, um dos estados mais primordiais do ser humano, poderia estar relacionada a avanços tecnológicos. Conseguimos mandar astronautas para a Lua, mas não sabemos onde está a felicidade. Coloquei a roupa que havia separado na noite anterior e fui para o evento.

Ao ver a plateia com os olhos voltados para mim, com expressões de surpresa ao contar a minha história e dizer que era possível aprender a ser feliz, validei algo que afirmo todos os dias: isso é uma decisão e requer empenho contínuo. E, como tudo que aprendemos, precisamos colocar em prática. Felicidade não é teoria, é ação.

Sem o aprendizado sobre a felicidade, não estaria em um palco fazendo uma palestra. Sem o aprendizado sobre a felicidade, não teria resistido a uma depressão e, provavelmente, minha vida seguiria por outro caminho. Pelo caminho que teve início a partir de uma queda. E, aqui, a queda pode ser medida em metros quadrados.

Em 2016, fui uma das moradoras atingidas emocionalmente pelo desabamento da área de lazer do condomínio Grand Parc, em Vitória, capital do Espírito Santo. Na madrugada, quando tudo veio abaixo, quando desci 24 andares por escadas escuras, ouvindo gritos de todos os moradores, senti no peito o medo de perder minha mãe, meus filhos, meu marido, minha gata, minha história. Percebi que ser feliz era uma urgência. Mas por onde eu poderia começar?

Onde a felicidade não existe

Para mim, felicidade era algo parecido com um jogo. E fui uma boa jogadora: em cinco anos como gestora de comunicação em uma grande empresa de telecomunicações, recebi o prêmio de melhor funcionária. Saí dessa experiência para assumir a agência de publicidade da família, a Criativa Comunicação Integrada. Num período de 14 anos, contribuí para a empresa se tornar uma das melhores do estado, premiada internacionalmente. Fiz crescer patrimônios, ajudei a construir grandes marcas, participei de campanhas das quais tenho muito orgulho, fiz muitos amigos e me tornei uma das grandes referências na área de publicidade no estado onde moro.

Como publicitária, confesso que me rendi por um bom tempo ao *glamour* da profissão. Eu queria muito, eu queria tudo, e eu queria que tudo acontecesse no meu momento. Isso trouxe uma busca exagerada, um tanto doentia pela perfeição e pelo controle. Mas, estranhamente, logo depois das conquistas, a sensação de felicidade ia embora e deixava um vazio sem sentido. No lugar, entrava a culpa: eu não tinha o direito de me sentir assim.

Até então, a definição de quem eu era se encaixava em um manual construído por uma sociedade de valores invertidos. Onde ter é mais importante, onde o fazer define quem se é. Era possível me descrever como empresária bem-sucedida, viajada, vivendo um casamento aparentemente perfeito, com filhos saudáveis e premiada dentro e fora do país. O que mais eu poderia desejar? A cada conquista, a sensação do que eu acreditava ser felicidade: um novo cliente, mais um prêmio, a possibilidade de consumir mais, de viajar mais, de ter mais sucesso.

Tentava disfarçar e segurar a pose de mulher bem-sucedida e feliz, e talvez estivesse até hoje fazendo esse esforço se essa imagem não tivesse vindo abaixo junto com o desabamento ocorrido no Grand Parc.

Como as pessoas podem se sentir felizes mesmo depois de terem suas vidas transformadas drasticamente? Essa pergunta me moveu e me fez chegar a uma importante conclusão: a felicidade se tornou assunto de cientistas. E se existe ciência, existe evidência sobre as teorias. Existe método. Existem pessoas de diferentes disciplinas buscando entender como a felicidade pode ser aprendida. Prontifiquei-me a ser, a partir daquele momento, uma estudiosa da felicidade.

Foi quando perguntei ao Google como fazer para ser feliz. O oráculo dos nossos tempos trouxe a ponta de um fio que passei a investigar. De um artigo passei para um livro que me levou a um curso, a outro curso, a uma formação, a mais livros, a mais artigos, até compreender que havia uma ciência chamada Psicologia Positiva. Bati em sua porta e entrei com os dois pés nessa nova morada. A mudança estava em curso e em três anos reformei minhas paredes internas e troquei o piso aonde colocava meus pés. Deixei a agência de publicidade da qual era sócia e, preciso dizer, era sócia do meu pai, e abri a porta para uma vida nova.

A mudança

A casa é um símbolo. Muito mais do que um lugar onde se vive, casa é onde depositamos aquilo que nos preenche. É nela onde estão os filhos e os álbuns de quando eram bebês. É onde moram a mesa e as memórias ao redor dela. É onde vivem os armários com seus vestidos e a lembrança das festas onde dançaram. Na casa onde eu vivia, viviam meu altar e minhas crenças.

Meus livros e minha forma de estudar. Meus espelhos e a imagem de alguém que parecia realizada. Tudo isso precisou ocupar novos espaços. Tive que sair da minha casa e aprender a viver em outros lugares em que não me reconhecia. Tive que mudar. Mudar a mim mesma. A transformação que ocorria do lado de fora começava a se manifestar do lado de dentro. O desconforto, o estranhamento, o incômodo, o deslocamento.

Por que é a pergunta que se faz para aquilo que ainda não se tem resposta. E nem sempre a resposta chegará pronta. Fui tola ao perguntar por que tudo aquilo estava acontecendo comigo. Como se houvesse um motivo, um castigo ou uma lição que eu precisava aprender. E, convenhamos, não seria nada didático ensinar algo por meio de um trauma. A verdade é que não existe um porquê. O que existe são fatos, e cabe a nós decidir como olhar para eles. Por um bom tempo, olhei apenas pela perspectiva da perda. Não sabia como olhar de outra forma.

Reaprender a andar não é fácil. Caímos algumas vezes. E quando nos achamos grandes, sentimos mais a dor da queda. Queria eliminar as dores e comecei a erguer as bases de um método que construí a partir do aprendizado adquirido com a Psicologia Positiva: ter metas, praticar a bondade, fazer atividade física, meditar, ter gratidão, cultivar relacionamentos saudáveis. Quando estamos nos afogando, ter uma tábua pode nos salvar. O método me trouxe o fôlego que precisava para seguir em frente, ter força e não deixar a depressão tomar conta dos meus dias.

Coloquei em prática os ensinamentos e também passei a compartilhá-los com pessoas próximas. Isso foi formando uma corrente que me trouxe convites para falar para pequenos grupos, depois para médios grupos, em seguida para grandes grupos, até não ter adjetivo para definir aquele monte de gente na minha frente querendo saber o que fazer para ser mais feliz. O mundo estava descobrindo ao mesmo tempo que eu o que a felicidade era capaz de fazer pela saúde física e mental das pessoas, pelas relações, pela produtividade nas empresas, pela sociedade.

Uma das mais conceituadas instituições de ensino do mundo, a Harvard University, passou a ensinar como ser mais feliz. A onda da felicidade bateu e passei a crer que ela me levaria a um grande mar cheio de novas oportunidades.

Assim nasceu o BeHappier, uma plataforma que reúne práticas comprovadas de como podemos ter novos hábitos que permitem o aumento da percepção de felicidade. Ao colocar esse método em prática, consegui encontrar um caminho para ser verdadeiramente feliz. Porque, até então, eu sentia alegria em alguns momentos. Mas até ter uma experiência de quase morte, de não saber se chegaria até o térreo do meu edifício sem ele terminar de desabar, o sentido que dava para minha vida era outro. Naquele momento, percebi que eu buscava a felicidade onde ela não consegue existir.

De novo ao chão

Quando acordei cedo no último sábado do mês de março, em 2019, senti que a vida seguiria por um novo rumo, que o caminho que havia construído me mostrava um futuro brilhante. Poderia compartilhar meus aprendizados e contribuir para a felicidade de muitas pessoas. Terminei de fazer a palestra aonde mostrei todos os dados sobre a importância da felicidade para o sucesso, para a saúde, para as relações, para os negócios e tudo que deseja prosperar. Desci do palco aplaudida depois de colocar todo mundo para dançar e cantar. Saí cantarolando *"because I'm happy"* e voltei a sentir a alegria das conquistas que em outro momento tanto me preencheram. Mas dessa vez era diferente. Era?

Nesse mesmo dia, nesse mesmo sábado, recebi a ligação do meu filho mais velho, o Caio. Olhei para o telefone e pensei em não atender. Estava em uma reunião com um cliente, falando sobre novos projetos. A Flavia publicitária talvez não tivesse atendido. A Flavia do BeHappier resolveu atender. *"Mãe, levei um tiro, eu vou morrer."* A Flavia mãe desmoronou.

A resposta do nosso corpo em momentos assim é impressionante: a boca seca, a visão fica turva, os ouvidos se fecham, os músculos tremem. É possível perceber o corpo todo se manifestando por uma dor que só foi sentida no seu aparelho psíquico. Albert Einstein dizia que há apenas duas maneiras de viver a vida. Uma, é como se nada fosse um milagre. A outra, é como se tudo fosse. Apostei todas as fichas na segunda opção e saí ao encontro deste milagre.

Encontrei meu filho vivo, dentro de uma ambulância, e tive tempo de me ajoelhar e agradecer com tanta intensidade que o médico precisou dizer: "Mãe, você vai ficar aí no chão ou vai junto com ele na ambulância?" Ao chegarmos no hospital, o diagnóstico: meu filho ficaria paralisado da cintura para baixo e as chances de voltar a andar ainda são incertas.

É neste exato momento que a felicidade entra para me salvar. Contrariando o que seria natural para muitas pessoas, não senti revolta ou raiva. Eu vivi o momento mais difícil da minha vida com profunda tristeza sim, mas ao mesmo tempo com serenidade. Eu precisei aceitar o que aconteceu. Acolher a dor. E mesmo com todos os sentimentos misturados, senti gratidão por meu filho estar vivo. Compreendi a vida pela perspectiva do milagre. E não mais da perda.

Não controlamos o tempo, a injustiça, a maldade, a dor. Mas podemos decidir como pensamos e nos sentimos diante do que nos acontece. É nesta forma de pensar que está todo o nosso poder. Ao conhecer a felicidade, ao aprender e praticar hábitos que mudaram a minha forma de enxergar o mundo, criei um novo prisma, uma nova lente para encarar a impermanência da vida.

Se eu puder fazer com que mais pessoas passem a ver a vida com as mesmas lentes que eu, pelas lentes da felicidade, terei honrado a minha existência. Adotei como missão compartilhar tudo que aprendi sobre felicidade e quero alcançar cada vez mais pessoas para dizer que podemos praticar a felicidade e mudar nossa forma de ver e sentir o que vivemos. Gravei no meu braço, em sânscrito, o mantra Lokah Samastah Sukhino Bhavanthu. Mais do que uma tradução, uma orientação para o que desejo: que todos os seres sejam felizes e que todos os meus atos, palavras e pensamentos contribuam para a felicidade de todos os seres.

Acredito que a minha maior contribuição é mostrar, através da minha experiência, que não devemos esperar uma vida perfeita para sermos felizes. Essa vida não existe. E se a tristeza chegar, não fuja dela. Como humanos estamos expostos a todos os tipos de emoções. A grande diferença não é o sentimento em si, mas o que você faz com ele. Se não fosse por uma situação triste eu não estaria aqui, mas eu escolhi transformar a tristeza em algo positivo e construtivo.

Você pode dizer que isso é fácil pra mim, que sou forte. Não, não nasci forte, eu me fiz forte. Eu não tive uma vida feliz. Eu aprendi a ser feliz. Hoje eu posso dizer que sem esse aprendizado eu não teria suportado tudo que vivi até agora. Hoje eu posso dizer: a felicidade me salvou. E ouso afirmar que pode salvar você também.

Por isso, me sinto honrada ao compartilhar essa história com você. Hoje, a felicidade faz parte de todas as minhas ações. Além do BeHappier, fiz as pazes com a publicidade e fundei uma agência a partir de uma metodologia que chamei de Publicidade Positiva, unindo os estudos do marketing com o universo da Ciência da Felicidade. Coloquei no ar as palestras e cursos on-line que já dei para serem acessíveis ao maior número de pessoas. Dou aulas em um MBA e falo sobre como ser feliz em um programa na rádio BandNews chamado Caminhos da Felicidade.

Se eu puder dar um conselho, é este: não espere uma vida perfeita para ser feliz. Essa vida não existe. Você pode dizer que isso é fácil para mim, pode me ver como alguém que ocupa lugares de privilégio ou achar que sou forte. Nem a mais privilegiada das pessoas resiste ao sofrimento de quase perder um filho, de ver sua vida transformada de um dia para o outro. Como mulher branca, de classe média, reconheço meus privilégios. Mas não foram eles que me tiraram da tristeza. Muito menos a força que pareço ter. Não nasci assim. Tudo isso foi e continua sendo construído a partir do momento em que acordo até a hora em que vou dormir. Talvez a força esteja na disciplina e crença de que é possível aprender a ser feliz.

Como humanos estamos expostos a todos os tipos de emoções. A grande diferença não é o sentimento em si, mas o que você faz com ele. Se não fosse por uma situação triste eu não estaria aqui escrevendo, mas escolhi fazer da tristeza um motivo de transcendência. Queria ver o avesso da tristeza e tirar de lá o que pode existir de bom.

É bem provável que você já tenha percebido que a felicidade não vem pronta num pacote: sorte de quem descobre a tempo como construí-la. Esse é o meu desejo para você.

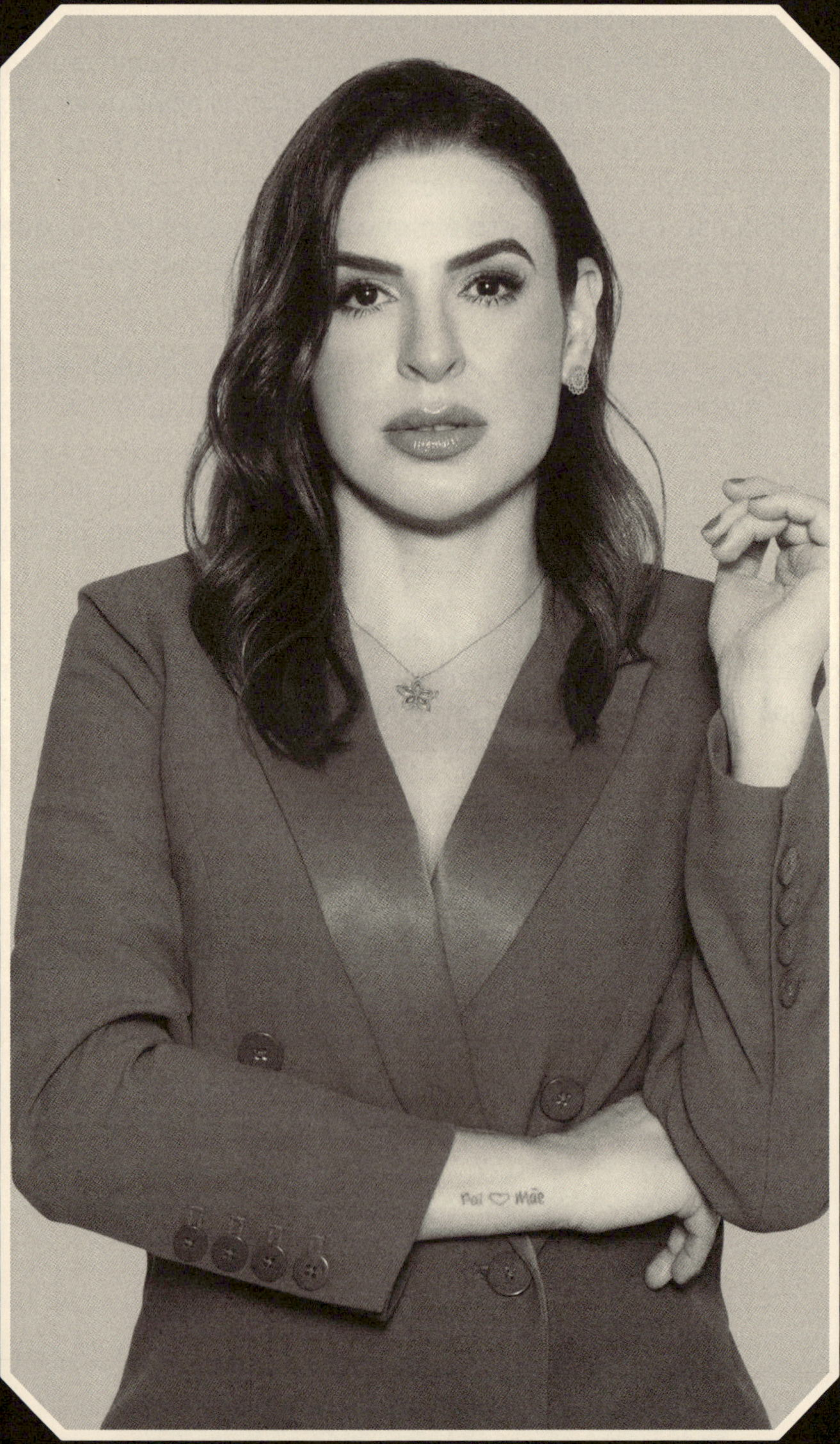
Pai ♡ Mãe

Se às vezes a vida não é doce, temos sempre chocolate

Flavia Gama

É *chef patissier* e empresária. Há 13 anos, está à frente da Chocolateria Brasil, pioneira e referência no segmento de doces e chocolates finos. É mãe das gêmeas Isadora e Vitória.

Acompanhar um dia na minha vida é sentir a firmeza e a sensibilidade de uma mulher que sabe o que quer. Sou uma líder transparente, determinada, e possuo uma criatividade fora da curva, tanto para gerir o meu negócio quanto para criar doces, bolos, gelatos e chocolates para a minha marca autoral, a Chocolateria Brasil. Incansável e sempre antenada, sou visionária e enxergo claramente o meu negócio crescer a cada dia, pois os produtos são deliciosos, originais e não têm fronteiras. O Espírito Santo tornou-se apenas um ponto de partida, pois São Paulo, Rio, Bahia, Minas e outros estados clamam por nossas invenções cada vez mais deliciosas. Eu já estudo, a pedidos, um modelo de franquias de nossa marca.

Venho de uma infância feliz em Maruípe, na capital do Espírito Santo, Vitória, com uma família grande e uma casa cheia de amigos. Minhas memórias têm sabor de brevidade, o tradicional biscoitinho de polvilho com gosto de vó – e era mesmo minha avó Idalina Rocha que oferecia em todas as visitas. Sem direito a recusa: "Janyra, pega lá o doce para os meninos", mandava; e minha tia não ousava desobedecer. A regra era cristalina, e a avó repetia: "Quem quer dar não oferece".

Receber com delícias era hábito familiar. Minha mãe, Maria Gama, sempre tinha um bolo de chocolate no forno aos sábados, quando a casa virava parada obrigatória das crianças da rua onde morava. Eu, do alto dos meus oito anos, usava a batedeira de brinquedo, minha companhia frequente. O resultado das tardes na cozinha eram o bolo da minha mãe e os meus minibolos, me sentia uma minichef em formação.

Com o passar dos anos, assumi o papel de "boleira" oficial dos sábados. Chocolate com cobertura de brigadeiro era o sabor preferido, exigido pela criançada e celebrado pelos mais velhos. A sobremesa dos almoços de domingo, sempre com a mesa cheia, também passou a ser minha responsabilidade. O incentivo da minha mãe, que também havia me ensinado a bordar, me enchia de alegria e estimulava a prosseguir. Nas horas vagas também me dedicava a uma outra paixão: o piano.

Quando meu primo Raphael comemorou um ano, eu tinha 12 anos e fiz os doces da festa. Em uma troca de papéis, assumi o fogão para preparar a massa do brigadeiro, enquanto às minhas tias e primas mais velhas cabia a tarefa de enrolar os docinhos. Em uma época em que as festas se faziam em casa, com bolos decorados na medida do talento familiar, o primeiro ano do primo se tornou uma lembrança realmente saborosa, e eu fui alçada ao posto de doceira oficial das festas da família.

A adolescência, no entanto, teve um lado mais desafiador. A começar com o fato de ser filha do meio e ter que enfrentar a rédea curta do meu pai. Ele, assim como tantos homens de sua geração, acreditava que filhas deveriam ser criadas com mais proteção e menos liberdade.

Ingressei na faculdade de Administração em 1992. Casei-me muito nova, aos 21 anos, aos 24 fui mãe de gêmeas, Isadora e Vitória, separando-me quando elas completaram um ano de idade. E, com a separação, meu pai se transformou na figura paterna essencial para as minhas filhas.

Pouco tempo depois, fui cursar Direito: eu e minhas filhas de seis anos, que me acompanhavam em muitas aulas, desenhando no meio dos colegas. Os trabalhos de grupo eram sempre na minha casa, e o bolo de chocolate com cobertura de brigadeiro – aquele lá da infância – era presença garantida e exigida. O mesmo que inspirou, anos depois, o bolo Amore da Chocolateria Brasil.

No final do curso, em 2005, no período de estágio na Vara de Família, presenciei tantos litígios que me fez tomar uma decisão. Ao invés de discutir contendas judiciais, decidi ingressar por caminhos mais leves. Percebi que minha personalidade tem mais a ver com comunhão do que enfrentar brigas em tribunais.

E como a vida gosta de andar em círculos, eis que voltam os trabalhos manuais. Dediquei-me aos artesanatos e virei representante de uma grande empresa paulista. Determinada a ser excelente em tudo, decidi que, já que não podia ir a São Paulo fazer os cursos, traria os profissionais para Vitória. Tornei-me referência não só no artesanato, mas também na produção, comercializando ferramentas, organizando turmas e vendendo até para o exterior.

O despertar de uma nova vida

Um dos professores que veio a Vitória, o Rodger, ficou hospedado em casa, e me viu preparando os doces para a festa de uma amiga. Os pés enfaixados, resultado de uma doença autoimune, latejavam e sangravam, mas eu nem percebia. Foi ele que me alertou: "Está vendo o que você gosta realmente de fazer? Doce". Ele então organizou minha ida para São Paulo, onde aprendi a fazer bem-casados, doce servido tradicionalmente em casamentos, e aperfeiçoei o meu talento. Abriu-se, para mim, um novo mundo.

De volta a Vitória, fiz alguns bem-casados para os amigos provarem. E de repente tinha uma encomenda de mil! Um desafio que me fez desmontar o ateliê de artesanato e transformar-me na doceira que sempre fui, desde criança. No dia seguinte ao casamento onde os doces foram servidos, o telefone não parava. Eu não acreditava que aquilo que amei fazer a vida toda, sem pretensão, podia ser a minha profissão.

Depois, uma amiga me apresentou aos brigadeiros *gourmet* feitos com chocolate belga. Em 2008, não havia sequer o produto no Espírito Santo. Consegui comprar diretamente da empresa belga que tem unidade em São Paulo. Para dar vazão ao volume comprado, criei uma estratégia genial: apresentar às cerimonialistas responsáveis pelos maiores eventos do Espírito Santo. Inventei duas caixas: uma com brigadeiros especiais, com sabores inesperados como grana padano, banana com mel e canela e pistache; outra com os bem-casados. Junto, uma carta me apresentando e oferecendo os meus serviços.

Foi imediato. As caixas eram entregues, o telefone tocava, as encomendas chegavam. Cinco, seis mil bem-casados e brigadeiros por final de semana transformaram a minha casa na Fantástica Fábrica de Chocolates em Maruípe, maravilhando os convidados dos mais lindos casamentos do estado.

Chocolateria Brasil: sucesso desde a abertura

Quem casa quer casa? Talvez. Mas quem casa quer mesmo é comer novamente os doces maravilhosos servidos no seu casamento. Porém, ao tentar encomendar pequenas quantidades, os noivos não conseguiam ser atendidos, já que a minha produção era voltada apenas para eventos. Em uma conversa com minha amiga Renata Rasseli, jornalista e antiga vizinha em Maruípe, a ideia de abrir uma loja apareceu. No dia seguinte, na coluna da jornalista, a notícia: "Flávia Gama procura uma loja na Praia do Canto para as formiguinhas de plantão".

Às vezes, a gente precisa de um empurrão amigo. E de um carro para vender e uma poltrona que ficava no meu quarto quando nasci. Foi assim que a Chocolateria Brasil abriu seu primeiro espaço, que mantém até hoje, no bairro Praia do Canto, região nobre de Vitória.

O lugar, depois de seis meses de uma obra que deveria ter durado seis semanas, foi inaugurado em 2011. Com jeito de casa de vó e ar romântico, servimos as delícias inventadas por mim, desde o clássico bolo de chocolate com cobertura de brigadeiro até novidades como as barras de chocolate com bacon, pistache e caramelo salgado.

Na terra da Chocolates Garoto, onde são feitos os chocolates mais famosos do Brasil, como Serenata e Opereta, criei uma versão mais gourmet e diferenciada com os meus volcanos, chocolates lindos feitos com castanha-de-caju, caramelo salgado e chocolate branco. A loja é um lugar para fazer de conta que o tempo não passou.

No dia em que a loja foi aberta, havia uma fila de clientes. Em três anos atendendo casamentos, noivos, convidados e parentes, todos tinham se tornado fãs do meu talento delicioso. Meu pai me deu a primeira máquina de fazer chocolate, mesmo que, a princípio, não tenha gostado da ideia de me ver virar oficialmente doceira. Meu pai me imaginava como juíza, advogada. Para ele, fazer doces era apenas o que via na família; as mulheres da casa com a barriga no fogão em dias de festa. Mas rendeu-se à minha doçura e ao meu profissionalismo, frequentando todas as tardes a Chocolateria Brasil, até o seu falecimento.

Ao longo de 13 anos de atuação, o sucesso foi e está sendo tão grande que, atualmente, a Chocolateria Brasil é uma das maiores transformadoras de chocolates belga do país. Sim, nós compramos o chocolate e o transformamos em brigadeiros, bolos, bombons, gelatos. Quem já experimentou, virou fã.

Uma nova superação na saúde

Poucos meses depois do falecimento de meu pai, a vida me apresentou mais um gosto amargo de quem vive a adoçar a vida dos outros: um câncer. A data em que descobri a doença ficou na minha memória: 9 de junho de 2015.

A família ainda sofria com a perda do patriarca, minhas filhas se preparando para o vestibular, e agora a doença. No início, cogitei não contar para ninguém, mas Isadora e Vitória intuíram que havia algo errado. Feita a cirurgia, veio a descoberta da metástase. A longa rotina de quimioterapia e radioterapia. Senti muito medo.

Com muita fé e dedicação ao tratamento, a doença foi vencida e novas batalhas vieram. Minha filha Vitória teve que trancar a faculdade de Medicina por seis meses e foi me ajudar na loja. Atualmente, já é médica formada e superdedicada. E se existe um sinônimo para mim é superação.

Tenho prazer em dizer que criei minhas filhas sozinha. Sim, tive o apoio dos meus pais, mas a educação diária foi minha. Digo isso para que toda mulher se sinta forte e capaz de não deixar que os obstáculos a desanimem. A força da mulher é imensa! Seguimos com coragem de vencer e nos adaptar aos cenários que a vida nos apresenta.

Hoje, minha filha Isadora é administradora da Chocolateria Brasil ao meu lado, e estamos nos preparando para abrir um novo espaço, maior, que possa receber eventos. Tanto na loja quanto nesse novo local, meu escritório é preparado para que eu possa descansar sempre que precisar, uma necessidade que ficou depois do câncer. Ficou também a urgência de viver para mim, que trabalhei tão intensamente a vida toda e passei por muitos desafios. O futuro será doce como chocolate.

Ampliação de uma história bem-sucedida

Em uma área total de 857 m2, no bairro Santa Lúcia, a Casa Chocolateria reflete a vanguarda, o bom gosto e meu olhar visionário como criadora. Eu e minha equipe nos preparamos para inaugurar no primeiro semestre de 2024 um espaço totalmente novo com atrações inéditas no Espírito Santo.

O local reúne o melhor da gastronomia doce e salgada, cardápio variado de brunchs e bebidas como cafés, chás, sucos e até espumantes. O espaço é planejado também para a realização de eventos com até 200 pessoas, como festas infantis, corporativas, aniversários em geral e casamentos. As divisões da casa foram tão bem feitas que podem acontecer eventos simultâneos e há também locais para exposições de artes, vernissages e lançamentos de livros.

Eu estou em tempo de colheita. Celebrando conquistas plantadas em 2011 quando abri as portas da Chocolateria Brasil. A qualidade, a criatividade, o capricho e meu olhar cuidadoso e detalhista fazem com que nossos produtos encantem a todos e esse encanto não tem fronteiras. Tanto que não faltam pedidos para nossos doces, bolos e gelatos vindos de São Paulo, Minas Gerais, Rio de Janeiro, Bahia, Brasília e Santa Catarina.

Uma outra característica do nosso negócio que tenho prazer em divulgar é que 90% do nosso corpo de colaboradores é formado por mulheres. Sempre busco ressaltar a importância da mulher no mercado de trabalho e faço questão de ajudar quando estão grávidas ou passam por alguma dificuldade. Enalteço o fato de que mães podem trabalhar melhor quando são felizes e acolhidas. Sou muito brincalhona também e quero tornar o local de trabalho um lugar leve e divertido para a minha equipe.

Para atender a este novo mercado que está nascendo, é preciso escalar. Para isso, estamos criando um terceiro espaço: uma nova fábrica para dar conta dos pedidos em nível nacional e também para atender às inúmeras lojas do Espírito Santo que pedem para vender nossas delícias e às empresas com seus eventos corporativos.

E sempre digo que quem colhe seus bons frutos já fica de olho em uma nova semeadura. Para o futuro, planejo uma nova

Casa Chocolateria. A terceira filial, só que dessa vez em terras paulistas. Sim, temos planos de ir para São Paulo. Quero continuar atendendo com excelência e, como típica virginiana, dou um passo de cada vez. Agradeço a Deus, primeiramente, por cada vitória e por tanta força ao longo desses anos. Foram muitas batalhas vencidas e me sinto forte para seguir na estrada do empreendedorismo. Agradeço às minhas filhas por tanto amor, suporte e união. Agradeço a todos os meus amigos e clientes fiéis e à minha equipe sempre atenta e incansável. Juntos, vamos além. Não tenho dúvida de que vou conquistar todos os meus sonhos.

É ter a capacidade de me adaptar, me ajustar aos obstáculos e enfrentá-los sem atalhos. Problemas irão existir, mas sempre buscarei as melhores soluções.

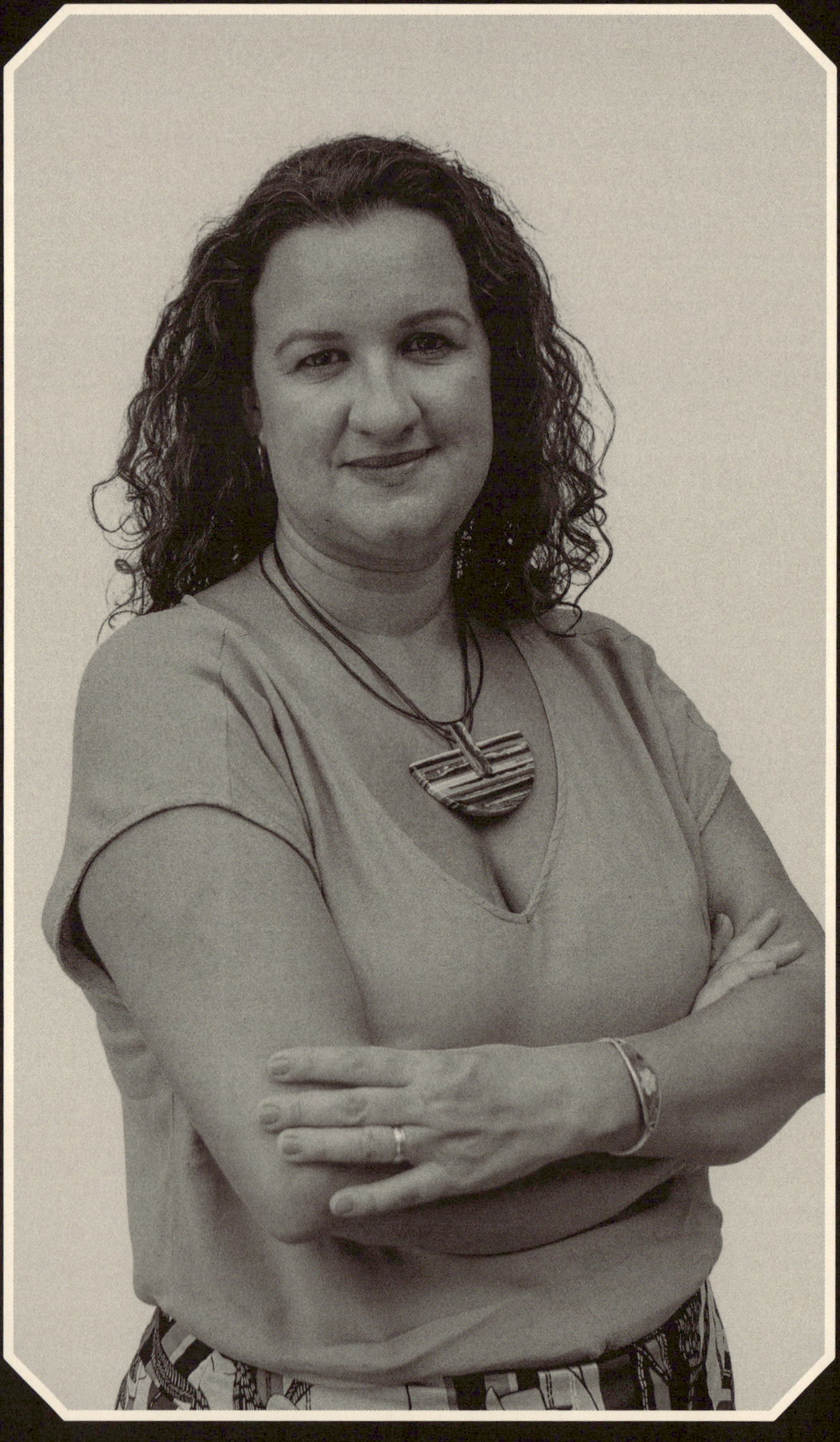

Breves relatos: escolhas, incertezas, propósito

LINKEDIN

Gabriela Vichi

É mãe de dois, economista e mestre em desenvolvimento econômico, atua na área de economia e gestão, está como Diretora Operacional do Banco de Desenvolvimento do Espírito Santo. Tem conhecimento sobre o desenvolvimento socioeconômico do Estado do Espírito Santo, que sempre foi e continua sendo seu principal objeto de estudo e análise. É resolutiva, engajada e comprometida com as suas escolhas. Gosta de trabalhar e busca fazer a diferença por onde passa.

Falar sobre mim nunca foi uma especialidade e provavelmente nunca será. Por isso, compartilhar um pouco da minha história e trajetória neste livro de mulheres potentes no Espírito Santo é um desafio enorme e me remete a uma reflexão que irei dividir com você nas próximas páginas.

Por que o meu nome foi indicado para participar deste livro? Sei que essas dúvidas para nós mulheres são meio óbvias, afinal, não sou tão diferente do grupo de 70% das executivas que, segundo pesquisa feita pela Universidade da Georgia (EUA), se sente uma fraude no trabalho, ou seja, que tem a sensação de que não merece o cargo que ocupa, mesmo sendo uma profissional influente e com carreira bem-sucedida[1].

Dúvidas como essas nos acompanham a vida toda e, em muitas situações, nos causam até revolta, mas acredito que isso também nos fortalece enquanto mulheres. De certa forma, devido a essa insegurança, via de regra, nos preparamos mais, nos entregamos mais e nos dedicamos mais tanto às atividades corriqueiras, como às atividades mais desafiadoras. Isso, certamente, nos diferencia no mercado de trabalho e nas relações sociais de forma mais ampla. E, quando encontramos pessoas, sejam mulheres ou homens, com essa sensibilidade de perceber que o esforço, a entrega e a dedicação são diferenciais tão importantes quanto a qualificação técnica, as oportunidades se

---

[1] Para saber mais acesse: https://www.metropoles.com/brasil/estudo-indica-que-7-em-cada-10-mulheres-se-sentem-uma-fraude

abrem. E, depois que chegamos lá, é difícil nos substituir, ou pelo menos deveria ser.

Sei que o comentário causa revolta, porque muitas mulheres e/ou pessoas diversas se deparam com situações de serem preteridas, mesmo sabendo que estavam mais bem preparadas do que os concorrentes que se encaixam no estereótipo padrão. Ainda que não seja em momento de concorrência, a revolta também surge quando percebemos que pessoas de estereótipo padrão podem ser, dizer, fazer e se posicionar de forma inadequada em diferentes situações com pouca ou nenhuma consequência mais significativa. Por isso, frisei que nós mulheres e demais grupos diversos ainda dependemos da sensibilidade e da visão mais aberta de quem está com o poder de decisão, com a escolha nas mãos.

No entanto, como pessoa otimista e resiliente que sou, acredito verdadeiramente que isso está mudando. Nós mulheres e pessoas diversas estamos ocupando cada vez mais cargos de decisão e começamos a nos sentir mais confortáveis em nos posicionar, em questionar, num esforço gradual e sei que sem ruptura da lógica padrão tradicional, vamos conquistando os espaços.

> *Quando somos ensinados que a segurança está na semelhança, qualquer tipo de diferença parece uma ameaça.* HOOKS, B. **Tudo sobre o amor: novas perspectivas.**

Acredito ser importante reforçar a lógica de que, quando uma mulher alcança determinada posição, deve trazer consigo a perspectiva de dar oportunidade para outras mulheres, para a diversidade e para a mudança. Isso deve ser ainda mais premente para nós, mulheres brancas, que ocupamos a segunda faixa do topo da pirâmide em termos de cargos executivos[2].

---

[2] Segundo um relatório da Catalyst, no ano de 2021, a proporção de mulheres em cargos gerenciais mais elevados no mundo era de 31%. No que diz respeito à representação de pessoas negras, a situação é ainda mais desafiadora. [...] Entre as empresas da lista da Fortune 500, menos de 1% dos CEOs são homens negros.

Por último, voltando à pergunta que suscitou a reflexão acima, apesar de toda insegurança e, em muitas situações, de me sentir não ser capaz o suficiente para estar e me posicionar em determinados contextos, isso nunca me paralisou. Sempre topei os desafios e "me joguei" de forma intensa nas oportunidades que apareceram ou nas que eu busquei. Por isso aceitei participar deste livro sobre as Mulheres do Espírito Santo.

Agora vamos falar sobre a minha história.

Tenho 38 anos e espero ainda não ter chegado nem na metade da minha história de vida. Quando ler o que escrevi aqui, no futuro, quero ter uma percepção, mas não valores, completamente diferente deste relato. Afinal de contas, precisamos estar em constante transformação.

Até pouco tempo atrás, me sentia como na música do Belchior: "Sou apenas um rapaz latino-americano, sem dinheiro no bolso, sem amigos importantes e vindo do interior". Hoje já tenho um pouco mais de dinheiro no bolso, e tenho alguns amigos importantes, mas vim do interior, sou de Cachoeiro de Itapemirim.

Tive uma infância e adolescência típicas de classe média. Estudei em boas escolas e tive acesso aos recursos necessários para uma boa formação. Sempre desejei estudar fora e morar sozinha não porque quisesse ficar distante da minha família, longe disso, sempre tive todo amor, cuidado, companheirismo e dedicação da minha família comigo. Nunca, mas nunca mesmo, me senti desamparada. E sei que cheguei aonde cheguei por todo o esforço que os meus pais fizeram e, ainda fazem, para mim, minha irmã e, agora, para os meus filhos.

Sim, sou mãe. Tenho dois filhos - Eduardo e Henrique – e sou casada há mais de dez anos com Diogo, companheiro que conheci na faculdade e que tem papel fundamental nessa minha trajetória.

Ser mãe foi algo que eu sempre desejei e soube que seria um dia. Não fui mãe para seguir um "rito social tradicional". Ser mãe era e ainda é uma das minhas prioridades de vida. E, em todas as conversas sobre maternidade que eu tenho, digo: "só seja mãe se você realmente quer ser e se isso for um de seus objetivos de vida, porque é difícil pra caramba e requer uma mudança total de vida". E reforço essa convicção relatando o que um casal de amigos por quem tenho grande estima costuma dizer: "atualmente ter filhos e se dedicar a eles é quase um ato subversivo socialmente". Passamos a ter incertezas constantes sobre a nossa vida e passamos a entender que não temos controle sobre tudo, não conseguimos planejar/planilhar (os que me conhecem sabe que adoro planilhar tudo) a nossa vida, muitas vezes nem a nossa semana.

Se você tem uma reunião importante, uma apresentação, você se prepara, está tudo certo, mas o seu filho naquele dia cai na escola e quebra o braço, ou acorda com febre de 40 graus. E aí? O que fazer? Independentemente se você é a mãe ou o pai, aqui não vou discutir esse papel. Mesmo que o pai esteja presente, que no meu caso sempre está, eu também quero/preciso estar junto, e eu vou. Claro que, em muitas situações, não posso estar com os meus filhos em momentos importantes, mas também defendo que, mesmo que os filhos transformem completamente a sua vida, para você ser uma mãe completa/realizada, você precisa estar bem com você mesma. Eu até tentei me manter fora do mercado de trabalho mais corporativo, mas não me sentia realizada e, portanto, não seria a mãe que sou se precisasse ficar em tempo integral por conta dos meus filhos.

Mesmo quem não tem filho está sujeito a situações que fogem ao controle, mas, quanto mais pessoas dependem de você, maior a chance de você vivenciar essas situações de incertezas e que fogem do seu planejamento.

Os meus filhos têm nove (Eduardo) e seis anos (Henrique). Como na vida não temos controle sobre tudo, o meu filho mais novo está no espectro autista, com nível 1 de suporte.

A notícia certamente me abalou, todo mundo sonha com um futuro brilhante (usando o termo clichê) para os filhos, com um mínimo de adversidade possível. Não saber quais são as possibilidades concretas do desenvolvimento social, cognitivo e emocional de um dos meus filhos realmente é algo que me assusta bastante. Mas, passando a fase de susto e de revolta típica de questionar o porquê isso foi acontecer comigo, eu e o Diogo começamos a estudar e a entender um pouco mais desse mundo do TEA (Transtorno do Espectro Autista). A partir daí, passamos a buscar quais eram as práticas mais bem-sucedidas para que o nosso filho pudesse se desenvolver plenamente, considerando suas potencialidades e limitações.

Ainda estamos no caminho dessa descoberta, que demanda dedicação, observação e constância para correções de rotas, como trocas de terapias, acompanhamento de perto na escola, consultas médicas, reuniões com todos esses profissionais multidisciplinares que dão suporte ao meu filho. Nada é muito exato e concreto e tem sido um grande aprendizado e desafio adentrar nesse mundo do TEA.

Seguindo. Nunca fui uma criança que já nasceu sabendo o que queria ser quando crescesse. Fui escolher o curso de Ciências Econômicas já no ensino médio. Sem saber muito bem o que me esperava, fiz vestibular e fui aprovada na Universidade Federal do Espírito Santo (Ufes). Iniciei o curso em 2004 e logo de início me identifiquei. Estava vivendo o meu sonho de morar na capital, de cursar uma universidade, de dividir apartamento com outras jovens, de ter minha autonomia. De fato, foram anos mágicos, anos de muitas descobertas, de ampliação de entendimento sobre como a "vida real" funciona.

Da graduação, já emendei no mestrado, cursei Desenvolvimento Econômico na Universidade Federal do Paraná. Antes mesmo do final do mestrado, consegui minha primeira oportunidade profissional. Iniciei a minha carreira corporativa como Analista Econômico na Federação das Indústrias do Estado de São Paulo (Fiesp).

Por que fui parar em São Paulo? A resposta é simples. O Diogo estava morando em São Paulo e a essa altura já entendíamos que estava na hora de morarmos juntos. Ele já estava bem empregado e eu queria sair um pouco do ambiente acadêmico.

E assim foi feito. Passei dois anos na Fiesp, onde tive oportunidade de colocar em prática a capacidade analítica que o curso de economia proporciona. Essa primeira oportunidade de trabalho me despertou o interesse pelo ambiente corporativo. Percebi que entregas rápidas, com resultados efetivos, me instigavam bastante. Além disso, a experiência na Fiesp me mostrou que, de fato, eu gostava e gosto de trabalhar com economia. Mais para frente descobri que economia associada à gestão me encanta ainda mais.

Para além da experiência profissional, morar em São Paulo, por si só, já é uma experiência, principalmente para quem vem do interior. Conheci pessoas bacanas e diversos lugares, afinal, em São Paulo você pode ir em um lugar diferente por dia (o que eu adoro). Fiz alguns cursos alternativos e caminhei muito na Paulista, praticamente todos os dias, algo de que eu mais gostava e de que sinto falta.

Apesar de adorar o meu trabalho na Fiesp e ter tido momentos memoráveis em São Paulo, gostava mais do Espírito Santo. E também, como já disse, sonhava em ter filhos. Nesse quesito, a capital paulista não era uma cidade que me deixava confortável do ponto de vista da maternidade. Então, o Diogo teve a oportunidade profissional de voltar para Vitória e, resolvemos vir.

Assim que decidimos, iniciei a minha busca para recolocação profissional em Vitória. Participei de um processo seletivo no Sebrae e fui aprovada. Já voltei para o ES empregada.

No Sebrae, iniciei meu contato mais direto com gestão e senti bastante facilidade na posição, atuava como Gestora de Projetos. Aprendi muito sobre planejamento, gestão, relacionamento interpessoal, relacionamento com o cliente, formalização de processos e outros elementos-chaves para se atuar no ambiente corporativo.

Fiquei dois anos no Sebrae e engravidei do meu primeiro filho. Ao final da licença-maternidade, decidi não retornar à instituição e fui ter uma experiência na empresa da minha família com o objetivo de ter mais flexibilidade de horário, por conta do meu filho, e de criar um possível caminho de sucessão.

Uma pausa para falar dessa empresa: minha mãe e minha tia construíram essa consultoria para oferta de serviços socioambientais há quase 20 anos. A empresa é muito bem-sucedida e foi formada com muita coragem, dedicação e trabalho duro. Foram muitos erros, mas, obviamente, também muitos acertos que lhes permitiram chegar aonde elas chegaram, garantindo o conforto e os benefícios financeiros de que ambas as famílias desfrutam hoje. Além disso, a empresa emprega diversos profissionais em diversas cidades do país, gerando riquezas e oportunidades para outras famílias. Como podem perceber, sou rodeada por mulheres fortes que sempre me inspiraram.

Fiquei na empresa por quase dois anos. Tive aprendizados importantíssimos, especialmente no ramo de licitações públicas, principal canal de oferta de serviços da consultoria. Nasceu meu segundo filho e decidi não retornar para a empresa após a licença-maternidade. Entendi que o negócio já possuía um estilo de gestão próprio, ao qual eu não me adaptei, mas que funciona para os que lá atuam.

Ao final da minha licença-maternidade fui buscar oportunidades de trabalho e logo consegui uma posição como analista de pesquisa na Federação das Indústrias do Estado do Espírito Santo (Findes).

De lá para cá, a minha carreira profissional deu uma guinada. Como dizem por aí, é sempre importante contar com a sorte, que no meu caso foi conseguir participar da reestruturação de um time voltado a estudar, a compreender e a projetar o próximo ciclo de desenvolvimento do Espírito Santo. Eu só fiz a leitura nesses termos tempos depois, mas, por meio dessa oportunidade, eu aprendi a como identificar e explorar as minhas melhores qualidades. Mais importante, consegui, de fato, identificar um propósito. E tudo isso guiado por um mestre, que segue me formando como líder, que possibilitou a todos experimentar e a ousar em diferentes frentes de atuação. E, o mais fundamental, a trabalhar de forma engajada e colaborativa, em um ambiente de confiança, qualidades que certamente levam ao sucesso.

O propósito com o qual me identifiquei foi o de colocar as minhas competências, habilidades, conhecimentos e esforço em prol do desenvolvimento social, ambiental e econômico do Espírito Santo. A economia capixaba, sempre objeto de estudo da minha formação acadêmica, acabou se tornando, também, objeto de trabalho prático. Consegui captar que poderia fazer a diferença nesse campo de atuação.

Ao longo dos cinco anos em que atuei na Findes, quatro deles foram como gestora de ambiente de negócios do atual Observatório da Indústria, antigo Instituto de Desenvolvimento Educacional e Industrial do Espírito Santo (Ideies). Com esse time, conseguimos estudar, criar e defender diversas pautas em prol da melhoria do ambiente de negócios capixaba.

Atualmente, estou como Diretora Operacional do Banco de Desenvolvimento do Estado do Espírito Santo (Bandes). Não vejo essa posição como o auge da minha carreira, mas já é uma posição que permite dar o tom em algumas decisões estratégicas para o propósito com o qual consegui me identificar ao longo dessa trajetória. Seguirei trabalhando e confiando que esse propósito possa se estender para o Brasil e, quiçá, para o mundo.

Foi por meio do propósito de atuar em prol do desenvolvimento social, ambiental e econômico do Estado do Espírito Santo que eu estou aqui relatando a minha história neste livro, de mulheres potentes e inspiradoras de nosso Estado.

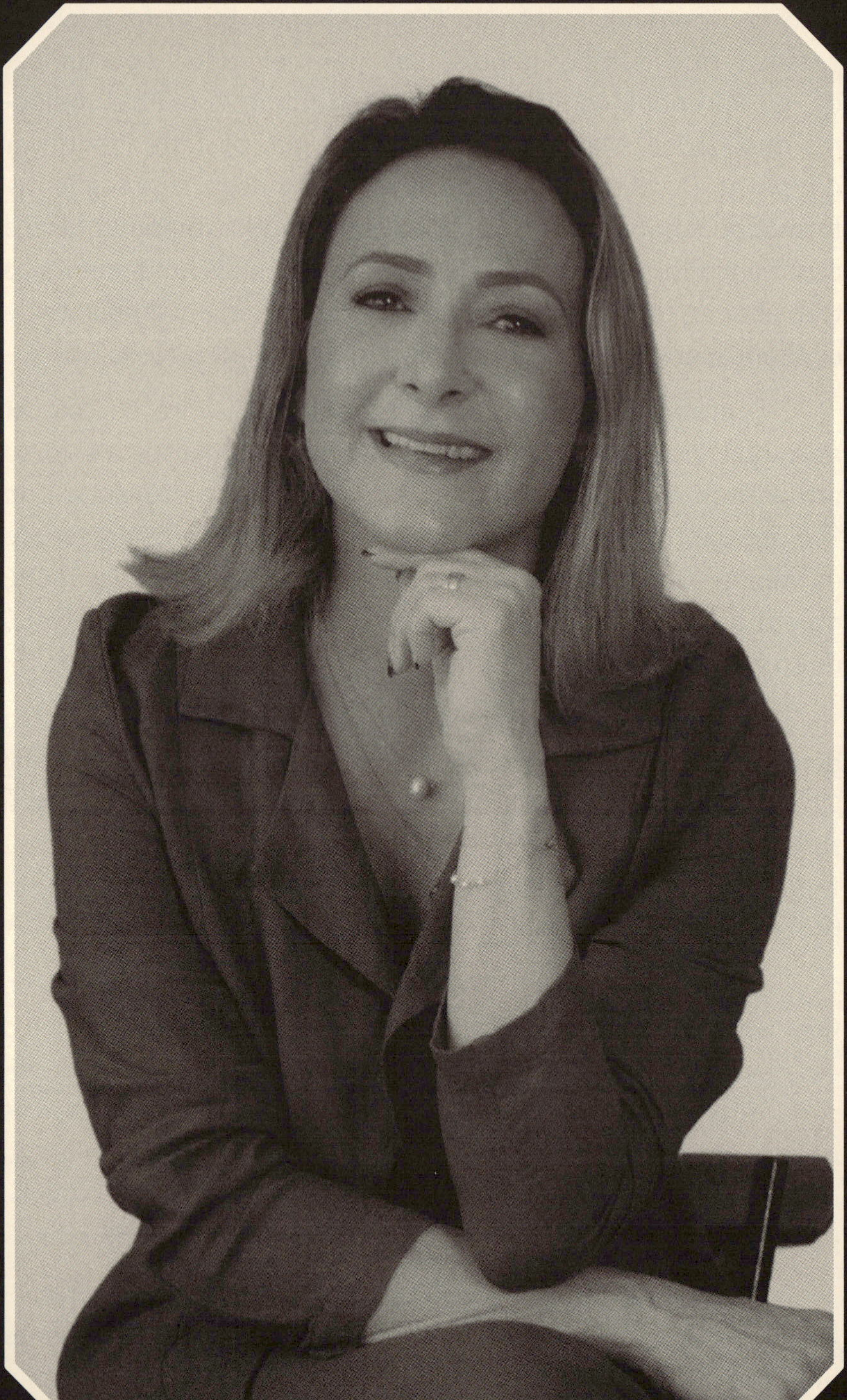

Nascida no Rio de Janeiro e abraçada pelo Espírito Santo

Isabele Duran Cordeiro

É advogada, formada em Direito pela Universidade Gama Filho, possui curso de Direito de Família no Novo Código Civil pela Escola Superior de Advocacia (OAB/RJ), tem formação de Habilitação de Pregoeiro – eletrônico e/ou presencial pela Lex Magister Cursos Jurídicos e formação de Gestores em Esporte e Lazer pela Universidade Federal do Espírito Santo (Ufes/Sesport). Também tem pós-graduação em Direito Civil e Processual Civil pela Universidade Gama Filho, MBA em Gerenciamento de Projetos pela Fundação Getulio Vargas (FGV) e é mestranda em Ciências Contábeis e Administração pela Fucape-ES. Atualmente ocupa o cargo de diretora administrativa e financeira no Comitê Olímpico do Brasil (COB).

A minha história com o Rio de Janeiro vem de berço, mas foi no Espírito Santo que cresci e constituí minha família. Sou carioca, nasci em 1977 e vim para Vila Velha quase dez anos depois, em 1986. Esta terra capixaba é o meu lar de coração. Passo a semana no Rio de Janeiro, mas todo final de semana, religiosamente, volto para casa ao encontro da minha família. Só de falar, me emociono, porque é o lugar onde meu filho nasceu e está, onde eu quero que ele esteja. Amo o meu Rio também, então fico superdividida.

Quando comecei a viajar, em 2017, tendo ido trabalhar no Ministério do Esporte, todas as segundas e sextas-feiras eram as mesmas carinhas indo e vindo no aeroporto. Imagina quantas chegadas e partidas, quantos reencontros e despedidas?!?

Fico pensando no porquê de estados como o Espírito Santo não terem onde aportar estas pessoas que têm tanto conhecimento, principalmente na área de pesquisa. Elas acabam tendo que migrar, fazer um sacrifício bom, porque não acho que seja um sacrifício ruim. No entanto, acredito que histórias assim, como a minha, precisam ser contadas. Para isso, vamos voltar para o começo dessa trajetória.

Sou filha de uma nordestina: minha mãe, Rosa Maria, nasceu em Estância, no interior de Sergipe. Meu pai, Aurélio Cordeiro, é carioca e se conheceram no Rio, constituíram família lá e, então, nasci, na Cidade Maravilhosa. Tenho dois irmãos também: Mariana, a mais velha, e o Daniel, o mais novo.

Vivi toda a adolescência em Vila Velha, absorvendo a essência do Espírito Santo. No entanto, quando chegou a hora de ingressar na faculdade de Direito, voltei para o Rio de Janeiro. Fiquei nesta ida e vinda constante. Apesar disso, nunca perdi o vínculo com meu verdadeiro lar: Vila Velha. A cada retorno, mesmo que breve, a sensação era de voltar para onde pertenço.

Minha história profissional começou logo depois que eu me formei, em 2000. Cursei a faculdade Gama Filho, e, logo em seguida, comecei a trabalhar na Superintendência de Desportos no Estado do Rio de Janeiro (Suderj). Foi uma oportunidade a qual penso que estava destinada a acontecer. Eu tinha uma amiga que fazia faculdade comigo, a Fabiana, e foi por meio dela soube de uma vaga no jurídico.

Eu queria ter o início profissional no Rio de Janeiro. Então, comecei a fazer o curso para poder tirar a carteira da Ordem dos Advogados do Brasil (OAB) e iniciei a jornada em busca do primeiro emprego na área que escolhi para atuar. Até então eu fazia faculdade e trabalhava em loja, mas não queria estar formada e continuar como vendedora ou como gerente. Eu queria seguir a minha carreira de advogada.

Dificuldades permearam o caminho

Durante a faculdade foi um período difícil, assim como não foi nada simples para os meus pais que eu permanecesse no Rio estudando. A dificuldade financeira era imensa. Teve um dia, por exemplo, que eu precisava comprar uma escova de dentes; peguei a escova errada e faltavam 20 centavos.

O homem que estava atrás de mim complementou o dinheiro para eu pagar. Eu lembro até hoje, pois foi algo que me marcou bastante. Anos depois, já na minha área, fui audiencista do grupo Pão de Açúcar e Sendas, onde comprei a tal escova de dentes. Então, são coisas assim que vão se conectando e fazendo com que um dia faça sentido ter que passar por determinadas situações, "só vive o propósito quem suporta o processo".

Devoção e milagre

Um dia, religiosa que sou, pedi a Deus e a Nossa Senhora Aparecida, de quem sou devota: "Eu não quero nada nessa área de venda, nem de loja, eu quero estar inserida na minha área".

Em um determinado momento, já estava quase desistindo de buscar algo na área que escolhi. Foi aí que me tranquei no quarto da casa onde morava com a minha madrinha, coloquei-me de joelhos e rezei suplicando à santa que precisava de uma resposta, de um sinal do que aconteceria comigo, porque também não queria ficar confrontando meus pais pelo fato de ainda não estar inserida no mercado de trabalho do Direito. Nesse dia eu sonhei que chegava do curso e saía vestida como se estivesse indo trabalhar, de terno.

Estava focada na necessidade de conseguir um emprego na minha área e em terras cariocas, porque em Vila Velha não havia muita oportunidade. Então, sonhei que eu chegava do trabalho e que o telefone tocava. Minha madrinha atendia e dizia: "Isabele, é a Fabiana".

Fabiana é essa minha amiga da faculdade que citei anteriormente e que já estava empregada. Eu atendia e ela, no sonho, perguntava se eu estava trabalhando. Eu respondia que estava à procura de emprego e ela então sinalizava que tinha uma oportunidade para mim na empresa em que ela trabalhava. Eu, obviamente, aceitava.

Por fim, acordei e fui para o curso, já vestindo meu terninho, como de costume, pois achava, no meu imaginário ou, quem sabe, na minha fé, que poderia ser chamada para uma entrevista de emprego a qualquer momento e precisava estar pronta. Quando então cheguei em casa, assim que coloquei a bolsa em cima da mesa, o telefone tocou. A minha tia atendeu e foi um "déjà vu": "Isabele, é a Fabiana". Eu já sabia o desenrolar de tudo, era muita coincidência. Ou melhor, providência divina. A resposta que eu tanto pedi. E aí a Fabiana falou para mim exatamente o que eu sonhei. Pensei logo que aquilo era um milagre, e até me arrepio quando lembro disso.

Foi então marcada uma entrevista e, quando terminou, perguntei ao assessor jurídico quando eu começaria. Ele riu bastante e explicou que ainda havia alguns candidatos a serem avaliados.

Na minha cabeça, estava tão certo, definido, que eu já queria saber, realmente, quando iniciava o trabalho. Passou uma semana e ele me chamou, e ali foi o começo de tudo. Eu comecei no jurídico da Suderj, fiquei um ano lá e então me encaminharam para a vice-presidência executiva de esporte, em que cuidei de incumbências relacionadas a projetos esportivos, analisando legislações envolvidas no meio. Por isso eu, como advogada, estava ali.

Fiquei lá por dez anos, desde os meus 23 anos, e encerrei meu ciclo porque vislumbrava novas oportunidades. Entrei como estagiária e saí em uma posição de diretora de projetos. Foi uma escola para mim e tenho um carinho superespecial pela Suderj. Sofri um pouco quando fui embora, mas foi um sofrimento gostoso, porque tinha apego àquilo tudo. Eu trabalhava dentro do ginásio do Maracanã e via tudo acontecer. Para mim foi maravilhoso.

Gravidez inesperada

Um pouco antes de eu sair da Suderj, em 2006, veio o período da minha vida em que engravidei, isso já com 30 anos e com apenas três meses de namoro com meu marido, o Jairo. A notícia foi difícil para minha mãe assimilar. Ela ficou preocupada e chegou a cogitar que não daria certo. Imagina, na cabeça dela, grávida de um relacionamento de apenas três meses?!? De todo modo, escolhi ter meu filho, e assumir toda a responsabilidade até mesmo sozinha, mas, graças a Deus, não foi o caso e sempre tive muito apoio.

Trabalhei normalmente até uma semana antes de o Matheus nascer, e daí decidimos que ele nasceria no Espírito Santo. A princípio iria aguardar parto normal, entretanto, tive pré-eclâmpsia grave, então Matheus veio com 37 semanas e um dia. Nós dois quase morremos. Ele nasceu no Hospital Dório Silva, na Serra. Devido à condição em que nos encontrávamos, eu com pré-eclâmpsia grave e ele já em sofrimento, não poderíamos estar melhor assistidos. Apesar da situação em que nos encontrávamos, tudo correu bem e estávamos nas mãos de Deus, além de uma equipe médica excelente, a quem sou muito grata.

Mudança de vida e carreira profissional

Eu e meu marido, pai do Matheus, estamos juntos até hoje. Já se passaram 17 anos, sendo que o Matheus está com 16. E depois que meu filho nasceu coloquei na minha cabeça que a Suderj já estava chegando ao limite para mim e eu nunca tive medo de arriscar. Foi aí que surgiu a oportunidade de ir para a Confederação Brasileira de Judô (CBJ). Então, logo comecei trabalhando em paralelo entre Suderj e a CBJ, até que eu me desliguei da superintendência e fiquei só na confederação. Entrei em meados de 2009 e permaneci até meados de 2017.

Foi então que surgiu a proposta de eu ir trabalhar no Ministério do Esporte. Acabou que tudo se relacionava, sempre com algo ligado ao esporte. Mas também cheguei a advogar. Houve um período em que, enquanto eu estava na Suderj, também atuava em causas envolvendo Direito de Família e Direito do Consumidor.

Porém, uma hora eu tive que escolher e optei por aquilo que o coração mandou, o esporte, pois era o que mais me emocionava e me fazia engajar. Meus pais sempre incentivaram que os filhos, desde novos, fizessem algum esporte. Meu pai assistia às Olimpíadas e a jogos variados e, assim, a gente estava sempre ali no meio esportivo de alguma maneira.

O engraçado é que quem não gostava tanto de praticar esporte na família era eu. Meu irmão e minha irmã sempre foram muito ativos e eu, por outro lado, era mais pacata, queria dançar jazz, fazer algo mais fácil. Natação eu fazia, mas com interesse de competir, de viajar para disputar. Então, muitas vezes, eu nadava só por causa das viagens, sem ter aquela ambição de ser atleta. Acabei indo para este meio, de uma forma ou de outra, aconteceu e é uma paixão, virou uma cachaça, não adianta fugir mais.

E aí, quando foi em 2017, recebi uma proposta para trabalhar com o Rogério Sampaio, atleta que lembro de ter visto ganhando a medalha de ouro nos Jogos Olímpicos de Barcelona 1992. Recordo também do meu pai chamando, dizendo para irmos ver a final de judô. Quando na minha vida iria imaginar que um dia trabalharia com um campeão que vi antes só na televisão?

O técnico do Rogério, que era na época o Paulo Wanderley Teixeira, é hoje o atual presidente do Comitê Olímpico do Brasil e foi presidente da CBJ na época em que eu trabalhava lá. Então as coisas foram se conectando. Para completar essa conexão, o Paulo Wanderley é do Rio Grande do Norte, mas desenvolveu a vida profissional dele toda no Espírito Santo.

Desafios

Sempre fui movida por desafios. Meus pais são pessoas humildes, minha mãe foi professora; meu pai é técnico em eletrônica. E uma coisa que eles sempre diziam era: vocês não têm o direito de desistir. Então eu não fui ensinada a desistir. E foram muitos obstáculos na minha trajetória, nunca sonhei que poderia chegar até aqui onde estou.

Não poderia jamais seguir e crescer, se além dos meus pais eu não tivesse o apoio incondicional do meu marido e do meu filho. Sou muito grata aos dois. Embora não falemos muito sobre isso, é nítido o orgulho deles, quando veem os resultados do meu, do nosso trabalho. Esses dias perguntei ao meu filho sobre o futuro profissional dele e ele cogitou trabalhar "com o que você trabalha". Confesso que deu um frio na espinha, mas, ao mesmo tempo, dá uma pontinha de orgulho de saber que seu filho também se orgulha do que você faz, caso contrário, não iria pensar na mesma carreira.

Sou muito grata a Deus e a minha família, porque várias vezes, nesse meio, ainda mais como mulher, sentimos vontade de desistir. Mas sempre tive em mente que não tenho esse direito: primeiro porque eu não fui ensinada assim; segundo porque tem muita gente que acaba dependendo de nós, de certa forma. Acho que este é o grande medo que eu tenho.

E quando eu falo de "muita gente", eu não falo só em casa e também não me refiro a uma dependência financeira em si. Tem muitas pessoas que dependem de que eu não desista para não desistirem também e esse é o maior peso para mim. Porque acho que, se eu desisto, uma cadeia acaba desistindo em volta de mim. Não que eu me sinta tão importante assim, mas, às vezes, as pessoas acabam vendo o sacrifício todo que fiz e pensam que, se eu consigo, elas também podem conseguir. Então é um ciclo de referência e muita dependência. Acabamos trazendo para nós uma carga. Me pego refletindo: estou lá só por mim ou estou pelos outros? Não pode ser só por eles.

Crescimento na carreira

Hoje ocupo o cargo de diretora-administrativa e financeira do Comitê Olímpico do Brasil (COB), ficando abaixo, em termos hierárquicos, apenas do presidente, vice-presidente e do diretor-geral. Ocupo um cargo executivo alto, com mais de 120 pessoas abaixo de mim, a única mulher. Acaba que tudo passa por mim, além do presidente e do vice-presidente, só o diretor-geral e eu podemos assinar contratos no COB, então acaba sendo um cargo de muita responsabilidade.

No trabalho eu não devo me deixar vulnerável às emoções, é tudo muito dinâmico, "para ontem". Mesmo assim, posso dizer que sou uma pessoa legal. Tento ser muito justa, acho que sempre tentei. Por causa do Direito a gente acaba sendo: o que é certo é certo. Não vão me ver brigando por uma coisa se aquilo não fizer sentido. E se eu estiver certa, vou até o fim, custe o que custar.

O que dizer à Isabele do passado?

Uma amiga minha outro dia perguntou o que eu diria para a Isabele de antes. Eu digo que agradeceria muito a ela, principalmente pelo jeito destemido, acho que a palavra é esta. Beirei um pouco a loucura até. Fiz coisas que nem sei como consegui. Vir para o Rio estudar, e falar para minha mãe que eu precisava ficar no Rio naquele momento, isso com apenas 19 anos e com meus pais me bancando. Isso diz muita coisa.

Tive muita ajuda também da minha madrinha Marlene, do meu padrinho Gilson, que veio a falecer em 2017, e de minha tia

Aurora, já falecida, que pagou alguns meses de faculdade para mim. Depois percebi que tinha que me virar.

Um ano depois que eu já estava no Rio, comecei a trabalhar em shopping e passei a faculdade inteira assim. Estudava dentro do ônibus, ia com meus resumos sentada lá no fundo e ficava até tarde no trabalho, às vezes chegava meia-noite em casa e tinha aula pela manhã.

Posso afirmar que já enfrentei muita dificuldade, até de passar no meio de tiroteio, de me jogar no chão de um ônibus, essas coisas que só vemos na televisão. Então, não sei se me defino como destemida ou mesmo como "muito fora da caixa", só sei que nunca desisti.

Sempre fui muito assim, de enfrentar a situação e, ao mesmo tempo, pensar muito. Não tomo uma decisão de rompante. Assim também foi em relação a minha decisão de ir para o Ministério do Esporte.

Eu queria alçar outros voos, apesar do amor pelo judô, pela instituição em que trabalhava, sentia que precisava seguir em frente e, então, o presidente Paulo Wanderley saiu de lá para assumir a vice-presidência do COB à época, o que acabou me incentivando ainda mais a buscar novos voos, mas permanecendo no esporte. Neste momento, mais uma vez, sentei-me, orei e pedi a Deus um direcionamento. Dois dias depois recebi o convite para ir trabalhar no Ministério do Esporte.

Eu diria que sempre ajo de forma muito pensada. Mas, na hora que vem a oportunidade, eu vou sem medo. Então, acho que destemida é a palavra certa para mim. E além de agradecer por este aspecto, ao falar com a Isabele do passado, eu agradeceria muito a ela por não ter desistido de nada e faria tudo de novo. Por fim, me daria um superabraço e diria: deu tudo certo!

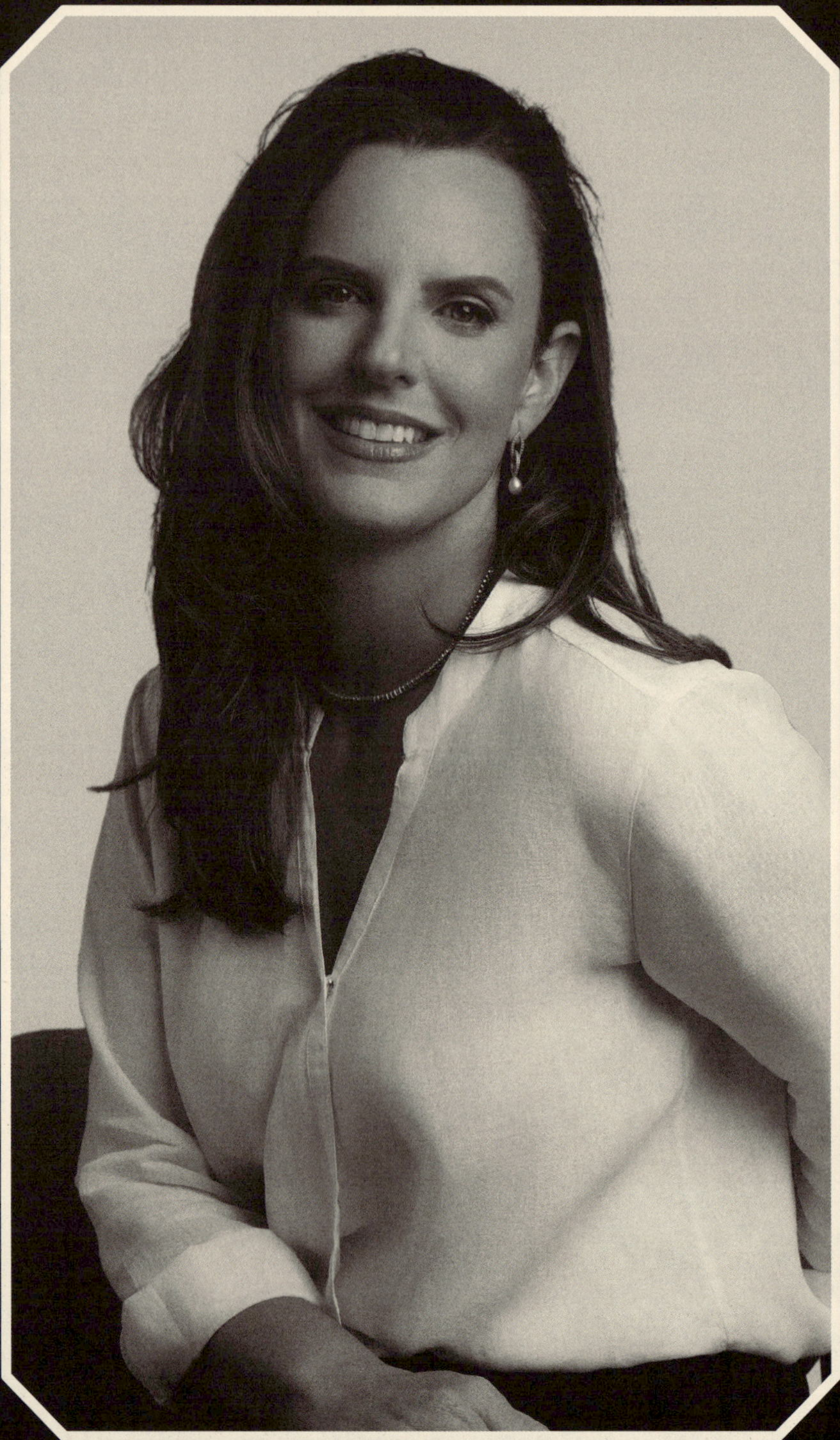

Não há nada tão certo que não possa se transformar

Izabella Tessarolo

É presidente do Grupo Tess. Formou-se em Contabilidade pela Unilinhares, especialista pela FGV/RJ – Fundação Getulio Vargas do Rio de Janeiro, em Gestão de Projetos para empresas prestadoras de serviços, mestre em Ciências Contábeis pela Fucape – Fundação Capixaba de Pesquisa, sócia da Tess Contabilidade e Consultoria Empresarial e Tess Administradora de Bens e Condomínios. Casada com Eduardo Epichin e mãe de Angelina e Miguel.

Minha história começa no dia 9 de fevereiro de 1978. Era uma quinta-feira, oito e meia da noite, e uma lua nova brilhava, meio tímida, no céu. Nasci com Sol em Aquário e Lua em Libra. Eu só tenho elementos de ar e água no meu signo e isso pode explicar, em partes, meu particular mundo da lua. Talvez, mas certamente não basta para entender toda a minha coragem, determinação e resiliência.

Filha desejada e muito esperada, promessa cumprida. Meu pai, Arisio, caminhou de Linhares, onde viviam, até Cavalinhos, em Aracruz, para agradecer a chegada da primogênita. Um ano depois, nasceu minha irmã, Xênia. A diferença pequena me faz crer que irmãos assim, que nascem tão juntos, são as lembranças da infância guardada em outro coração. A "rapa do tacho" foi meu irmão, Arísio Filho, dez anos mais novo.

Da infância, recordo-me apenas de alguns momentos. Das viagens no mês de abril nos feriados de Páscoa, dos verões na praia de Guriri, de sair com mamãe no meio da semana para lanchar. As professoras do jardim de infância também são lembranças queridas. Mas as boas memórias da escola acabam aí.

Diagnosticada com déficit de atenção desde pequena, a adolescência foi uma fase difícil, de solidão e cansaço para tentar me enquadrar naquilo que se esperava de mim. Não tirava boas notas, minha mãe passava horas à noite tentando me ensinar depois de um dia exaustivo de trabalho. As professoras particulares pouco resolviam, parecia que eu tinha um tempo que era meu e a minha forma de aprender nunca foi a forma tradicional, avalio hoje, com a maturidade que só o tempo e o autoconhecimento me trouxeram.

Tive muita dificuldade com números, e para decorar a tabuada o que ajudou foi o afeto. Minha tia querida, Rita, cheia de paciência, associou contas e números a outras situações, fazendo que o que era quase impossível de aprender fizesse sentido. Diferentemente dos professores da escola, que não tinham tempo ou conhecimento para compreender a minha singularidade.

Mas às vezes é do difícil que se faz o extraordinário, e eu desenvolvi habilidades importantes para superar as dificuldades. Sou uma boa ouvinte e excelente observadora, tenho também o senso crítico apurado e ótimo raciocínio para resolver problemas. Além de teimosia na medida, o que me faz não aceitar a primeira resposta como certa. Aquela menina que tinha pânico de se expor e errar, e por isso se escondia e se encolhia, hoje se acolhe e se destaca.

Aos 14 anos, comecei a trabalhar no escritório de contabilidade da minha mãe, Odete. Não se pode dizer que foi por livre e espontânea vontade, mas na rigorosa família Frinhani Tessarolo era assim: notas ruins na escola exigiam empenho no trabalho. E lá ia eu, depois da manhã de aulas, aborrecer-me em longas filas de bancos, sem nem o consolo do agora onipresente telefone celular para me distrair. A solução criativa que encontrei? Para passar mais rápido, eu ficava testando o poder da minha mente, escolhia uma pessoa e ela tinha que olhar para mim com a força do meu pensamento. Isso era a distração. Divirto-me sempre ao me lembrar.

Em alguns meses, abandonei os bancos lotados e comecei a desempenhar outras tarefas no escritório. Em todas, eu perguntava a quem estava ali para me ensinar por que faziam o trabalho daquele jeito, e não de outro. A resposta era sempre a mesma: "foi assim que me ensinaram". Mas para mim isso não bastava. Ser como sempre foi não queria dizer que era certo. Essa atitude me levou a criar um jeito diferente de fazer os registros contábeis que antes passavam por duas ou três pessoas até serem digitados no computador: um revolucionário carimbo acrescentava as informações que faltavam nas notas fiscais, e evitava o vaivém da papelada sem fim.

Na mesma época, propus para minha mãe que o tradicional "Odete Contabilidade", nome do escritório desde o princípio, fosse trocado. Depois de um fim de semana de conversas, na segunda-feira atendia-se o telefone com "Tess Contabilidade, bom dia". Mais uma vitória minha, e hoje presido, com orgulho, o Grupo Tess.

Aos 19 anos, quando cursava o segundo ano da faculdade de Ciências Contábeis, tive a chance de assumir uma loja de peças de tratores e motosserras da família. Determinada, convenci meus pais de que daria conta da responsabilidade. Passei então a ter "uma laboratório de negócios" onde não só podia colocar as minias ideias em prática, como recuperar a autoconfiança, abalada pela trajetória escolar e pelos percalços da adolescência. Papai acreditou na minha competência e me deu liberdade para crescer. Três anos depois, quando o negócio foi vendido, o lucro era fruto do meu trabalho. Ali, eu soube o que queria: voar.

Foi assim que me mudei para o Rio de Janeiro, para fazer uma especialização em consultoria financeira na Fundação Getulio Vargas (FGV). Tudo era novo para mim. Era a primeira vez que eu deixava a casa dos meus pais, e até o dia a dia de uma metrópole parecia contribuir para engrandecer a experiência profissional e pessoal que vivi. O apartamento que dividi com minha irmã, estudante de Medicina, e o carpete verde difícil de limpar são inesquecíveis.

Abri mão da mesada que os pais com dificuldade me mandavam assim que consegui um emprego em uma loja. Depois, com os contatos feitos durante a especialização, trabalhei no

Governo do Estado. Também mudei de bairro: de Vila Isabel, onde vivia minha irmã, para o Recreio dos Bandeirantes, depois Copacabana e Botafogo. Aprendi a amar o Rio, e todos os dias, quando saía de casa para ir à FGV, tinha a certeza que era feliz.

De volta para o Espírito Santo, levei na mala uma certeza: seria consultora financeira. O convite de uma tia para ajudar na organização do departamento financeiro da empresa mostrou, mais uma vez, que minha teimosia era tenacidade. Eu ganhava pouco, mas sabia que naquele momento o que precisava era de aprendizado prático. Então, o que era para durar duas horas por dia, e apenas ajudar a organizar o setor financeiro, virou um grande projeto que incluía desde a organização dos ambientes até o planejamento estratégico.

Satisfeita com o resultado do trabalho, minha tia Arilda tornou-se minha garota propaganda, indicando-me para empresários e amigos. Com gosto pela organização do caos, dívidas e negociações – temas que espantam a maioria das pessoas – tornei-me uma especialista em sucesso.

A família crescia junto com a quantidade de clientes e de trabalho. Em 2012, nasceu minha filha Angelina. Toda a força do mundo veio com a "minha menina", e o desejo de acompanhar o seu dia a dia me levou a encerrar a jornada na consultoria, que exigia viagens constantes. Em 2014, novamente resolvi empreender, dessa vez junto do meu marido, Eduardo, abri a Tess Administradora de Condomínios, hoje a maior do norte do estado.

2016 foi o ano do nascimento de Miguel, "meu menino". Eu estava então em um momento de muito trabalho, minha jornada chegava a durar 16 horas por dia e tive apenas 15 dias de licença-maternidade. As idas e vindas em casa para amamentá-lo foram intensas, e reconheço que os filhos sentiram a minha ausência. Hoje, mais madura, compreendo que a vida é feita de escolhas diárias, e não é possível ganhar uma coisa sem perder outra. Por isso, achar o equilíbrio é tão importante para mim.

Meu irmão, Arisio Filho, formado em Direito, retornou para Linhares e assumiu a empresa de contabilidade junto comigo, em 2018. Mamãe não podia ser mais feliz, vendo os filhos no lugar em que ela sempre amou estar. A partir daí, a Tess Contabilidade passou a construir uma nova história, mas cheia de honra e gratidão à sua criadora, Odete.

Em 2022, fundei, ao lado do meu irmão e alguns amigos e empresários de Linhares, o primeiro *hub* de inovação e sustentabilidade do norte do estado, o Espírito Hub. A iniciativa tem o objetivo de gerar conexões e negócios na região de Linhares, onde está sediado também no Grupo Tess, além de promover projetos sociais e ambientais. Entre muitas ações voltadas para empresas, destacam-se também as de cunho social, como o projeto "Gerações Infinitas", que vai apoiar iniciativas sociais com atuação no Norte do Espírito Santo. Eu comando o projeto "Mulheres que fazem", que promove um encontro anual com mulheres empreendedoras para troca de experiências e conhecimento.

Hoje como presidente do Grupo Tess, sou atuante na contabilidade, administração de condomínios, Espírito Hub e ainda invisto em uma *startup* de saúde mental, a Elementar. Eu, a garota desacreditada, não paro e não pretendo parar. Um trecho do poema de Amado Nervo me acompanha: "Vida, nada me deves. Vida, estamos em paz!"

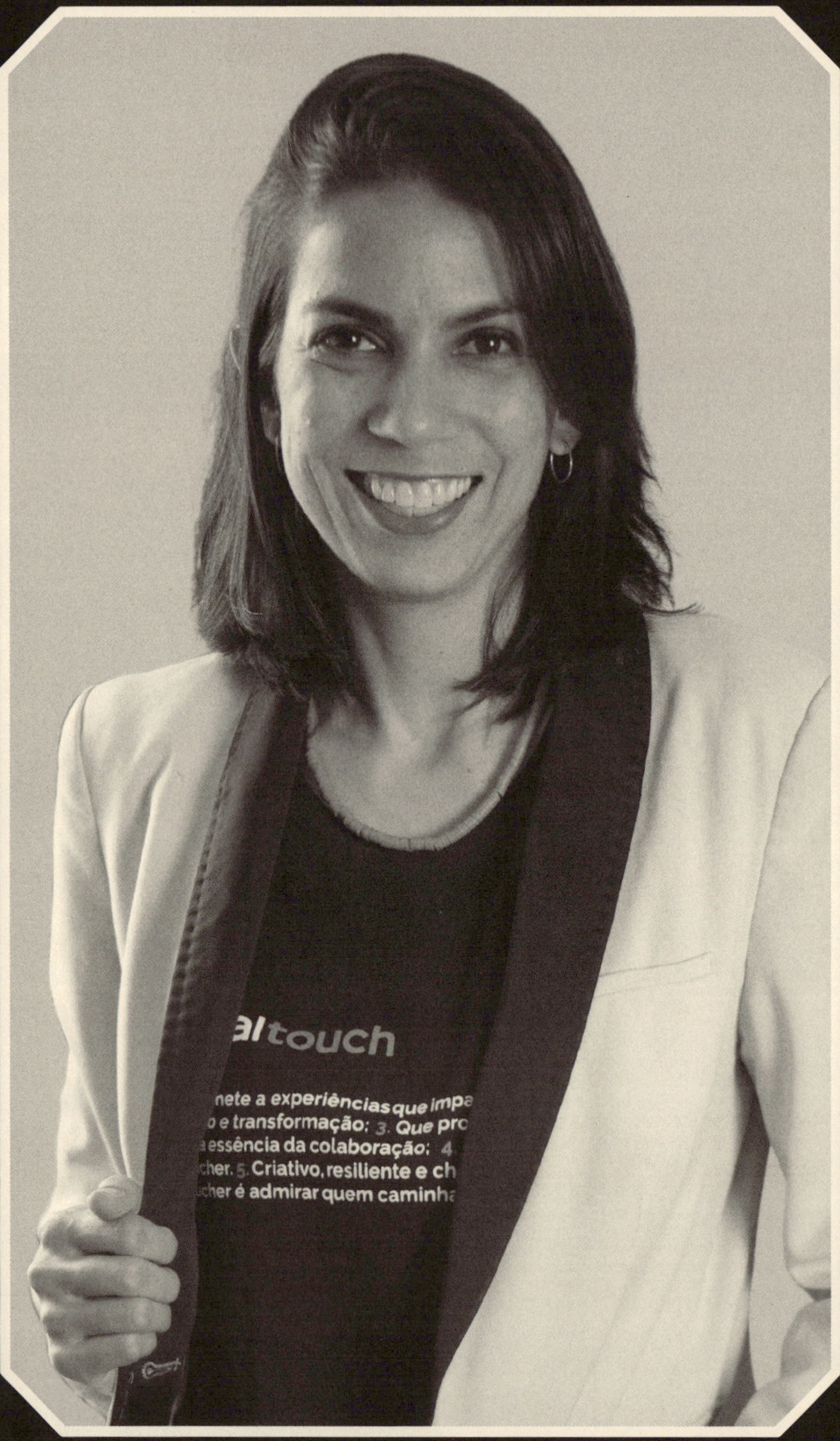

Colaborar para transformar

LINKEDIN

Júlia Caiado

Mineira, mãe da Elisa e apaixonada pelo Espírito Santo! É CEO da Global Touch, empresa especializada em gestão de comunidades e que vem transformando a maneira como as pessoas e organizações colaboram. Por acreditar no poder do intercâmbio de ideias e conhecimentos, tem trabalhado para fomentar o ecossistema capixaba e brasileiro de inovação, ajudando a planejar e operar diversas comunidades pelo Brasil, incluindo empresas, *hubs* e ecossistemas de inovação.

De Minas para o Mundo

Nasci e cresci no interior de Minas Gerais, onde morei até os 16 anos, em uma região conhecida como Vale do Aço. Filha mais velha de três *hermanos* queridos, moramos juntos na nossa tão saudosa casa amarela, construída por nossos pais com muito esforço e dedicação, e onde tivemos a chance de desfrutar de momentos maravilhosos na infância.

No início da adolescência, tive a oportunidade de conviver com vários intercambistas dentro de casa, pessoas que vinham de outros países para morar conosco durante três meses pelo programa de intercâmbio do Rotary Internacional. Isso com certeza foi um primeiro divisor de águas em minha vida e agradeço imensamente aos meus pais por isso. A cada novo intercambista que recebíamos, tínhamos a chance de conviver e aprender sobre diferentes países do mundo, conhecer suas culturas e suas tradições. Hoje sou capaz de perceber o quanto aquelas pessoas nos ensinavam, tanto quanto aprendiam sobre os nossos costumes e nossas histórias, a partir da troca diária de experiências. Ter a chance de conviver com um 'irmão' francês, uma 'irmã' canadense, e depois outros que vieram da Tailândia, Hungria, Finlândia, foi algo que significou muito para mim. Eu comecei a entender que o mundo era muito maior que as montanhas que me cercavam, e aquilo me fez ter uma vontade enorme de explorar e conhecer o que havia para além delas.

Com todo apoio e incentivo dos meus pais, me tornei a

primeira intercambista da família, indo morar no Canadá, em uma época na qual não tínhamos ainda acesso ao celular ou câmeras fotográficas digitais. Hoje tenho consciência do quanto meus pais foram generosos ao me permitir embarcar naquele avião, confiando em mim e na educação que haviam me dado, por saber que aquela experiência faria muita diferença para a minha vida, como de fato o fez.

Aos 16 anos, fui morar no interior do Canadá, uma cidade chamada Kamloops, onde eu vivi intensamente cada momento, cada oportunidade. Com certeza, a Júlia que chegou era muito diferente da Júlia que embarcou no avião de volta pra casa 11 meses depois, com muito mais bagagem de vida do que era possível carregar naquelas duas malas. Durante aquele período, eu realmente vivi uma experiência inesquecível. Na verdade, eu escolhi fazer daquele ano o mais incrível da minha vida e aproveitei todas as oportunidades para isso. Aprendi na prática que eu tinha tanto para ensinar sobre o meu país e as minhas origens, quanto para aprender sobre aquela nova cultura e realidade tão diferentes da minha.

Depois desta experiência, eu voltei uma nova pessoa, uma pessoa que queria morar um ano da sua vida em cada país do mundo. Foi difícil para mim perceber e aceitar que as pessoas que eu conhecia antes de viajar estavam exatamente iguais comparando-se com um ano atrás. O meu mundo tinha se ampliado em proporções jamais vistas e eu tive dificuldades de aceitar, pois parecia que tudo havia ficado parado no tempo e eu não cabia mais ali.

O mundo em mim

Logo que retornei do intercâmbio, me mudei para Belo Horizonte, onde me dediquei aos estudos fazendo duas faculdades ao mesmo tempo: Direito na UFMG e Relações Internacionais na PUC Minas. Minha inquietação por conhecer e explorar novos horizontes me impulsionou para fazer um outro intercâmbio durante a faculdade, dessa vez na Holanda, onde tive a chance de estudar na Universidade de Haia, vivendo mais uma experiência internacional que também marcou muito minha jornada. Haia é a cidade onde fica a sede da Corte Internacional de Justiça, o Palácio da Paz e onde centenas de alunos de toda a Europa vão para passar um semestre de intercâmbio. Ali eu tive a certeza de que queria trabalhar com algo que me conectasse com novos mundos, com a oportunidade de conhecer pessoas novas, de aprender sobre novas culturas e realidades, e de compartilhar também sobre o que sei e sobre o que sou, ajudando a expandir o meu horizonte e também o das pessoas ao meu redor.

Quando voltei para o Brasil, me formei primeiro em Relações Internacionais e comecei a trabalhar no Consulado do Canadá em BH. Era um estágio voluntário, mas para o qual decidi me dedicar por seis meses como uma primeira oportunidade de ingresso no mercado de trabalho. Ao final dos seis meses de estágio, eu estava feliz em deixar tudo superorganizado e com todos os processos estruturados, bem diferente do que eu tinha encontrado quando cheguei. No meu último dia de trabalho no estágio voluntário, eu recebi então uma proposta para ser contratada em uma das empresas do grupo que ficava no mesmo prédio.

A (dura) realidade do mundo corporativo, suas oportunidades e novos caminhos

Por ter a oportunidade de trabalhar em uma empresa, eu comecei a entender as dinâmicas e bastidores do mundo corporativo, aprender na prática sobre um universo de gestão de negócios e que, de alguma forma, começou a me fascinar. Tive oportunidade de aprender sobre várias áreas, desde questões contábeis e financeiras, passando por marketing e comercial, qualidade e certificações, e também (e principalmente) sobre **pessoas**.

Sobre as pessoas, aprendi algo que não era bem o que eu esperava. Compreendi que, no mundo corporativo, nem sempre elas são o que parecem, ou falam o que pensam. Isso para mim foi bem difícil de aprender e entender na época. Eu chegava sempre com boa vontade em ajudar e fazer acontecer, mas não era bem recebida e interpretada (cheguei uma vez a ser orientada a não fazer tudo tão certinho sempre e aquilo me marcou). Comecei então a entender que as pessoas ali queriam o seu próprio bem e não o que era bom para o todo, que elas não iriam me ensinar o que eu ainda não sabia por receio e medo de perder a posição e que os jogos de poder e ego predominavam sobre a minha vontade genuína de colaborar, contribuir e fazer a diferença. Conhecer aquela realidade dos bastidores do mundo corporativo foi bem difícil, no entanto, eu já havia experimentado durante os meus intercâmbios um outro tipo de realidade, na qual as pessoas acreditavam e confiavam umas nas outras e aquilo as fazia mais felizes e lhes possibilitava alcançar mais resultados. Entendi então que era nesse tipo de ambiente, pautado pela abundância e colaboração, que eu queria estar e que me esforçaria para construir por onde eu tivesse a chance de passar.

Depois de alguns anos, recebi o convite para fazer um trabalho para uma instituição americana, chamada Eisenhower Foundation, organizando programas de *fellowship* para profissionais americanos passarem um mês se conectando com pessoas da sua área de atuação aqui no Brasil. Como Program Officer, eu era responsável por construir as agendas de conexão e troca de experiências destas pessoas, que vinham dos Estados Unidos e passavam um mês fazendo reuniões de *benchmarking* organizadas por mim em várias cidades e estados. E, como resultado, eles sempre voltavam para casa tendo a chance de experimentar e conhecer um lado da sua profissão e do nosso país que dificilmente seria possível de outra forma. Aquilo me fez sentir e viver novamente a grandeza de se trabalhar em rede, de compartilhar o que se faz e ver abrirem-se possibilidades de parcerias e oportunidades que individualmente não seriam possíveis.

Mas o meu dia a dia ainda era aquele do mundo corporativo tradicional e muito competitivo, até que eu então decidi mudar, nove anos depois! Aquele ambiente não estava mais me fazendo bem e era importante para mim construir novos caminhos, trilhar novos rumos. Foi muito difícil tomar a decisão e mais ainda colocá-la em prática por dois motivos: o cargo e o salário eram muito confortáveis e eu não tinha a mínima ideia do que fazer, afinal aquele tinha sido meu primeiro e único trabalho desde a faculdade. Mas eu já não tinha o mesmo brilho nos olhos dos primeiros anos, não sentia mais o frio na barriga de começar novos projetos e poder aprender com eles e já não conseguia mais vestir meu melhor sorriso para sair de casa para trabalhar todos os dias.

Decisão estava tomada, eu iria sair para fazer um curso de mestrado no Canadá e meu marido e eu nos mudaríamos para lá, realizando um sonho que sempre tivemos de morar juntos naquele país. Foram meses de dedicação para entender todo o processo de aplicação para uma universidade internacional até receber a linda notícia de que eu tinha passado e sido aprovada para fazer mestrado em uma universidade em Vancouver. Era a melhor notícia da minha vida naquele momento. Ou pelo menos eu achava que era, até receber uma outra, exatamente na mesma semana, uma outra notícia que me faria mudar completamente a rota de tudo: estávamos grávidos!

Morar no Canadá era um grande sonho e foi difícil escolher não ir naquele momento. Os motivos que nos fizeram ficar eram mais poderosos e escolhemos desfrutar a oportunidade e privilégio de ter nossa primeira filha mais perto da nossa família! E foi então que se abriu a porta da maternidade, com todas as dores e delícias inerentes à transformação que acontece de dentro para fora com a chegada de um filho. Quando a neblina dos primeiros meses passou, eu vi um sol muito lindo brilhar ao me perceber mãe e me aceitar como a melhor mãe que Elisa poderia ter.

Foi muito difícil voltar ao trabalho deixando minha filha na escola, decidida a continuar a amamentação exclusiva até os seis meses, e não ter nenhum apoio no ambiente corporativo para isso. Eu não era mais a mesma Júlia e não queria parecer ser também. O meu mundo havia se expandido, se ampliado tanto, que as mesmas conversas e as mesmas pessoas já não cabiam mais nele. E aquele desejo de sair voltou ainda mais forte. Foi quando eu e Fernando começamos a trabalhar o nosso plano de mudança para Vitória, no Espírito Santo.

O grande desafio foi comunicar minha decisão e sair com as portas abertas, o que era importante para mim naquele momento. Isso foi muito muito difícil, mas consegui fazer uma transição com tempo e respeito, exatamente como deveria ser. Saí de lá com a sensação de dever cumprido e portas abertas. Sou muito grata pela oportunidade que tive de entrar como voluntária, passar a estagiária e depois ser contratada, tendo a chance de alçar novas posições, chegando a ser Diretora de Novos Negócios e Membro do Conselho de Administração da empresa. Aquele lugar tinha me ensinado sobre o mercado de trabalho, sobre carreira e profissão e, apesar de não estar mais cabendo ali, tinha me ajudado a entender que eu queria continuar trabalhando após a maternidade, que eu queria ser uma **mãe com carreira**.

Foi para buscar construir o próximo capítulo da minha vida profissional após a maternidade que eu decidi então participar do Programa Mães com Carreira, e que fez tanta diferença para a minha jornada. Procurar ajuda, receber apoio, participar de uma rede de pessoas vivendo o mesmo momento de vida que eu foi muito importante para conseguir começar a clarear o que vinha na estrada à minha frente. Na verdade, foi importante para eu começar a construir a estrada de acordo com o caminho que eu queria trilhar. Eu queria voltar a ser a minha melhor versão todos os dias, usar meu melhor sorriso e entusiasmo para dedicar a algo que me fizesse sentir novamente aquele brilho no olho e frio na barriga de trabalhar com propósito.

Foi então que surgiu a primeira ideia da Global Touch, quando eu comecei a entender que queria trabalhar com intercâmbios, por uma outra perspectiva. Eu queria trabalhar proporcionando oportunidades através das quais as pessoas e empresas pudessem intercambiar sobre suas ideias, conhecimentos e experiências, contribuindo para o crescimento e desenvolvimento umas das outras, ampliando de fato os seus horizontes e oportunidades. Ao final do programa, cheguei à primeira versão da ideia do que depois viria a se tornar a Global Touch, que mesmo ainda embrionária já carregava forte em sua essência o propósito de gerar transformação a partir da colaboração.

Conhecer novos mundos sem sair do Brasil

Com essa ideia em mente, e depois dos três meses combinados de transição, eu finalmente vivi o dia da despedida, tanto do meu trabalho, como da cidade que havia me acolhido desde que mudei de volta do Canadá para o Brasil. Foram 14 anos de vida em Belo Horizonte, cidade onde me formei, onde me casei, onde Elisa nasceu e pela qual tenho muito carinho, além de lá ter deixado muitos amigos. Mas eu estava pronta para mudar, para desvendar um novo mundo e tínhamos escolhido Vitória, no Espírito Santo, para ser a nossa nova casa.

Depois de colocar a vida em malas novamente, me recordo bem do sentimento dentro do avião quando vi a cidade se aproximar e pude observar a beleza acolhedora que surgia da majestosa integração da cidade com o mar e as montanhas. Ao meu lado, meu marido e companheiro de vida, que havia topado o desafio de mudar e reconstruir a nossa jornada em outro lugar. Em meus braços, estava Elisa com apenas dez meses, e que tinha sido um dos motivos definidores daquela grande mudança. À minha frente, a minha nova cidade, um mundo completamente novo, no qual eu chegava de braços e coração abertos para fazer diferente e fazer a diferença.

Desde o início fui muito bem acolhida em terras capixabas, me apaixonei pelo local e pelas pessoas, principalmente quando comecei a sentir toda a potência do que eu ainda viria a descobrir que tinha o nome de ecossistema de inovação. Somente dois meses depois de chegar na cidade, eu decidi participar de um evento chamado Startup Weekend Vitória e que eu tinha tudo para não ir: não conhecia nada sobre o mundo das startups, inovação e empreendedorismo, não conhecia ninguém na cidade e ainda amamentava (e por isso ficar o final de semana inteiro fora era praticamente impensável). Mas a vontade de fazer aquela minha ideia de Global Touch avançar foi maior e eu senti que o evento seria uma grande oportunidade de contá-la para o mundo e, quem sabe, vê-la crescer.

O momento não poderia ter sido melhor e, sem conhecer ainda o conceito e significado da palavra serendipidade, senti de perto toda sua força e potência, ao conhecer neste mesmo evento a Carol, que depois viria a se tornar minha sócia na Global Touch, uma pessoa que iria também impactar diretamente a minha vida e se tornar minha companheira de jornada empreendedora. Foi uma conexão imediata entre a gente e um final de semana inteiro de trabalho intenso e muita diversão, exatamente como seriam todos os nossos dias, meses e anos dali pra frente. Foram 54 horas até aquele *pitch* final quando descobrimos que havíamos ganhado o primeiro lugar e nos transformado em Touchers sem saber ao certo o que isso significava ainda.

Naquele momento eu havia me tornado uma empreendedora! Sim, agora além de mãe, mulher, esposa, filha e irmã, eu também era líder de um negócio que dependeria muito de mim, da minha força e da minha vontade para fazê-lo dar certo.

Os anos seguintes seriam muito desafiadores, e a cada etapa os desafios só aumentavam. Eu de fato não tinha ideia do quanto a jornada empreendedora é uma verdadeira montanha russa de emoções. E neste cenário de turbulências, algo que percebo que fez e faz muita diferença é o quanto eu e Carol sempre nos dedicamos com brilho nos olhos e entusiasmo pelo que estamos construindo, certas de que é algo que faz muito sentido para nós e muita diferença para os nossos clientes.

Poder contribuir para a construção de um mundo mais colaborativo, ajudando a fomentar e desenvolver comunidades de sucesso, é o que nos move. E ser cada vez mais GLOBAL, sem nunca perder o TOUCH, é o próximo grande desafio e sei que iremos conseguir.

Lara Brotas

Sandra Matias

Nossa força, nossa soma

Lara Brotas

Diretora de Projetos, arquiteta e urbanista, com mestrado pela UFRJ (Universidade Federal do Rio de Janeiro/2003) em estudos sobre Museu Picasso, Fundação Antoni Tapies e Fundação Joan Miró, lecionou por 11 anos Arquitetura na Multivix. Ativa no cenário artístico desde 2003, sua especialização em História e Teoria da Arte se destaca na realização de diversos projetos acadêmicos e institucionais relevantes. Em 2006, tornou-se sócia-fundadora e Diretora de Projetos da galeria Matias Brotas. Com foco em arte contemporânea e gestão cultural, liderou iniciativas como o Clube do Colecionador MBac, ARTCria para escolas, Ciclo de Cursos MBac e Viagens de Imersão em arte. Atualmente cursa pós-graduação em Gestão Cultural na USP (Universidade de São Paulo) e integra o NACE.

Sandra Matias

Diretora artística Sandra Matias, graduada em Educação Artística pela UFES (Universidade Federal do Espírito Santo) e licenciada em artes plásticas, possui uma carreira diversificada nas artes e comunicação. Aprimorou-se em Produção Gráfica e Artes e Técnicas, incluindo vidraria artesanal. Engajada também nos negócios, fez um curso de Formação de Sucessores e foi Gerente de Marketing na Itapuã Calçados por dez anos. Em 2006, tornou-se sócia-fundadora e Diretora de Arte da galeria Matias Brotas, contribuindo significativamente para a valorização da arte contemporânea no cenário capixaba e nacional.

Desde o início sabíamos que inaugurar uma galeria de arte no Espírito Santo, há exatos 18 anos, não seria tarefa fácil. Numa tarde ensolarada, eu, Sandra e o amigo e escultor Vilar, em meio a centenas de obras, chapas de aço corten e a imagem iluminada de um crucifixo-obra a nos guiar, demos vida ao logotipo da Matias Brotas. Saímos dali seguras de que o caminho estava traçado e que certamente, com muito trabalho, confiança e amor pela arte, seguiríamos desbravando um terreno ainda desconhecido.

Com trajetórias bem distintas, fomos, com o passar dos anos, percebendo que éramos soma. De um lado uma arquiteta ariana, inquieta, que ainda atuava no mercado de arte contemporânea no eixo Rio-São Paulo e finalizava pesquisa de mestrado na Espanha nos museus Picasso, Miró e Antoni Tàpies.

Do outro lado uma artista, pisciana, sensível e empreendedora, que atuava como programadora visual na empresa da família, a rede de calçados Itapuã, e há mais de 20 anos vivia às voltas com o universo da arte, tendo estabelecido contato com diversos artistas, consultores e apreciadores de arte.

Um encontro a favor da arte

O desejo de abrir uma galeria de arte contemporânea era latente para nós. Os tijolos do prédio ainda estavam aparentes quando juntas resolvemos adentrar, vivenciar e sentir cada mudança do edifício de 300m^2 projetado pelo arquiteto Kleber Frizzera.

A inauguração foi abençoada pelo Padre Marcelo, marcando um renascimento, especialmente para Sandra, que se recuperava de um acidente vascular cerebral. As novas metas eram degraus necessários e vitais. Era a realização de um sonho, um projeto que refletia a força genuína de quem sabe começar e recomeçar.

O recomeço também era válido para mim. Encorajada pelo meu pai, aos 17 anos, dois meses após perder minha mãe precocemente, segui para o Rio de Janeiro. Estudei Arquitetura na Universidade Santa Úrsula, e me aprofundei em artes e arquitetura em experiências na Inglaterra e Espanha, participando de projetos culturais em Oxford, Londres, Bilbao, Santiago de Compostela, dentre outros. Durante esse período europeu, tive a oportunidade de me envolver mais consistentemente com o cenário artístico internacional, frequentando exposições importantes, bienais, feiras, além de excelentes museus e bibliotecas especializadas.

De volta ao Brasil, trabalhei no mercado de artes no eixo Rio-São Paulo, junto com Heloísa Amaral Peixoto, na H.A.P. Galeria, onde estabeleci constante contato com a produção artística contemporânea. Após dez anos fora, retornei a Vitória, trazendo na bagagem muita vontade de recomeçar, empreender e inaugurar no estado um espaço inédito de arte. Juntas criamos a Matias Brotas!

Planejamento, compromisso e realização

Em 2005, focamos na concepção e estruturação da Matias Brotas, visando profissionalismo e valorização do setor artístico. Sendo a primeira galeria do estado desde a Usina Arte Contemporânea dos anos 80, sentimos uma grande responsabilidade. Nosso objetivo era integrar a arte local ao cenário nacional e valorizar todos os profissionais envolvidos, como críticos, curadores e artistas.

Planejamos antecipadamente, definimos a agenda anual e implementamos um sistema para gerir obras de arte, possibilitando a inauguração em maio de 2006. A galeria se comprometeu com a atualização constante, a diversidade, e a construção de relações sólidas com artistas e colecionadores. Destacamo-nos ao representar artistas renomados e incentivar novos talentos, estabelecendo um diferencial no diálogo com a produção contemporânea e na formação de público.

Ouro Negro - os primeiros passos

Em 31 de maio de 2006, a Matias Brotas abre as portas com a mostra "Ouro Negro", do artista Nuno Ramos. Com texto crítico de Thiago Mesquita, a exposição, composta por esculturas da série "Ouro Negro", desenhos da série "Ainda Não é Tarde Demais" e ainda a obra Caldas Aulete (Para Nelson 3), foi um marco na cena cultural capixaba e reverberou em território nacional.

Para nossa surpresa, as esculturas em chapas de pedra, petróleo e coca-cola, de estrutura elegante, unindo linhas retas e curvas sinuosas, que podiam ser chamadas de crisálida (o estado em que o bicho já deixou de ser lagarta e ainda não se tornou borboleta), foram selecionadas a participar da mostra Paralela à Bienal de São Paulo naquele mesmo ano. Tal fato permitiu que a Matias Brotas extrapolasse, não só seus limites físicos, como territoriais. Uma grande estreia!

O ano seguinte foi marcado pela exposição "A Última Casa, a Última Paisagem", com curadoria do crítico e curador Agnaldo Farias. Nomes como Andrea Brown, Bob Wolfenson, Brígida Baltar, Carmela Gross, Cassio Vasconcelos, Daniel Senise, Dora Longo Bahia, Francisco Faria, Geórgia Kyriakakis, José Bechara, José Spaniol, Rafael Assef, Rubens Mano e Fernando Augusto trouxeram a público uma gama insuspeitada de significados do binômio CASA – PAISAGEM, mostrando que a relação entre casa e paisagem ainda não havia esgotado.

Nas palavras do curador, "um ambicioso projeto" que tomou simultaneamente os espaços da Matias Brotas e da Galeria

Espaço Universitário, em uma parceria inédita entre instituição privada e pública, buscando fomentar o interesse cultural em todas as classes disponíveis nessa inter-relação.

A participação na ARCO Madrid em 2008 foi um marco para a arte brasileira, com destaque para artistas como Vik Muniz, Rosangela Rennó, Leonora de Barros, José Bechara e nosso conterrâneo Cabelo. A experiência em feiras ainda era um aprendizado para nós, mas a essência e o olhar singular para a seleção dos artistas que representamos eram fatores fundamentais e inegociáveis. Tínhamos no radar dois grandes encontros: um com o capixaba Cabelo e outro com o carioca José Bechara. Naquela ocasião, confirmamos a primeira exposição solo deste último para o ano seguinte, fortalecendo um laço de amizade e confiança que vem enriquecendo nossa trajetória de 18 anos. Em 2009, Vitória recebeu pela primeira vez a exposição individual "Frestas", de Bechara, introduzindo sua mais recente pesquisa em pintura em oxidação sobre grandes planos de vidro, com a série "Gelosia".

O desafio da formação de público

Ao longo de 18 anos, a Matias Brotas se consolidou com uma abordagem multifacetada na arte, colaborando com artistas, curadores e educadores de renome nacional e internacional. A galeria pulsa o vigor e necessidade de transformação que nos conduz. É inquieta, viva, sensível e está sempre em movimento. Com foco na renovação constante, realizamos exposições, cursos, projetos educativos e até lançamos o primeiro clube de colecionismo do Espírito Santo, visando formar público e enriquecer a cena artística local.

Em 2013, lançamos o primeiro clube de arte do Espírito Santo. Esse projeto, significativo para nós, fomenta novos colecionadores e enfatiza a autonomia na relação com a arte. Idealizado por mim, Sandra e a amiga, advogada e curadora Flávia

Dalla Bernardina, o Clube do Colecionador nasceu de um desejo de inovação. Um momento marcante para nós, pois eu estava à espera de Luah e Flávia de Isadora, ambas gestando vida e arte no desafio de maternar e empreender ao mesmo tempo. Hoje, percebemos que o clube cresceu no seu tempo, amadureceu, se reinventou, assim como as nossas meninas, que completam dez anos. Hoje podemos comemorar o surgimento de potenciais colecionadores e significativo incremento do setor como um todo no Espírito Santo.

Buscando expandir a área de atuação, a Matias Brotas também foi a primeira galeria a se lançar em feiras de arte e posiciona-se como um espaço plural, democrático e criativo, promovendo discussões e principalmente divulgando o amor pela arte. Em 2017, lançamos o Ciclo de Cursos MBac, atraindo profissionais de diversas áreas para debater e compreender a arte moderna e contemporânea. Além disso, organizamos as Viagens de Imersão, um curso "in loco" que já nos levou a diversos destinos como Inhotim, Veneza e Recife, enriquecendo o conhecimento e a experiência estética dos participantes.

Nesse projeto, testemunhamos a magia dos encontros, uma sinfonia em que pessoas de origens distintas, portadoras de profissões diversas, convergem em um local único. Cada um trazendo seu olhar, sua perspectiva, contribuindo para um diálogo enriquecedor que lança luz sobre cada tema, inspirando ações futuras. Contemplar e trabalhar com essa dança de perspectivas que se entrelaçam entre pessoas, lugares e a diversidade, resulta em um caleidoscópio de inspirações.

Em 2019, iniciamos o projeto ArteCRIA, sob a coordenação de Adriana Magro, professora doutora do Departamento de Linguagens, Cultura e Educação da UFES, em parceria com escolas particulares. O projeto visa aproximar as crianças da arte contemporânea, estimulando seus sentidos e pensamento crítico. Anualmente, promovemos um calendário diversificado de exposições, buscando estabelecer uma conexão profunda e duradoura com a arte desde a infância. A Matias Brotas se destaca não apenas por sua abordagem inovadora, mas também por seu compromisso em oferecer experiências que transcendem o sensorial, abrangendo aspectos estéticos e políticos da arte.

A pandemia e o mercado mundial da arte

O ano de 2020 foi de mudanças, pensamentos e novas conexões com o mundo, marcado pelo início da pandemia de Covid-19. A Matias Brotas estava prestes a abrir sua agenda com a exposição "Terceiro céu", dos artistas Thainan Castro e Marcelo Macedo, quando as notícias do surto começaram a se espalhar. Durante a abertura, os convidados já comentavam sobre o grande surto que assolava o Brasil. Naquele momento ninguém poderia prever a magnitude das mudanças que estavam por vir. Logo após, eventos significativos como a SP-Arte foram cancelados, e medidas oficiais, incluindo o fechamento do comércio no Espírito Santo em 20 de março, foram anunciadas pelo governador Renato Casagrande.

Um momento marcante, de tomadas de decisões, medo e incertezas

Sem conseguir conter as lágrimas, tivemos que paralisar as atividades, sem perspectivas de retorno. No entanto, muitas vezes, é em meio ao caos que descobrimos a potência da renovação. A semente da reinvenção parece aguardar esses momentos férteis para brotar. Passados alguns dias de completo vazio e de ausência de possibilidades de ações concretas contra a pandemia, a solução foi buscar novos caminhos.

Durante esse período desafiador, criamos o Concurso ArteCria, desenvolvido para crianças de 3 a 11 anos, visando o estímulo da criatividade, o contato com a arte, o senso crítico e, principalmente, a diversão de toda a família no período de quarentena. Para nossa surpresa, tivemos inscrições de todo o Brasil e pudemos ver a sensibilidade e o apoio familiar aos pequenos artistas. Com Thainan Castro, Marcelo Macedo e a poetisa Catarina Lins como jurados, o concurso ofereceu obras de arte como prêmio, estimulando o colecionismo infantil.

Em resposta ao isolamento, lançamos o Conexões MBac, uma série de lives com artistas e curadores, discutindo a arte contemporânea e suas trajetórias atuais. Publicamos o Manifesto MBac, unindo profissionais do mercado de arte, e vimos um aumento na procura por obras, com expansão do nosso alcance para outros estados. O contato humano, a visita presencial à galeria, isso nunca seria substituído pelo virtual, mas o novo ambiente que se renovou naquele momento nos possibilitou seguir com projetos que sempre foram tão caros a nós.

Dentro de uma programação rica, possibilitamos encontros online em formato de lives com artistas, curadores e admiradores da arte, criando reflexões e provocações positivas sobre por que colecionar arte contemporânea e sobre os caminhos que a arte estava percorrendo no mundo naquele momento.

Em setembro, aceitamos o convite para a ArtRio 2020, com orientações da amiga, colecionadora e médica pesquisadora da Fiocruz, Margareth Dalcolmo, que nos acalmou e indicou participar, tomando todas as medidas recomendadas pela OMS. Tantas reflexões e uma vontade de se conectar com a arte. Foi um momento de boas vendas, o que, a meu ver, reflete a situação mundial e a necessidade de olhar para dentro. Momento de aprendizado e esperança.

Arte, Educação, espaço urbano e Arquitetura

Conscientes da importância do diálogo com a sociedade, e reforçando a preocupação com a formação desde a base, a Matias Brotas idealizou o NACE (Núcleo de Arte, Cultura e Educação), um despertar para projetos de consultoria artística para grandes empresas. Com uma equipe técnica especializada estamos nos preparando para atender projetos institucionais voltados para os espaços públicos, como o Parque Cultural Reserva Vitória, inaugurado em 22 de setembro de 2022. Um espaço que propõe a ampliação do diálogo entre a arte e o público, na relação que se estabelece entre arte, espaço urbano e arquitetura. O parque é um marco para a cidade de Vitória e para sociedade capixaba, num contexto social, econômico e cultural relevante para a construção e manutenção da memória coletiva. Criar uma atmosfera de experiência com o espaço, enquanto um organismo vivo e diverso, e o desejo de conectar as pessoas com a arte e a natureza, abre campo para o fortalecimento das relações de pertencimento.

Com curadoria de Matias Brotas arte contemporânea, o Parque Cultural Reserva Vitória é um espaço de troca e contemplação de arte e conta com sete obras de artistas representados pela galeria, que se destacam no mercado de arte contemporânea. São eles: José Bechara, José Spaniol, Adrianna EU, Thainan Castro, Antônio Bokel, Vilar e Sandro Novaes.

Com o intuito de dialogar com a sociedade e comunidade escolar, idealizamos juntamente com a arte educadora Fernanda Zardo o Reserva Arte, um projeto que recebe regularmente alunos das escolas públicas de Vitória, para vivenciar experiências artísticas por meio de atividades criativas e pedagógicas. A primeira etapa do programa, desenvolvida no ano de 2023, contemplou cem escolas da rede municipal, um total de 3 mil alunos, desenvolvendo um olhar de admiração para o processo artístico e aguçando o olhar para a arquitetura e paisagem urbana.

Expansão na maioridade

Em 2024, a galeria completa 18 anos sentindo um amadurecimento de suas ações, honrando a jornada percorrida e com anseios de médio prazo que incluem expansões físicas e de relações territoriais, com projetos para fora do Espírito Santo.

Construímos uma trajetória que une profissionalismo, união, sensibilidade e percepção aguçada de mercado que nos permite planejar futuros passos que vão ampliar ainda mais nossa atuação para além de qualquer fronteira.

Temos planos de participação em feiras internacionais e, principalmente, de ampliação de projetos que conectam artistas, admiradores e todos os atores deste processo com a arte contemporânea e seus desafios para o futuro. Arte é vida e é multidisciplinar! Nosso intuito é fortalecer essa ponte que liga a arte com a educação, com a medicina, com o meio empresarial, com a moda, com a literatura, a dança, o esporte e a cultura de um modo geral. É aproximar as pessoas com esse universo artístico impulsionando novos olhares, novas descobertas e novos combustíveis para compreender o mundo e suas complexas questões.

Nesses 18 anos de atuação, aprendemos, crescemos e amadurecemos! Atingir a maioridade não é tarefa fácil, mas certamente seguiremos somando para a sociedade e cultura do nosso estado e país.

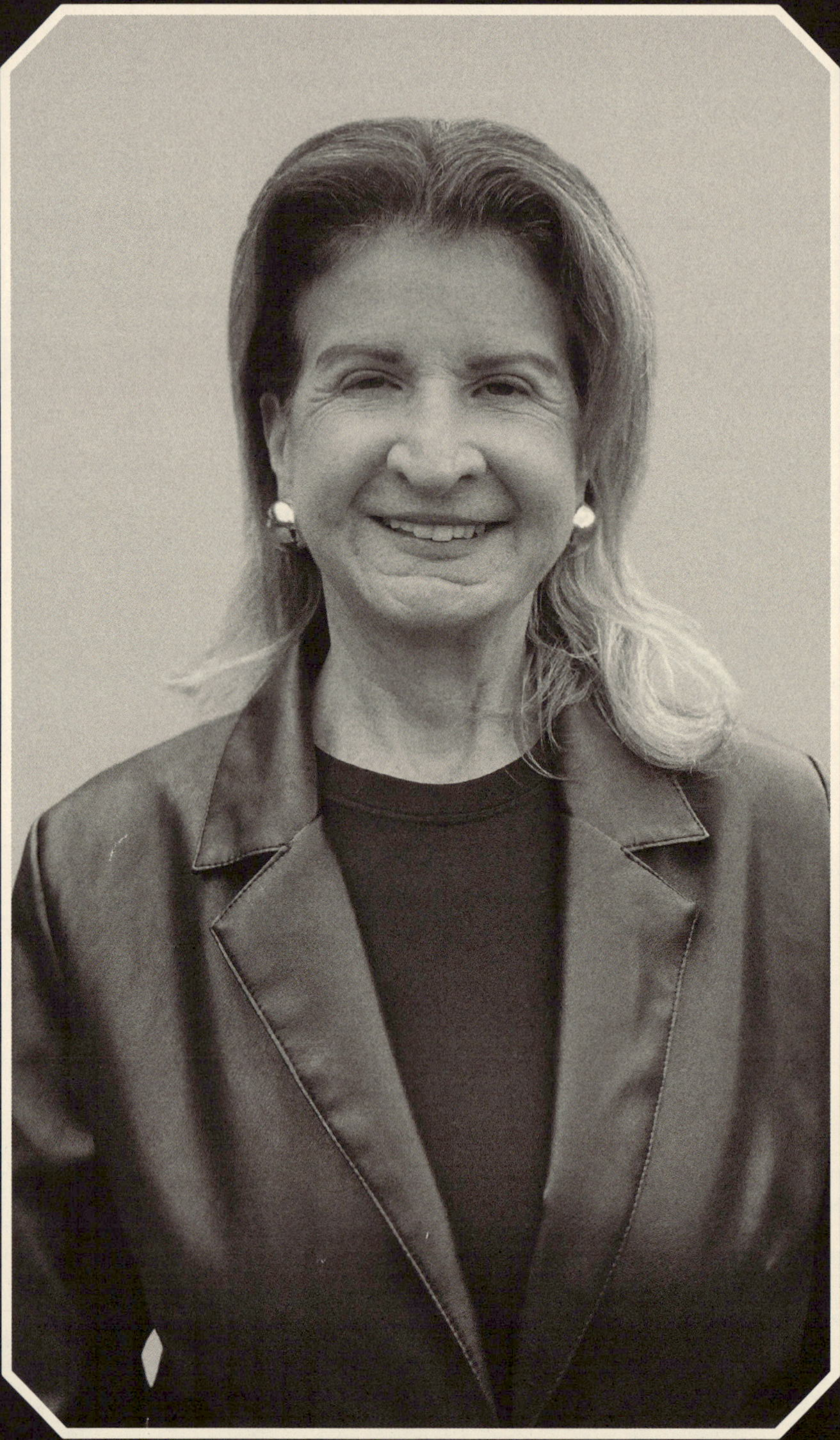

65 rumo aos 100

Lourdes Ferrolla

Está como empreendedora desde 2020 com @chaleazzul e pequena produção rural de limão siciliano, em Santa Teresa/ES. Formada em Ciências Contábeis e Economia UFES, pós-graduada em Gestão Empresarial UFES/USP/Findes e Gestão de Pessoas FGV. Atuou como gestora da @diferolla por 39 anos, desde a fundação, junto com os irmãos e sócios. Associada ao STC&VB, Convention Imigrantes, Circolo Trentino, AMPRUC, CDL Vitória, atua como voluntária e conselheira em algumas organizações nos temas turismo, sustentabilidade e natureza. Mãe de André Luiz, chef de cozinha, e de Laís, jornalista e gestora de loja e de mídias, reforça diariamente os laços do amor incondicional. Junto com José Teófilo Oliveira há 15 anos, constrói uma relação de amor, respeito e admiração que enriquece e dinamiza o dia a dia. Exercita diariamente o seu projeto pessoal de chegar aos #100anoscomqualidadedevida.

Sou Lourdes Ferolla, empresária, sempre me disseram que eu tenho o privilégio de contar com uma inteligência nata e uma curiosidade pulsante. Aos 65 anos, minha postura é de eterna aprendiz e aluna da vida.

Desde criança, sempre escolhi estudar, frequentar biblioteca, participar das atividades extracurriculares na escola, estar rodeada de amigos e observar o mundo e suas mudanças. O anseio por aprender e conhecer os desafios da vida estiveram presentes em continuamente em minha vida.

Sou uma das fundadoras e proprietárias de uma das mais bem-sucedidas rede de lojas de acessórios do Espírito Santo, a Di Ferolla, que completa 40 anos de existência.

Após quatro décadas de sucesso no empreendedorismo capixaba, vivendo na correria e na intensidade que o varejo impõe, resolvi me afastar da rede de lojas e viver de forma mais plena a "melhor idade". Desliguei-me da Di Ferolla para me dedicar aos anseios mais íntimos de uma outra Lourdes, que vamos conhecer adiante.

Eu digo sempre às colaboradoras da Di Ferolla: não esperem por oportunidades, crie-as! Seja a protagonista da sua jornada e não tenha medo de falhar, pois cada obstáculo é uma oportunidade disfarçada de aprendizado.

Quem conhece a história da Di Ferolla vê que o verdadeiro negócio da família nunca foi somente vender produtos bonitos.

São quatro décadas ajudando as pessoas a se sentirem melhor, cumprindo o seu papel de promover a beleza e a criatividade. Aprendi muito durante essa travessia e agradeço a Deus, à minha família e à toda a equipe por essa oportunidade em que amadureci e contribuí para que eu me sentisse pronta para me lançar a novos desafios.

Sou descendente da família Ferolla, de imigrantes da Sicília, Itália, e gostava de ouvir as histórias dos meus parentes que se espalharam pelo Brasil. E assim percebi uma característica forte na personalidade feminina Ferolla: mulheres empreendedoras. E foi este perfil que definiu a minha trajetória pela busca da cura da saúde da mãe quando acometida de forte depressão e câncer de mama.

Junto com minhas irmãs Lúcia e Livia criamos a loja Di Ferolla, para que nossa mãe saísse de casa, trabalhasse e convivesse com outro assunto que não doença. Criamos uma empresa para que mamãe se sentisse bem. Criamos uma marca que acolhe, apresenta lindos e exclusivos acessórios e os clientes se sentem confortáveis. Em 2024 comemoramos a vida da mama Marina Ferolla, com 94 anos, curada da depressão e do câncer.

Outro ponto importante foi a evolução na arte de atender e de acolher. Hoje a loja no varejo é como um local de convivência. Até o design da loja mudou com essa intenção de aproximar e ter bons relacionamentos. Gostar de gente e da convivência. Aprender a ouvir e romper barreiras. Não há ninguém pronto. Estamos sempre em construção. Atualmente o vendedor é um consultor e um amigo. Eles acolhem o cliente que, muitas vezes, chega carente de um bom papo, uma boa escuta.

Após anos em um ritmo acelerado de trabalho, conciliando a criação dos meus dois filhos: André Luiz, 35, chef de cozinha, e Laís, 31, jornalista, gestora de loja e de mídias sociais, e também a dedicação a atividades na comunidade, eu me capacitei em um curso de sucessão familiar na Federação das Indústrias do

ES (Findes), USP/UFES, pensando na empresa, mas o mergulho foi tão profundo que me fez refletir sobre minha própria vida. "Como estarei em um futuro próximo?", perguntei-me.

Foi quando criei o projeto "Cem anos com qualidade de vida" em que me comprometi a fazer treinamentos e aprendizados constantes para colocar em prática a intenção de viver até os cem anos com saúde, com a cabeça boa, tendo alguma atividade empresarial, atividade social, com muitos amigos, fazendo atividades que gosto e em um ambiente agradável e perto da natureza.

No caminho da compreensão desta iniciativa, contei com estudos da Programação Neurolinguística (PNL), uma abordagem de comunicação, psicoterapia e autodesenvolvimento que afirma que existe uma conexão entre a parte neurológica e todos os tipos de linguagem com os padrões comportamentais. Eles seriam a programação que o cérebro recebe através de estímulos dos cinco sentidos, produzindo modelos comportamentais, emocionais e de comunicação inconscientes em nosso dia a dia.

Enquanto estudava e me aprofundava neste processo, meu namorado se interessou em comprar um sítio em Santa Teresa. Eu fui conhecer e passei a admirar cada vez mais aquela pequena e charmosa cidade de cultura italiana, rica em beleza natural de montanhas, Mata Atlântica e população hospitaleira. Eu, então, resolvi comprar o terreno ao lado e começar a construir a base de seu projeto para viver de forma plena e em equilíbrio com saúde física e mental.

Iniciei o projeto de construir uma casa com as características de uma moradia de quem vai completar 100 anos. No começo pensei em algo somente para morar, mas depois com a chegada do conceito do Airbnb pensei em receber amigos, familiares e por que não alugar também?.

O turismo sempre foi um tema que tratei com muito carinho em minha vida. Meu primeiro emprego foi um estágio na Emcatur (Empresa Capixaba de Turismo) e lá aprendi bastante sobre essa atividade que só cresce na região das montanhas do Espírito Santo. Na adolescência, recebia muitos alunos de intercâmbio de vários países. Tenho muito prazer em receber, por isso fiz a casa com suítes independentes para os hóspedes se sentirem livres e à vontade.

O nome Chalé Azzul surgiu por conta da intensa cor de azul do céu de Santa Teresa e seu clima de montanha. Uma cor que desperta a curiosidade sobre o efeito azul nas pessoas. O azul ajuda a normalizar os hábitos de sono. A cor azul é capaz de: proporcionar serenidade, diminuir o apetite, representar a tradição, aumentar a sensação de frescor ou frio, aumentar também a produtividade, além de simbolizar criatividade, juventude e alegria.

A cor azul produz segurança, compreensão. Propicia saúde emocional e simboliza lealdade, confiança e tranquilidade. Ela vem ao encontro do meu propósito de que menos é mais! Percebo que minha maturidade aguçou esta reflexão e todo o projeto de construção e ambientação do chalé foi baseado nesta premissa.

Após quatro anos aprendendo e praticando jardinagem no terreno, concluí em 2020 o projeto arquitetônico e comecei a construção aos poucos, sem pressa. A pandemia dificultou o processo, mas como eu estava tranquila, segui em frente. O que iria durar três meses durou seis, mas ocorreu tudo bem e foi uma ótima experiência. A casa tem 100 metros quadrados, rodeada de Mata Atlântica em uma área de 30 mil metros quadrados.

Minhas amigas começaram a frequentar e gostaram tanto que foram contando para outras e o sonho foi tomando outras proporções, principalmente porque na pandemia as pessoas começaram a procurar opções mais reservadas no interior do Estado, longe da aglomeração.

A experiência de receber foi uma grande novidade para mim, porque nunca "fui de casa", ou seja, eu nunca soube nada sobre lençóis, tipos de travesseiros ou quais os talheres ideais para cada ocasião, etc. Mas, com o tempo, fui cuidando, com carinho, com o conceito simples de receber bem e, inclusive, oferecendo em casa um menu degustação de boas-vindas com alimentos, plantas e flores da região.

Quando temos hóspedes, eu sempre procuro observar o que temos no sítio. Quais as frutas e verduras, quais as flores e ervas. Aqui, nos vizinhos, na comunidade, o que temos de interessante, como bolos, pães, mel e morangos orgânicos. O que podemos potencializar de alimentos, biscoitos, chás e por aí vai. A intenção é que o hóspede se sinta integrado, unindo a experiência do Chalé Azzul com a comunidade e as delícias ao seu redor.

A arte de receber tomou conta de mim e hoje me vejo como uma empreendedora do turismo de experiência com hospedagem. Foi durante essa jornada que conheci outro grande prazer: o plantio de limão siciliano orgânico. Agora sou também produtora rural. E como nada nesta vida é por acaso, essa fruta é originária da região Sul da Itália, na Sicília, justamente de onde veio a família Ferolla.

Percebi que o clima é ideal e a terra é fértil. O plantio já existia, mas eu quero aprimorá-lo. Meus próximos focos são: melhorar as condições do solo, da água e do cuidado com as plantas. Tenho um projeto de venda para tornar o cultivo algo sustentável financeiramente. Criar roteiros turísticos para a colheita do limão siciliano, conhecer o seu ciclo e utilizá-lo na gastronomia, ensinando receitas como o risoto de limão siciliano, a mousse, biscoitos, drinks, o bolo e tantas outras receitas deliciosas que já estão sendo pesquisadas nos registros da família. Tenho os filhos como parceiros: André Luiz na gastronomia, e Laís no planejamento e mídias digitais.

Ao longo desta caminhada de descobertas em Santa Teresa, conheci as instituições que compõem o município e contribuem para o desenvolvimento de toda a população, como o Senac (Serviço Nacional de Aprendizagem Comercial), o Senar (Serviço Nacional de Aprendizagem Rural) e o Sebrae (Serviço

Brasileiro de Apoio às Micro e Pequenas Empresas), além do Santa Teresa Convention & Visitors Bureau, uma organização privada sem fins lucrativos fundada em 2015 que tem por missão a promoção do desenvolvimento sustentável da atividade turística no Município de Santa Teresa, Região Serrana do Estado do Espírito Santo.

Com essas entidades e seus grupos locais, realizo diversas ações que ajudam os empreendedores da área turística a se profissionalizar e a oferecer serviços de hospedagem com melhor qualidade. E também a colocar a questão jurídica em dia, oferecendo um serviço mais profissional e organizado. A minha experiência de 40 anos no varejo, e agora com o turismo de experiência em hospedagem, tenho base e credibilidade para ajudar outras pessoas.

Meu mais recente contato tem sido o "Circolo Trentino", que completa 100 anos em 2024, e possui uma série de atividades que eu já me animei em incluir em meu projeto particular de vida, como: aulas de italiano, canto, dança, música, coral, teatro, culinária e do cativante Grupo das Nonnas!

Tenho tanto a fazer e a aprender! Estou muito feliz por essa virada de chave em minha vida e sigo encantada por tantas possibilidades que Santa Teresa oferece aos turistas e moradores. Se Deus permitir, vou chegar aos 100 anos nesta linda cidade. Para isso, eu me cuido. Cuido da minha alimentação, da minha saúde mental, faço exercícios físicos, meditação, orações e já estou na fila para entrar no Grupo das Nonnas de Santa Teresa. Elas são fantásticas, superativas, produzem delícias gastronômicas e fazem aulas de música e de dança. Ainda não sou avó, mas posso ser uma nonna. A cidade comemora em 2024, junto com todo o país, os 150 anos da Imigração Italiana no Brasil. Santa Teresa é considerada a primeira cidade italiana do Brasil.

Ao olhar para minha trajetória, reflito sobre o quanto a Di Ferolla me ensinou e as lições que eu estou aplicando atualmente em meus novos empreendimentos. Agradeço à Di Ferolla por exigir de mim um olhar distinto do que sou. Sempre fui mais matemática e voltada para a ciência exata. A empresa me ensinou a ter um olhar de designer, um olhar artístico para a beleza das cores, a moda, o comportamento feminino, as relações humanas e isso contribuiu para a minha evolução como ser humano.

Atualmente, divido meu tempo entre Santa Teresa e a capital Vitória. Como a distância é curta entre essas cidades, estou sempre em conexão com meus amigos, minha família e com a Câmara de Lojistas de Vitória (CDL), da qual sou associada e fã.

Participo das reuniões plenárias, tenho contato com empresários de vários segmentos e faço uma troca valiosa de experiências. Acompanhando a CDL Jovem, renovo a esperança e a certeza de que estão chegando ao mercado líderes excelentes. Por meio da entidade, também participei de convenções estaduais e nacionais, de feiras locais, regionais e nacionais, da NRF, de visitas técnicas e palestras sobre diversos temas, o que contribuiu para o aperfeiçoamento contínuo da gestão do meu negócio.

Na estrada, a caminho de Santa Teresa, penso na minha trajetória e sobre o alívio de, aos 65 anos, não me sentir mais escrava de metas. Veja bem, as metas me orientam e são importantes para mim, mas não comandam a minha vida como antes. Hoje acordo cedo sem a ansiedade dos horários de comércio do varejo. Não brigo mais com o tempo. Eu converso com ele, o acolho e amadureço com ele.

Sugiro às pessoas terem um projeto de vida e trabalharem o autoconhecimento. Isso é fundamental para viver, amadurecer e envelhecer bem.

Outro caminho fundamental para a trilha do bem-estar e do sucesso é ter organização, planejamento e enxergar o seu negócio como um organismo vivo. Aconselho todos a definir processos. Essa disciplina é uma dádiva que nos ajuda a lidar com as diferentes situações que aparecem. Organize e escreva todo o processo e verá que é possível administrar com excelência.

Muito desta disciplina vem do período em que me preparei para participar, como atleta, de duas corridas "10 milhas Garoto", concluídas com êxito e excelente desempenho. Adaptada à melhor performance dos 65, me dedico ao Pilates, meditação e musculação.

E como todo processo, cada empreendimento tem o seu início, meio e fim. Inclusive eu. Tenho consciência da finitude da vida. Imagino que em um belo dia meu organismo vai estar cansado e vai querer desligar-se. Eu estarei, se Deus permitir, pertinho de um pé de limão siciliano, sentindo o intenso perfume das flores ou dos frutos. E com esse aroma eu quero ser presenteada por Deus: irei adormecer, e farei a minha passagem de forma feliz. Certa de que cumpri minhas missões.

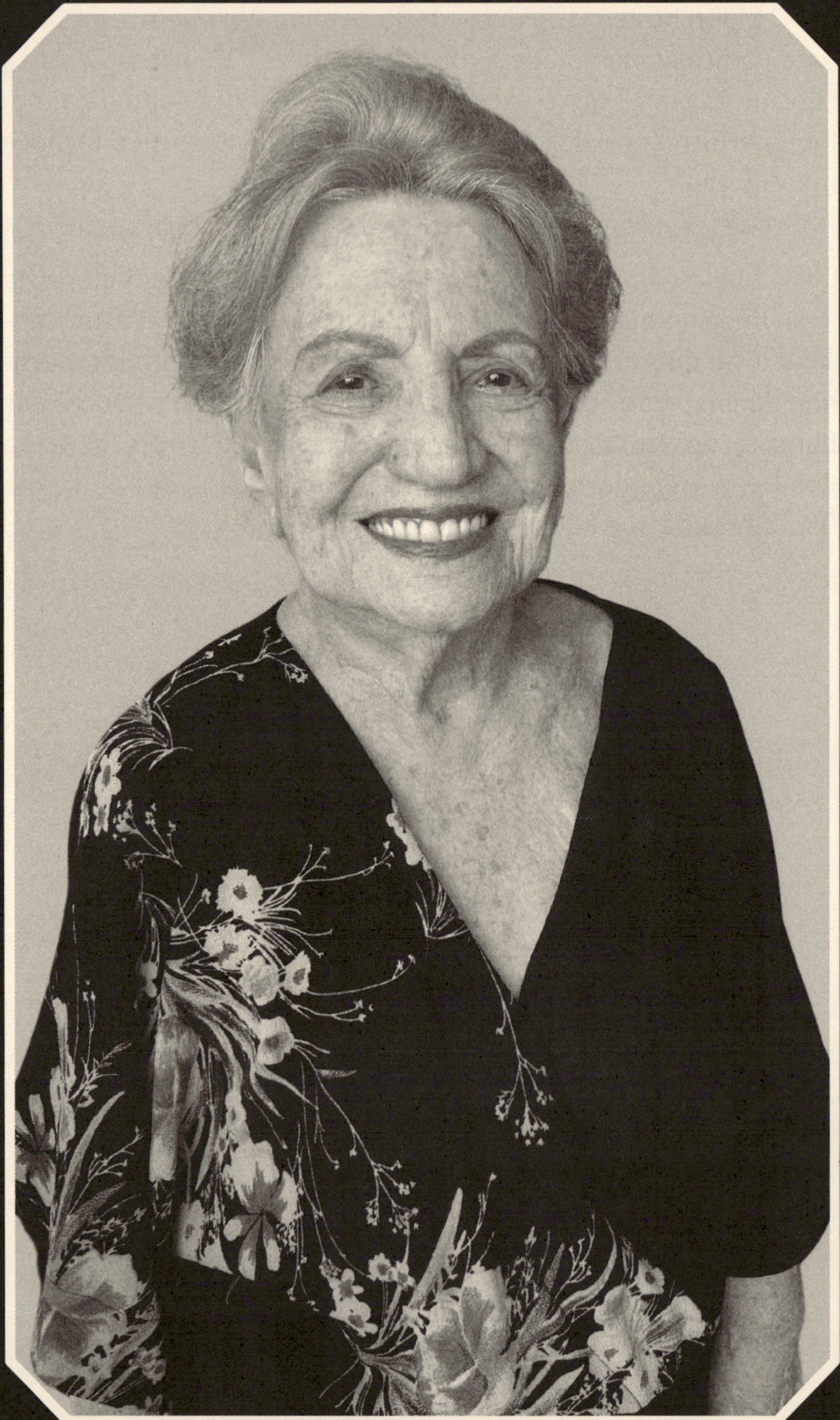

A poesia é Deus

Maria Filina
Salles Sá de Miranda

É professora, poetisa e escritora. Nascida em Cachoeiro de Itapemirim, notabilizou-se pelo talento na interpretação de poemas em apresentações que a levaram a diversas cidades brasileiras. Foi pró-reitora de Extensão da Universidade Federal do Espírito Santo, nos anos 1980, e hoje nomeia o Prêmio de Mérito Extensionista Maria Filina. Publicou os livros "Minha poesia" (1984), "Carlos Sá, o pai, o homem" (1988), "Arpejos" (1997) e "Dinórah Salles de Sá, nossa mãe, nossa rainha" (1999).

Minha alma é meio escancarada. Tenho uma conexão que vai do coração à boca. É assim que me apresento. Sou professora, poetisa e, acima de tudo, uma intérprete de poemas, que emocionou plateias no Espírito Santo, no Brasil e no exterior.

Nasci em 30 de agosto, em Cachoeiro de Itapemirim, época em que o calor da cidade era menos inclemente, e os dias quase frescos alegravam os cachoeirenses, sou a caçula de sete irmãos. Mariinha foi o apelido que ganhei desde cedo, e segundo meus pais, trouxe muita alegria para a família. Minha mãe, a educadora Dinórah Salles de Sá, e meu pai, o advogado Carlos Sá, reconhecido como orador de enorme talento, daqueles que mobilizava audiências dentro e fora dos tribunais.

Herdei o dom das palavras. Aos dois anos, nos passeios da família à praia de Marataízes, meu pai orgulhoso me incentivava a recitar diante dos amigos. "Esse tiquinho de gente", dizia Carlos, sob os aplausos do auditório improvisado à beira-mar. Aos sete, ganhei destaque no jornal A Tribuna, pelas mãos do jornalista Reis Vidal, que se encantou com minha sensibilidade de criança, pois eu era capaz de dar vida a textos escritos por adultos quando ainda exibia trancinhas nos cabelos. Anos depois, me tornei oradora habilidosa e sensível, e dei voz nas celebrações escolares aos discursos escritos por meu pai especialmente para mim.

Essa relação especial com meu pai fez com que eu sentisse

muito a sua perda, ainda na adolescência. Para ele, anos depois, escrevi o poema "Meu pai", em que lembro "o orador perfeito" e "o bom amigo".

Durante a infância em Cachoeiro, fui companhia constante da minhas irmãs mais velhas na igreja, ouvia a missa como se poesia fosse, e assim decorei tintim por tintim a catequese. Quando chegou a hora da Primeira Comunhão das minhas irmãs, insisti que também faria. E assim foi, depois de eu passar com louvor na sabatina organizada por Dona Dinórah. Sem tempo para preparar um vestido branco especial, usei uma veste de Santa Terezinha, emprestada por uma tia que havia feito uma promessa. Mas não esqueci nem um versículo.

Com a mudança da minha família para Vitória, meus voos no céu da poesia tornam-se cada vez mais altos e livres. A morte precoce de meu pai deixou minha mãe com sete filhos e saudades eternas, e isso me sensibilizou. Contra a vontade dos irmãos, decidi que iria deixar o Colégio do Carmo, particular e berço das famílias mais ricas da capital, para ingressar na escola pública Pedro II. Ali, descobri a dança, que me foi apresentada pela bailarina e professora Maura Abaurre. Tornei-me bailarina dos versos, dançarina das palavras – e a expressão corporal tornou-se mais um elemento para os recitais e apresentações, que se tornavam cada vez mais frequentes. Para completar, increvi-me no curso de declamação oferecido pela Academia Espírito-santense de Letras.

Quando me conheceu, a presidenta da Academia Gaúcha de Letras, Natércia Cunha Veloso, escreveu:

Maria Filina ao nascer

Ao ver a luz do universo

Em vez de dizer mamãe

Talvez já dissesse verso.

O poema talvez adivinhasse o passado, e certamente era um prenúncio do meu futuro, pois jamais abandonei as palavras. Sejam elas ditas ou escritas, mas sempre sentidas.

Em uma vida tão cheia de cultura, outros grandes nomes das artes e da literatura capixaba foram meus companheiros no trajeto. Um deles foi o professor, historiador e escritor Renato Pacheco, que em 1949 presidia a Academia Capixaba de Novos, grupo de intelectuais capixabas, e me convidou para me apresentar. No dia, diante de um auditório lotado e ansioso, usando o vestido de veludo negro emprestado por minha tia, eis que falta luz no local. Os organizadores, então, encheram o espaço de velas; e eu surgi na meia-luz do palco e fiz a plateia viver a experiência mágica da poesia declamada com verdadeira emoção, sensibilidade e força. No dia seguinte, os jornais destacavam o êxtase provocado pela apresentação, e lembravam ser eu filha de Carlos Sá e "legatária, portanto, de seu acervo divino de gênio e arte".

Eu também recebi a herança de uma outra pessoa fundamental para a minha formação. Eu havia conhecido Margarida Lopes de Almeida no início da adolescência, quando aquela que era considerada a maior declamadora brasileira me elogiou depois de um recital na Casa do Estudante capixaba. Anos depois, Margarida, fundadora da chamada nova escola de declamação brasileira, poetisa e escultora, me convidou para passar um período no Rio de Janeiro estudando poesia e preparando-me para futuros recitais.

Filha da escritora abolicionista Júlia Lopes de Almeida, Margarida me acolheu e eu me tornei sua primeira aluna. Além disso, usou sua influência para conseguir uma bolsa de estudos para mim, ofertada pelo então prefeito de Vitória, José Ribeiro Martins, e pelo interventor Jones dos Santos Neves.

Assim como meu pai fazia na infância, quando me instava

a recitar para seus amigos, Margarida me estimulava a apresentar-me diante de seus inúmeros conhecidos, artistas, políticos e jornalistas cariocas. Repetia, também, o mesmo olhar de admiração que Carlos destinava a mim, sua filha caçula.

A grande estreia no Rio de Janeiro, com toda a pompa que a então capital federal permitia, foi no dia 15 de fevereiro de 1952, no auditório do Instituto de Resseguros do Brasil, na majestosa zona central da cidade. Recentemente equipado com um inovador sistema de ar-condicionado central, um alento no verão carioca, o espaço recebeu convidados e uma emocionadíssima Dona Dinoráh, para quem o prefeito do Rio, João Carlos Vital, havia enviado uma passagem de presente.

No programa, eu escolhi para a abertura o poema de Hilário Soneghet, "Um dia de Vitória", e homenageei a querida mestra Margarida Lopes de Almeida no encerramento, com "Venância". "Trem de Ferro", obra modernista de Manuel Bandeira que nos faz viajar de maria fumaça pelo interior do Brasil, também fez parte da seleção.

Eu também viajei. Estive em Recife, Belo Horizonte, Porto Alegre e Salvador. Na capital pernambucana, o Jornal do Comércio ressaltou a minha versatilidade, ao afirmar que "trágica, explosiva, caricata, ingênua, ardente, ela se transfigurava a cada poema, rindo ou chorando, gargalhando ou pedindo".

Em Salvador, o evento que me receberia era organizado pela turma de Engenharia da Universidade Federal da Bahia. Minha mãe, sempre zelosa, disse que permitia minha ida, desde que acompanhada por alguém mais velho. Formou-se então uma verdadeira força-tarefa, com irmã, prima e até uma irmã de seu cunhado, todos depois hospedados com conforto no Hotel da Bahia, convidados oficiais do interventor baiano.

De volta a Vitória, apresentei-me para um Teatro Carlos Gomes lotado e comovido com a minha presença, pois eu já era a reconhecida e festejada conterrânea. Todos, como destacou A Gazeta no dia seguinte ao recital, necessitando "(...) mais do que nunca dos que vivem da espiritualidade e da arte, e despertam, assim, nos corações de todos nós, os mais belos sentimentos de solidariedade, de bondade, de amor ao próximo".

Era chegada, então, a hora de me apaixonar.

Entrei para a Faculdade de Filosofia e Letras, hoje Universidade Federal do Espírito Santo (Ufes), em 1954, para cursar História e Geografia. Foi quando a poesia passou a ceder espaço em meu coração para meu futuro marido, Hermenegildo de Miranda, o Negil. Casamo-nos em 17 de dezembro de 1955, e nosso filho Carlos Eloy nasceu pouco tempo depois. Meus grandes amores foram homenageados em meu primeiro livro de poemas, "Minha Poesia", de 1984. Meu filho é o meu mais belo poema.

Primeiro como professora do Ginásio Maria Ortiz, do qual fui diretora, depois no Colégio Americano, até tornar-me docente da Ufes, educar tornou-se uma missão para mim. Aliás, talvez tenha sido sempre, já que tive entre minhas alunas Elisa Lucinda, no curso de declamação que oferecia em casa – ou melhor, nas aulas de teatralização da poesia, que é assim que prefiro chamar. Aos 11 anos, Elisa maravilhou-se com a minha biblioteca, e desde então a considera amiga e "mãe de sua poesia".

Na universidade, ocupei cargos importantes, como a pró-reitoria de Extensão. Hoje, o prêmio anual do mérito extensionista da Ufes leva meu nome, mais um reconhecimento de que me orgulho, por minha importância para a cultura e a educação do Espírito Santo.

Aos 94 anos, com a minha estrada "comprida e cumprida", acredito que o mar continua a ser a casa da poesia, tal como era para mim, a menina de dois anos que impressionava o pai e os amigos em Marataízes, o "tiquinho de gente" que declamava sem tropeçar em nenhuma palavra. A poesia serve para tudo.

Para amparar quem ama. Para enxugar os olhos de quem chora. A poesia é de uma amplitude imensa. Você, quando olha o mar, vê nele a poesia. Quando eu me sento na minha cadeira na varanda, e as ondas começam a arrebentar na praia, eu vejo Deus. É Deus falando. Isso é poesia.

* Este texto teve como fonte, além de entrevista com a biografada, o livro "Maria Filina: semeadora de sonhos", organizado por Maria do Carmo Marino Schneider e Maria das Graças Silva Neves (Opção Editora, 2015).

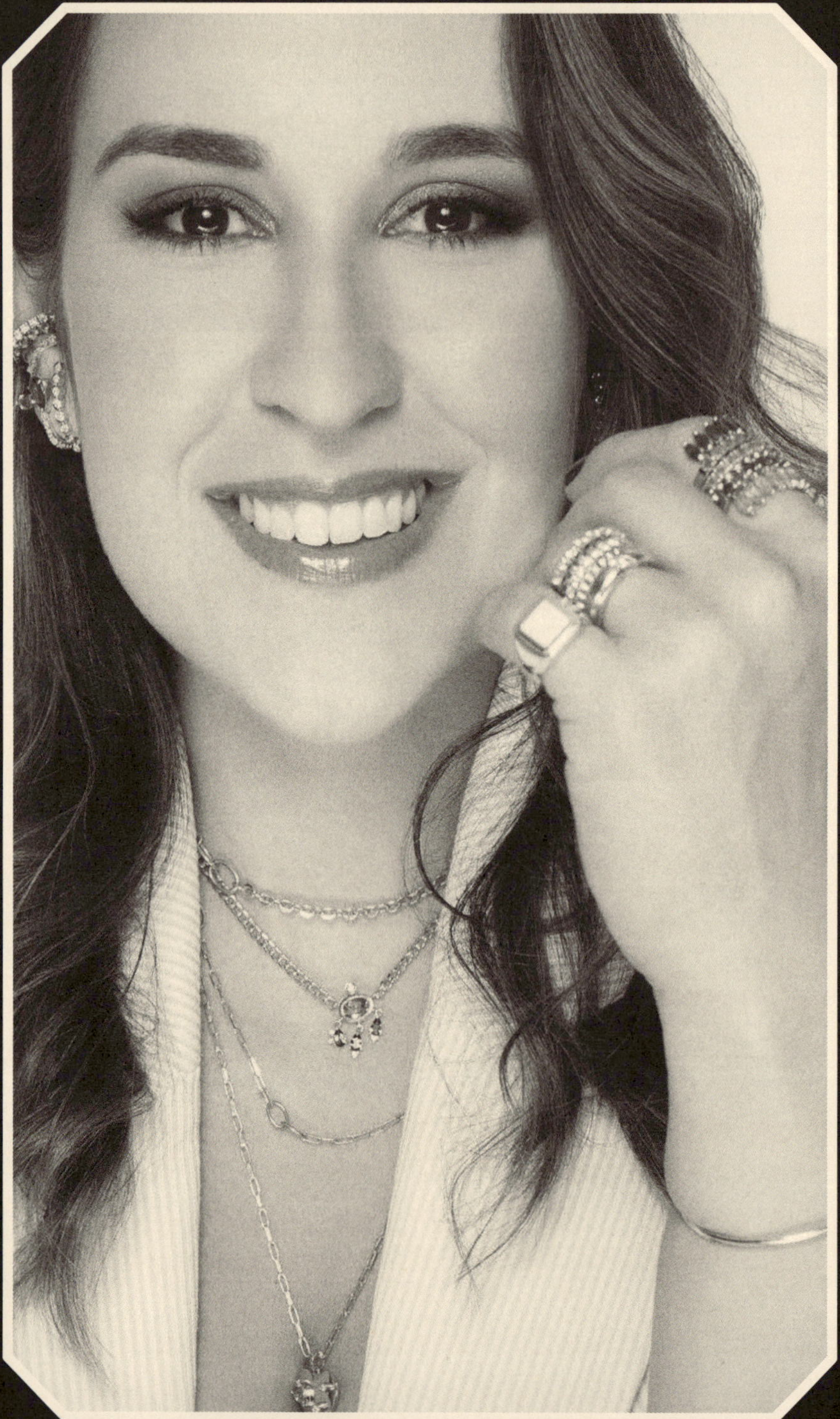

Muito prazer, eu sou a Martina

Martina Varejão Gomes

É advogada, sócia do FPSV Advogados, graduada em Direito na Universidade Federal do Espírito Santo, pós-graduada em Direito Tributário pelo Instituto Brasileiro de Estudos Tributários – Ibet, especialista em Direito tributário e sucessório pela Fucape, capacitada pelo curso de extensão em ICMS pelo IBET, associada alumni do Instituto Líderes do Amanhã, é casada com o Gabriel e mãe da Elis, da Catarina e do Matias.

Vou começar com uma pergunta que, por enquanto, pode soar um pouco fora do contexto, mas prometo que tudo se encaixará em breve: "Você já enfrentou o desafio de correr uma distância significativa? Seja 5, 10, 21 km ou até mesmo encarar uma maratona?" Correr uma maratona não é algo corriqueiro na vida de todas as pessoas. Segundo pesquisas, menos de 1% da população mundial já conseguiu correr por 42,195km de uma só vez. Certamente, essa não é a única aspiração que nos conduz a uma vida vitoriosa. Estabelecer metas audaciosas, sim, o que requer comprometimento e disciplina.

Desde o início, percebi que minha genética atlética não era das melhores e o poder de concentração não era um dom natural em mim. Contudo, desde a infância, a determinação tem sido minha fiel companheira, impulsionando-me em direção aos lugares que almejei alcançar.

Eu venho de uma família de indivíduos exemplares, o que também contribuiu para moldar minha jornada.

Meus avós, por exemplo, foram brilhantes e adoro falar deles.

Meu avô paterno, de família simples, saiu do Alegre decidido a cursar Medicina no Rio de Janeiro, na escola da Praia Vermelha. Ele sabia que precisava passar no vestibular logo, porque seus pais, meus bisavós, não teriam como sustentá-lo por muito tempo longe de casa e ele teria que voltar para o interior, abrindo mão do seu sonho. E assim o fez. Incansável e determinado, Dr. Nelson sonhava e realizava, sempre! A chegada dele, depois de formado, em São Mateus, no Espírito Santo, levou um vereador da época a anunciar pela cidade, em alto-falante: "Em São Mateus se faz cesárea, as mulheres não morrem mais no parto!" Vovô sempre esteve à frente do seu tempo. Com essa mesma energia, ele foi, aos 70 anos de idade, para Nova Iorque para estudar inglês. Vovô dedicou-se ao trabalho, aos seus sonhos até seus últimos dias, quando as limitações físicas o impediram de prosseguir ao nosso lado.

Meu avô materno, Edilson Varejão, foi uma máquina de força de trabalho, de inteligência e sabedoria de vida. Ele sempre teve – e a gente também - com razão, muito orgulho de sua força. No dia em que ele faleceu, eu li o discurso que ele fez, em 1994, quando recebeu o título de empresário do ano pela Associação Capixaba de Supermercados (Acaps). Um trechinho dizia assim: "Já fiz e, se for necessário, ainda faço, todas e cada uma das tarefas que o pessoal executa tanto na fazenda como no frigorífico". Meu avô trouxe a fé para a nossa família, era preocupado com nossa união, estava sempre por perto e faz uma falta danada.

As afinidades entre os discursos de ambos eram claras, quando se tratava de trabalho. Recordo-me vividamente das ocasiões em que recebia ligações, ainda imersa nas tarefas laborais até altas horas da noite, iniciadas desde o romper da alvorada. Em minha expectativa, aguardava conselhos que sugerissem a necessidade de encerrar o expediente e descansar. No entanto, para minha surpresa, suas palavras eram encorajadoras: "Isso mesmo, minha filha, trabalha mesmo, porque é o trabalho que enobrece o homem".

Meu pai, Luiz Guilherme, alinhado aos princípios familiares, não fugiu à regra. Ele sempre estabeleceu padrões elevados para mim e meus irmãos, Victoria e Arthur. No entanto, mais do que meramente cobrar, ele sempre esteve ao nosso lado, incentivando-nos a trilhar nossos próprios caminhos com autonomia. Sua dedicação em nos fornecer as ferramentas necessárias para essa jornada de autodescoberta perdura até hoje. Essa orientação paterna não apenas reflete diretamente minha vida hoje, como também nos equipou para enfrentar o futuro com confiança e independência. Eu tenho muito orgulho do pai que tenho.

Minhas avós desempenham papéis fundamentais como fontes inesgotáveis de amor, carinho e coesão em minha vida. Contudo, é minha mãe, Suzana, quem exerce uma influência singular e deixa marcas profundas em mim. Com ela eu me inspiro a fazer da minha casa um lar onde meus filhos e marido têm prazer em estar, pois eu aprendi isso com ela. Enquanto solteiros, mamãe sempre construiu um pouso, uma referência de onde ir e para onde voltar. Até hoje, ela cuida da nossa família, nos transmite valores eternos. Minha mãe me ensina com suas atitudes, com sua presença, com seu cuidado, com uma boa conversa.

Quem dera eu ter o privilégio de impactar meus filhos da maneira que meus pais são fortes e presentes em mim!

E eu sou fruto dessa mistura. Mas sei que igual a eles, meus avós e meus pais, eu nunca vou ser. Eu tenho os meus desafios e minhas dificuldades a serem superadas. Cada um tem sua própria maratona na vida. Como canta Almir Sater, "cada um de nós compõe a sua história, cada ser em si, carrega o dom de ser feliz".

O amor da minha vida

Tive o privilégio de, muito nova, conhecer o Gabriel, o amor da minha vida. Não tinha como não me apaixonar por ele: além de ser um charme, ele é inteligente, trabalhador, leal e de um caráter nobre. Em 2013 nos casamos e desde então eu vivo o privilégio de ter alguém que não apenas caminha ao meu lado, mas que também me inspira e desafia a crescer, a melhorar.

Pode até parecer descrição de propaganda de margarina: uma mulher de boa família, buscando uma vida saudável, com atividade física constante, graduada em Direito pela Universidade Federal do Espírito Santo, bem-casada e trabalhando como advogada em importante escritório de advocacia do estado. No entanto, por mais que minha vida fosse muito boa, eu reconhecia que poderia ir além.

Eu sabia que, apesar de todos os privilégios e conquistas, eu permanecia entre os 99% da população mundial que ainda não havia "corrido uma maratona", que não tinha se desafiado ao extremo. A busca pela superação tornou-se um novo capítulo a ser escrito em minha história, redefinindo o conceito de plenitude e elevando-me além das expectativas convencionais.

Já nutrindo há tempos uma paixão pela corrida, eu havia superado os 5 e 10 km, até as 10 milhas, da "corrida mais gostosa do Brasil". Até então, aquilo tudo estava bom, tanto na vida quanto no asfalto, mas eu sabia que ainda não tinha chegado no meu melhor momento. Foi nesse período que ouvi uma pergunta que muito me incomodou e não vou me esquecer nunca. Me disseram assim: "Você tem certeza do que quer para sua vida? Tem certeza de que deseja ser uma advogada, daquelas que não apenas redige uma boa petição? [pausa] Acho difícil, você gosta muito de cozinhar, cuidar e praticar atividade física". E tudo isso antes mesmo de ter filhos.

A pergunta me acertou. Eu não respondi naquele momento, mas percebi que estava diante de um desafio. Não poderia aceitar que não seria capaz de vencer o estigma e ser, como tantas outras mulheres, uma excelente esposa e mãe (valores preciosos para mim), destacando-me na vida profissional e mantendo uma rotina intensa de atividade física. O curioso é que, mesmo com esse desafio que escolhi para minha vida, nunca quero me esquecer que "do pó eu vim e para o pó eu voltarei"; e que tudo o que tenho e sou ou que vier a ter/ser, vem de Deus.

Decidi que sim, poderia alcançar esse equilíbrio. Ali, descobri que essa era a vida que eu almejava. Pouco depois, engravidei e ganhei minha primeira filha, a Elis. A partir daquele momento, minha vida profissional tinha que valer a pena, porque me encontrei na maternidade.

Foi então, com uma filha que me enchia de alegria e a quem eu fazia questão de dedicar meu tempo, que tomei uma das decisões mais acertadas da minha vida: abrir um escritório de advocacia com três "monstros" no conhecimento e na força de trabalho, em 2018.

Nova etapa

Coincidentemente, o ano de 2018 marcou também a minha entrada no Instituto Líderes do Amanhã, que forma líderes dentro da classe empresarial capixaba com base nos valores da liberdade, economia de mercado, estado de direito, responsabilidade individual e propriedade privada.

Essa conjunção de eventos revelou-se extremamente positiva. Enquanto escritório, entramos em mundo novo, assumindo o controle de nossa empresa, tomando decisões cruciais e abraçando a total responsabilidade, o que demandou um esforço considerável.

Em uma palestra inspiradora das reuniões semanais do Líderes do Amanhã, logo no meu primeiro ano, Paula Correa, CEO do grupo Águia Branca, expressou com precisão a analogia de nossa vida como um malabarismo. Trabalho, família, saúde física e mental são elementos que ela aprendeu a equilibrar simultaneamente. Se perdemos o controle de um deles, todo o malabarismo desmorona. Inspirada por essa metáfora, segui adiante com meu próprio malabarismo.

Ir para a guerra, sem perder as rédeas

Em 2019, eu engravidei da minha segunda filha, num contexto em que o escritório continuava em ascensão, demandando mais de mim, ao passo que minha bebê, que eu ainda gestava, também precisava de mim, das minhas forças, do meu sangue.

Recordo-me dos momentos em que o cansaço físico era tão avassalador, que dormia no banheiro do escritório em algumas ocasiões. Apoiava minha cabeça na porta e, em questão de dez minutos, renovava minhas energias para me dedicar um pouco mais. Eu não nego que, em alguns momentos, cheguei a pensar "para que tanto sacrifício?"

Para que querer dar conta de tanta coisa?

Mas eu me lembrava que eu estava naquela situação porque eu tinha escolhido. Eu sabia que não seria fácil, mas eu escolhi que não *abriria mão* dos meus malabares: família, vida profissional desafiadora, rotina de treinamento físico. Essa experiência começou a influenciar-me profundamente, a ponto de refletir na escolha do nome da minha filha, que deveria representar força e determinação. Sem romantizar as dificuldades, eu desejava transmitir essa mentalidade às minhas filhas. Encontrei inspiração em duas figuras importantes para a história mundial (com as devidas ressalvas ao totalitarismo estatal): Catarina, a Grande, que conduziu a Rússia a um enorme desenvolvimento, e, especialmente, Catarina de Aragão, uma guerreira, mulher determinada que chegou a ser rainha da Inglaterra. Filha de Isabel, rainha de Castela, com quem aprendeu a ir para o *front* de batalhas sem perder o controle de seu próprio palácio.

Por esse motivo, minha filha se chama Catarina. Representa a ideia de enfrentar as batalhas da vida sem perder o controle das responsabilidades. Essa é a herança que desejo deixar para os meus e para quem mais eu puder influenciar.

Enfim, 2020! Eu queria dar o meu melhor no meu último ano de formação no Instituto Líderes do Amanhã, mas precisava cuidar da minha mais nova riqueza, a Catarina recém-nascida (além da primogênita enciumada), sem ser insuficiente em meu trabalho no meu sonhado e tão exigente escritório de advocacia.

E assim foi. Longe de ser apenas a vontade de encerrar logo meu ciclo de formação, o instituto já havia me mudado e estava impactando as minhas relações ao redor, influenciando toda a minha vida. E vai ser assim para sempre. E é por isso que o cito aqui tantas vezes.

Minha filha mais velha, a Elis, estava numa fase de pedir que eu lhe contasse histórias de princesas, especialmente da Cinderella. Eu, toda noite, contava a mesma história. Até que um dia o fim da história mudou. Cinderella ficou muito chateada por ter perdido o sapatinho de cristal e, antes de esperar o príncipe encantado lhe devolver o pé perdido, ela foi procurar como fazer o próprio sapato. Ela chegou na receita perfeita e fez sapatos mais resistentes, coloridos e de todos os tamanhos. Ela superou a fada madrinha e passou a vender para o reino inteiro!! Foi um sucesso. Elis achou minha história meio estranha, meu marido riu, quando ouviu pela primeira vez, mas os bons valores já estavam sendo plantados para as minhas pequenas.

A maratonista

Decidi retomar a corrida depois do puerpério, tracei metas mais ambiciosas e desafiadoras, incluindo distâncias significativamente maiores, mantendo uma rotina constante de treinamento, porque eu queria correr uma maratona. Durante esse processo, uma parte do depoimento da jornalista Carol Barcelos, presente em seu livro "Quebrando os Limites", capturou minha atenção. A Carol destacou a importância de encontrar **prazer no treinamento**, no processo de construção. Do contrário, todo o sacrifício poderia se tornar penoso demais, quase doloroso, para se almejar apenas alguns minutos de êxtase na chegada.

Essa perspectiva reforçou em mim a importância da persistência no propósito, da disciplina necessária para enfrentar os desafios de uma maratona (e da vida), e da dedicação ao que se acredita e busca fazer de forma exemplar. Não é uma jornada fácil. A rotina de treinos exige que eu acorde antes do sol nascer, que restrinja alimentação e lazer. Além disso, tive que lidar com as dores nas articulações provocadas pela artrite. Aos sábados, quando eu poderia me dar ao luxo de acordar um pouco mais tarde, meus treinos eram cedo o suficiente para que eu estivesse com minhas filhas e meu marido, quando eles acordassem.

Sigo no meu malabarismo.

Nós nascemos quatro, hoje somos quase 30.

Nossa sede já precisou ser alterada para um espaço físico de quase o dobro do tamanho e, me parece, não ficaremos ali por mais muito tempo.

Continuamos buscando oferecer o melhor. Tem dado certo até aqui.

Dormir e acordar, atrás de um propósito, paixão pelo sucesso, uma garra diária. O nosso crescimento não aconteceu por acaso. Requer dedicação intensa e sacrifício. Eu gostaria, por exemplo, de ter desfrutado de uma "licença maternidade" um pouco diferente, ter podido passear de carrinho de bebê ou levar minhas filhas à pracinha pela manhã. Valorizo esses momentos, mas precisei aproveitar as sonecas da minha bebê para trabalhar. Até hoje, em diversas ocasiões, aguardo as crianças dormirem para retomar o trabalho, certa de que, no dia seguinte, precisarei acordar muito cedo, para organizar a merendeira das crianças e dar conta de todas as responsabilidades que me propus a cumprir.

Não consigo lembrar de um fim de semana sequer em que eu e meus sócios não tenhamos trabalhado, e não sei quando isso mudará. Não podemos reduzir a marcha ainda, pois cabe a nós oferecer o nosso melhor e aprimorar nossos processos internos constantemente. Sabemos que muitos estão de olho em nós.

Eu tenho meus filhos olhando para mim. E agora, em 2024, são três! Fui agraciada por Deus com mais um filho, o meu Matias, a quem tenho o privilégio de nutrir não só com alimento, mas com presença e a oportunidade de formar um homem íntegro, forte, trabalhador.

Eu tenho meus filhos, que precisam que eu saiba usar muito bem o meu tempo, para eu não perder o equilíbrio e a convivência com eles. Eu quero deixar, principalmente para eles, um legado que lhes sirva de inspiração para eles trilharem o próprio e melhor caminho. Hoje, eles só querem que eu esteja com eles, mas eu sei o quanto me torno uma pessoa melhor, sempre exigindo mais de mim, da minha mente, do meu corpo. Eles não sabem, mas meu malabarismo entrega para eles uma melhor versão de mim. Entrega para MIM uma melhor versão de mim mesma.

Ao aceitar desafios, nunca compreendemos totalmente o esforço que será exigido. Eu estabeleci o desafio de correr 42,195 km de uma só vez. Agora faço parte do seleto grupo que compõe o "menos de 1% da população mundial" que alcançou esse feito. Com todo o meu malabarismo, hoje sou uma maratonista.

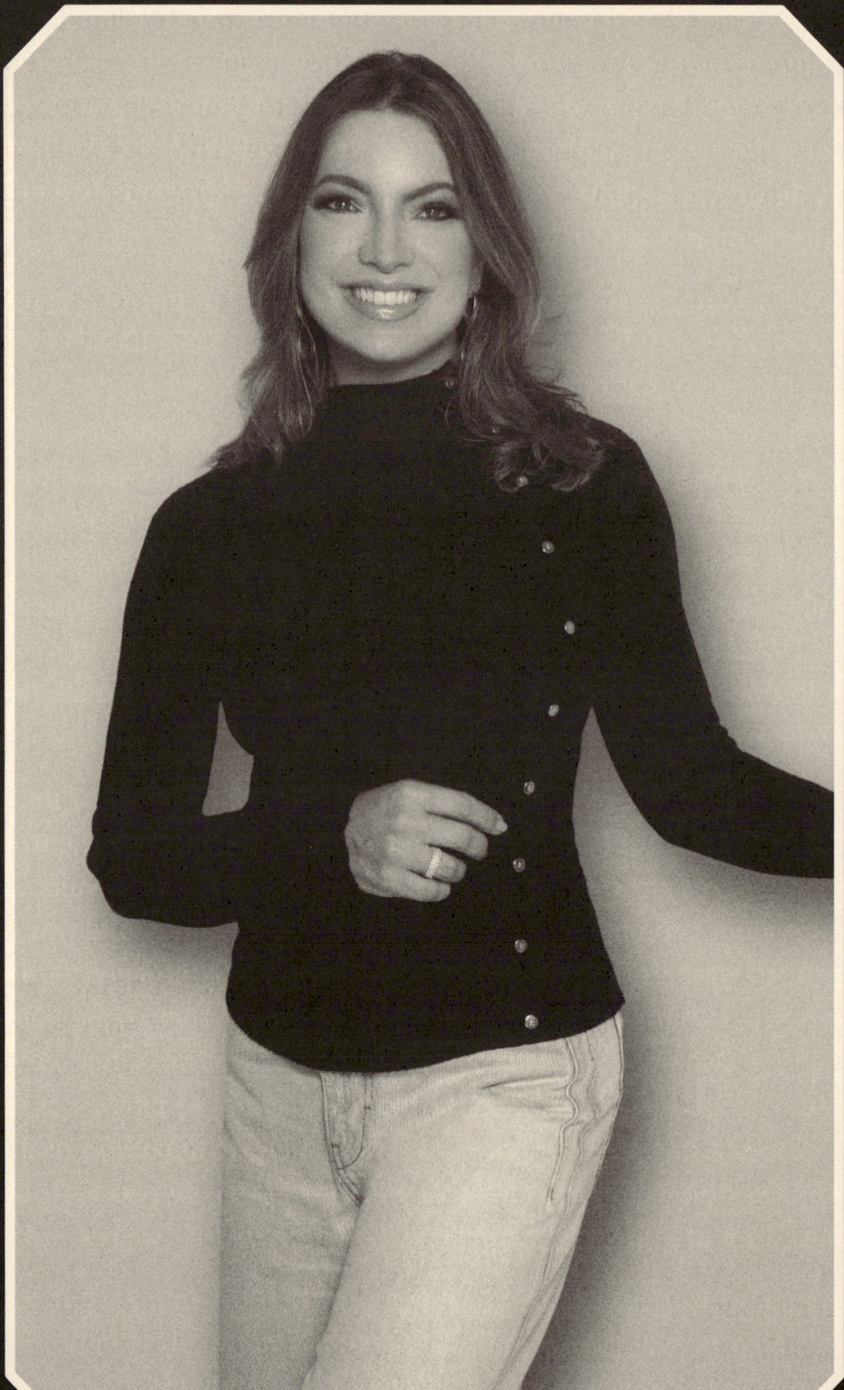

Arte, liderança e expressão

Patrícia Brotto de Barros Castro

É sócia-diretora da Duetto Arte e Movimento, escola de dança fundada em 2016 na cidade de Vitória/ES. Formada em Direito pela Universidade Federal do Espírito Santo e pós-graduada em Processo Civil pela Faculdade Cândido Mendes, atuou como advogada nas áreas cível e trabalhista e em órgãos públicos na área jurídica. Diplomada em balé clássico pela Royal Academy of Dance de Londres. É casada com Leonardo Castro e mãe de Bernardo e Victoria.

Escrever sobre si mesma não é tarefa fácil! Quando recebi o convite para esta coautoria de "Mulheres no Espírito Santo" me senti muito honrada e feliz, todavia com uma grande responsabilidade por estar ao lado de potentes mulheres que também contam suas histórias de vida neste livro.

Fez-me iniciar um exercício profundo de autorreflexão para resgatar quais aspectos da minha trajetória poderiam, de certa forma, inspirar outras mulheres em suas carreiras, maternidade, relacionamentos, autopercepção (autocuidado) e espiritualidade, áreas que considero fundamentais nesse nosso universo multifacetado e maravilhosamente feminino. E começo meu relato lembrando um pouco de onde tudo começou, pela infância.

Primeira infância, educação e cultura familiar

Voltar à infância é uma retrospectiva e tanto do alto dos meus 48 anos. Um mergulho catártico, que desembrulha uma infinidade de lembranças que moldaram minha trajetória. Nessa fase tão significativa de nossas vidas, formamos nossa personalidade, sonhamos de forma solta e intuitiva, livre de censuras, filtros e sem medo do olhar alheio. Talvez nessa fase surjam nossos planos mais genuínos.

É por isso que muitas vezes, durante a vida, principalmente na tomada de importantes decisões, sejamos orientados a "pensar como crianças" como forma de resgatar a leveza e a autenticidade do nosso querer.

Sou a filha mais nova de Vera e Carlos Augusto, a "café com leite" dos meus irmãos mais velhos, Ana Cristina e Marcio. A educação sempre foi a mola mestra da nossa casa. Minha mãe, professora de vida e de português, francês e piano foi responsável pelo meu despertar para escrita, linguagem e a música.

Meu pai, médico cirurgião e também professor universitário, sempre preferia nos presentear com enciclopédias, mapas-múndi, viagens culturais, do que outros bens materiais. De sua sala de som montada em casa, com uma invejável coleção de vinis clássicos, ficamos íntimos de Chopin, Bach, Beethoven, Mozart, dentre outros compositores da música clássica.

Dessa forma, meus pais, seguindo a cultura familiar em que também estiveram inseridos, priorizaram o investimento numa boa formação acadêmica e intercâmbios estudantis no exterior para nós, filhos, aulas de música e línguas estrangeiras, viagens e outras formas de nos fazer expandir nossa visão de mundo!

A arte, nas suas diversas formas, sempre captou meus olhares e meus ouvidos. Era aquela menina que gostava de observar os caminhos pela janela do carro. Boa época, em que não tínhamos telas para nos desconcentrar do que "estava lá fora". Assim, me tornei uma observadora muito ativa de formas arquitetônicas, paisagens, ruas, árvores, flores. Nuvens que assumiam formas de objetos ou de animais surgiam numa mente criativa e cheia de ideias. Enxergar o belo sempre me encantou e muitas inspirações surgiam a partir desse olhar, com olhos de ver.

Gostava também de escrever pequenos textos que rimados viraram poemas. Por isso, me arriscava em concursos de poesia e redação promovidos pela escola. Nas aulas de educação artística escrevia poesias para que meus colegas menos inspirados não perdessem pontos na matéria e até um roteiro para uma peça de teatro da minha sala de aula.

Por outro lado, sempre gostei muito do movimento. Meus pais foram (e ainda são) muito ativos fisicamente. Meu pai remador desde muito jovem, minha mãe sempre curtiu ginástica, bike e caminhadas. Vivendo numa cidade à beira-mar, gostávamos de correr e pedalar no calçadão da orla de Vitória.

Nesse ambiente propício ao desenvolvimento de habilidades artísticas e físicas, a dança e a música entraram para minha rotina aos dez anos. Fazia regularmente aulas de balé clássico e nas aulas de piano começava a dedilhar alguns clássicos dos balés de repertório, como "Valsa das Flores" de "O Quebra Nozes". A sinergia do aprendizado musical com as aulas de dança, de alguma forma, faziam muito sentido para mim. Me traziam leveza e alegria!

Essa narrativa, um pouco romântica e até pueril, se justifica nesta história um pouco mais à frente, uns 25 anos depois, num desvio de rota inimaginável e cheio de coragem, quando essas "paixões" deixaram de ser meros hobbies para fazerem parte da minha atividade profissional.

Formação acadêmica e primeiros anos de carreira

Mesmo após uma formação completa em balé clássico e diplomada pela Royal Academy of Dance de Londres através de uma parceria firmada com a escola de dança da qual era aluna em Vitória, não vislumbrava possibilidades de seguir uma carreira profissional na dança. Entendia que sempre levaria a dança como um lazer.

Decidi fazer Direito, tendo ingressado no curso da Universidade Federal do Espírito Santo (Ufes) em 1993, dando início a cinco anos de intensos estudos e estágios em diversas áreas jurídicas. Gostava de estudar, gostava dos debates em sala de aula e de escrever. Tão logo iniciei a faculdade tive vontade de vivenciar na prática os ensinamentos acadêmicos.

Logo no primeiro ano, comecei a procurar estágio e como era um mercado novo para mim, sem parentes ou conhecidos na área, me lancei a tentar encontrar por minha conta alguma oportunidade de trabalho. Na época, o Tribunal de Justiça abriu algumas vagas de estágio, ainda sem processo seletivo naquela ocasião. Assim, coloquei meu breve currículo numa "pastinha" e, depois de uma entrevista, consegui meu primeiro estágio numa vara do Fórum Criminal. Paralelamente a isso, com a bagagem de um recém-terminado intercâmbio cultural nos EUA, também dava aulas de inglês para crianças num curso de línguas.

Aquele primeiro gostinho de independência financeira me deixava feliz e já conseguia me virar um pouco e "poupar" meus pais de pequenas despesas que poderia assumir com meus ganhos.

Ao longo do curso de Direito, sem nunca pausar as aulas de balé, estagiei também no Fórum Cível e trabalhei em três escritórios de advocacia, adquirindo uma boa experiência para decidir em qual área atuaria após a formatura. Com o diploma nas mãos, em 1998, aos 23 anos, vivi um ano de muitas mudanças quando fui aprovada no exame da OAB, me tornei advogada e fui contratada pelo escritório de advocacia em que trabalhava na época. Nesse mesmo ano me casei com o Léo, meu marido, parceiro de vida e meu maior incentivador. Um ano repleto de emoções!

O desafio de conciliar vida de mãe e de profissional da advocacia

Nos dez anos seguintes de carreira na área jurídica, trabalhei como advogada, concluí uma pós-graduação em Direito Civil e Processo Civil, trabalhei como assessora jurídica, estudei para concursos, e em meio a tudo isso, tive meus dois filhos, Bernardo e Victoria. Ele, hoje com 23 anos, é advogado em São Paulo, tendo se formado pela USP, e também é músico multi-instrumentista. Ela, atualmente com 19 anos, cursa faculdade de Business e é triatleta.

Sempre quis ser mãe e meu lado maternal era muito aflorado. Me realizava muito em estar com eles, ensinar, participar das pequenas tarefas do dia a dia, mas esse tempo me faltava diante de tantos desafios profissionais. Passei a colocar na balança família, maternidade e carreira jurídica. Sentia a famosa "culpa" de não estar perto dos meus filhos como gostaria. Sempre tive em mente que, se não fosse bem-sucedida na criação dos meus filhos, não conseguiria me sentir realizada nas outras áreas da vida.

Foi nessa época que comecei a analisar qual tipo de trabalho poderia me trazer uma melhor qualidade de vida e de tempo com minha família. Que tipo de trabalho me daria maior autonomia e flexibilidade de horários e que me fizesse sair de casa feliz e me realizar como profissional e mulher.

Era o momento de refletir sobre quais rumos seguiria dali para frente. De certa forma, minha carreira como advogada não deslanchava e não estava encontrando uma motivação maior para seguir em frente nessa área. Percebi que precisava de uma pausa para fazer uma transição, reorganizar minha rotina, minha casa, minha família e minha cabeça. Há algum tempo já não vinha encontrando um propósito no meu trabalho e a vida familiar me conclamava a estar mais perto. Então, resolvi fazer um período sabático, com o apoio do meu marido, que me deu suporte emocional e financeiro para assumir essa posição.

Foi um período mais longo do que havia programado. Assumi

por quase cinco anos o papel de mãe, esposa, dona de casa e fui muito feliz. Foram anos de reconexão com o que considerava muito importante e inadiável. Fiz tudo com muito amor e doação.

Em paralelo, continuei estudando, fazendo cursos, lendo, me conectando com pessoas, viajando, além de realizar com a ajuda de um profissional, um PDI (Plano de Desenvolvimento Individual) em busca de aprofundar questões de autoconhecimento com vistas a reconhecer habilidades/afinidades com foco numa recolocação profissional. Depois desse processo em que busquei reencontrar meu verdadeiro propósito profissional, algo que vibrasse e me encantasse, ficou claro para mim que queria fazer alguma coisa ligada à arte e ao movimento, algo relacionado à dança, mas ainda sem saber exatamente qual negócio seria.

Logo após a conclusão do PDI, comecei a esboçar o que seria esse novo negócio, seu formato, seu público, suas implicações. Começava a se desenhar um espaço onde a arte e o movimento andassem lado a lado. Um espaço onde a dança se encontrasse também com outras formas de arte. Um espaço para ser feliz. E desde o início sabia que não queria estar sozinha nessa empreitada. Foi quando me lembrei de Karla Ferreira, que já havia feito um maravilhoso trabalho na dança e que reencontrei, coincidentemente, em uma aula de balé. Convidei-a para um café e a partir daí tudo começou a fluir no sentido de nos unirmos para esse projeto totalmente inovador.

Inovação, arte e movimento

Iniciamos por um plano de negócios e começamos a colocar a "mão na massa" procurando primeiramente um lugar para alugar. Não foi nada fácil encontrar algo do jeito que queríamos, com espaços livres adequados para a prática da dança. Um lugar acolhedor e ao mesmo tempo amplo e com vãos livres. Após seis meses, identificamos um galpão fechado há anos no bairro Santa Lúcia, em Vitória, que era o depósito de uma famosa loja de discos da cidade.

O espaço era ideal, mas precisava de uma grande e custosa reforma. Aceitamos o risco e fechamos o contrato de aluguel em 2015. Após sete meses de intenso trabalho, entre obra e formatação do negócio, inauguramos a Duetto Arte e Movimento em janeiro de 2016, com uma badalada inauguração numa festa que reuniu convidados, professores recém-contratados, imprensa, amigos e familiares. Estávamos radiantes.

No primeiro ano, ofertando modalidades adultas e infantis, tais como balé clássico, jazz, teatro, yoga, danças urbanas, balé fitness, nossa meta era captar alunos e criar credibilidade para crescermos. E percebemos que a nossa melhor divulgação passou a ser o "boca a boca", quando alunos satisfeitos se encarregavam de reverberar para outras pessoas nosso conceito.

Não foi fácil encontrar meios para divulgação desse conceito totalmente novo, não só para a cidade de Vitória. Talvez a nível de Brasil não encontrássemos um modelo de negócio como o da Duetto. Fizemos uma força-tarefa com anúncios, panfletos em portas das escolas, outdoors, mensagens via WhatsApp para as amigas e grupos, além da construção do site profissional e criação de perfis nas redes sociais, como Instagram e Facebook. Aos poucos, o nosso público-alvo foi sendo alcançado e as matrículas foram acontecendo.

A Duetto hoje

No mês de janeiro de 2024 completamos oito anos de Duetto. O nosso projeto de vida que nasceu lá em 2015 com o propósito de ser uma escola/espaço de arte e movimento que fosse a "segunda casa" de crianças, jovens e adultos que procurassem um lugar para desenvolver habilidades corporais, aprimoramento físico e mental, que valorizassem os benefícios da socialização das aulas coletivas e o aprendizado como chave para seu crescimento e transformação!

Desde os primeiros passos, quando começamos a pensar no projeto, alinhamos que queríamos ser mais do que uma escola de dança. Com o passar dos anos, de fato, nos firmamos como uma escola de formação em dança que, além de ensinar a técnica através da aplicação metodológica específica, busca além de tudo uma formação humanista para nossos alunos, oferecendo uma interface com outras vertentes artísticas e culturais. Em todas as aulas estarão sempre presentes valores como a disciplina, o convívio, o respeito pelo outro, a troca de experiências, o acolhimento das diferenças e o desenvolvimento da autoconfiança, sejam alunos adultos, jovens ou crianças.

Reforçando esse conceito, realizamos muitos eventos de integração em datas comemorativas que consideramos importantes como a Páscoa, Dia da Mulher, Dia da Dança, Dia das Mães, Dia dos Pais, Dia das Crianças, Dia dos Professores. No Outubro Rosa, sempre fazemos ações de conscientização e prevenção ao câncer de mama com presença de profissionais da área, por exemplo. Concebemos uma cafeteria e uma área que possibilita o convívio harmônico entre os alunos que, entre uma aula e outra, acabam por se conectar, proporcionando um ambiente de troca de ideias, histórias e *networking*.

A preparação de cada espetáculo

A conclusão de todo ano letivo na Duetto culmina com o espetáculo de fim de ano realizado no palco de um grande teatro. É o momento em que o aluno tem a chance de participar de uma cuidadosa produção, tendo a oportunidade de mostrar ao público, na sua maioria formado por familiares, a sua evolução conquistada no decorrer do ano.

A concepção do espetáculo que normalmente irá estrear em dezembro começa a acontecer nos meses de março ou abril quando definimos internamente o tema. A partir da escolha do tema começa para mim um período de muitos insights e confesso que é a parte que mais gosto de fazer. Escrever o roteiro, pesquisar referências de figurinos, cenários, passar horas pesquisando músicas para as coreografias e cenas significa para mim momentos de muito prazer. Poder dar vazão a tantas ideias e inspirações é motivo de muita realização nesse processo criativo.

Assim como os *insights* me acordam de madrugada quando levanto para registrá-los num papel, as preocupações com a entrega, prazos, fornecedores também costumam interromper meu sono. Não dá para esconder a ansiedade de lidar com a grande responsabilidade que é produzir um espetáculo com a riqueza de detalhes que nos propomos a fazer. Entretanto, precisamos saber lidar com esses sentimentos e focar no trabalho, no equilíbrio e na fé de que tudo irá dar certo.

Os espetáculos que já fizemos foram: "Mirabolando, em 2017; "Aqui tem Borogodó", em 2018; "Dó, Ré, Mi, a Noviça", em 2019; "Como é doce ser Criança", em 2020; "Uma outra história do Quebra Nozes", em 2021; "Bonjour, Bella", em 2022, e "O Rei Leão, uma aventura na savana", em 2023. Desde 2017 trabalhamos com o diretor Marcelo Lages nos nossos espetáculos, com quem seguimos trilhando uma trajetória de sucesso.

Temos uma equipe de competentes professores e funcionários muito empenhados em servir. Nossa união faz a força e ninguém consegue crescer sozinho. Nosso negócio é extremamente pessoal e presencial numa era que caminha para relações e meios de trabalho à distância. Temos o desafio dos olhos nos olhos, do toque, da palavra, da respiração, da transpiração. Temos nas mãos o potente poder de transformar, de curar, de educar, de acalentar. A riqueza das relações interpessoais, o evoluir, o superar entre tantas outras realidades que se impõem dentro desse lindo projeto que é a Duetto me deixam certa de ter encontrado o propósito o qual nasci para realizar.

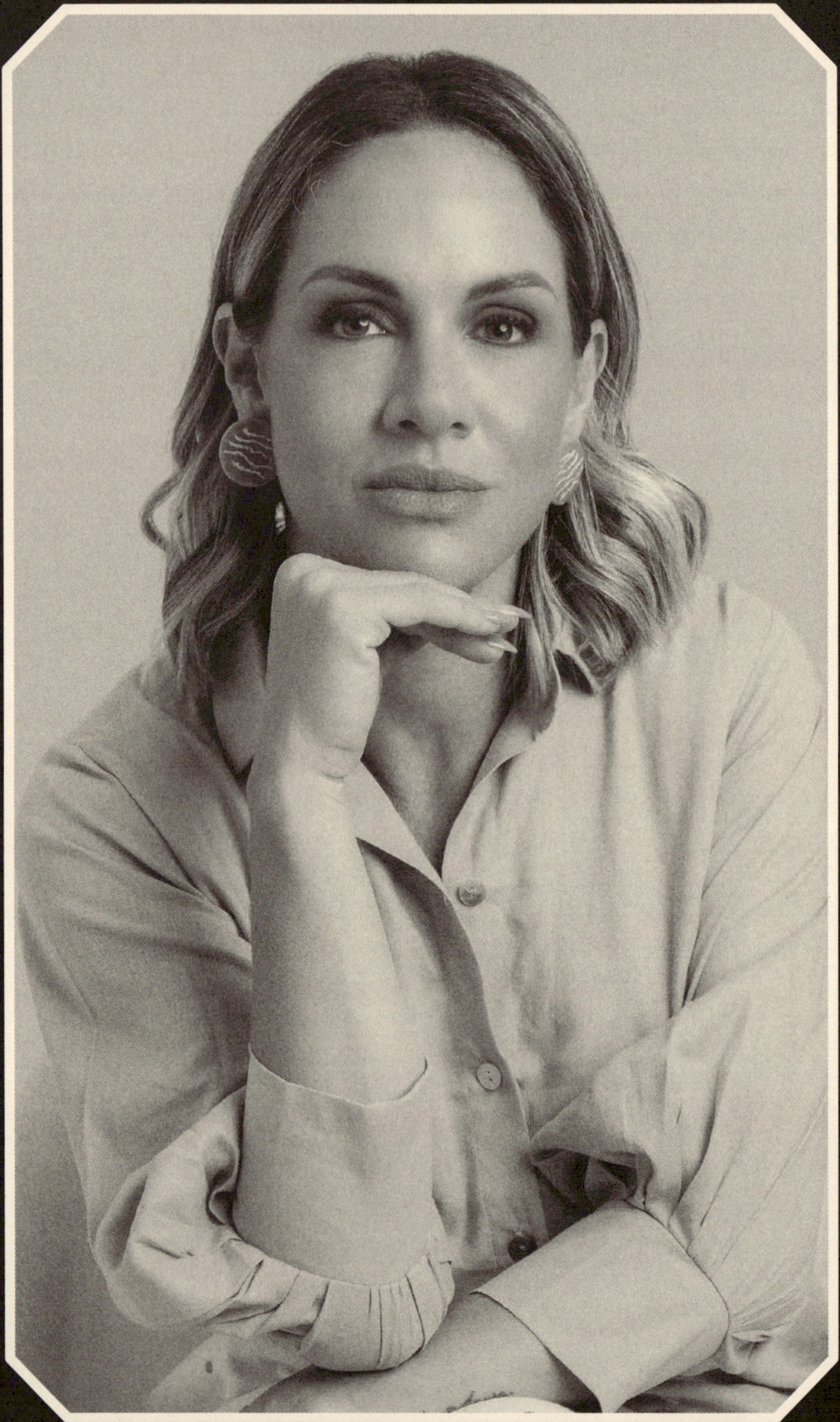

Construindo e Inspirando

Roberta Drummond Motta Modenesi

É uma líder inspiradora e CEO da Innovare Esquadrias, uma empresa de renome no segmento de arquitetura e design. Com uma vasta experiência de mais de 15 anos nesse setor, se destaca como uma visionária empreendedora. Graduada em Arquitetura e Urbanismo pela Fundação Mineira de Educação e Cultura (Fumec), ela tem sido uma força impulsionadora por trás do sucesso da Innovare desde 2008. Como CEO, desempenha um papel essencial na definição de estratégias, no gerenciamento de equipes e na expansão das operações. Sua abordagem holística abrange todas as áreas-chave do negócio. Além disso, a sua habilidade em transformação empresarial tem impulsionado melhorias contínuas nos processos, produtos e serviços da Innovare. Sua visão estratégica e dedicação em elevar a marca, qualidade e rentabilidade têm impulsionado a competitividade da empresa no mercado de esquadrias de alto padrão.

"**N**ós todos temos um propósito de vida." Essa frase ecoou em minha mente desde a adolescência, quando decidi mergulhar de cabeça no mundo do empreendedorismo, determinada a construir minha própria história de sucesso. Minha jornada foi marcada por desafios, obstáculos e momentos de incerteza. Mas a falta de recursos iniciais ou de apoio não me intimidaram. Em vez disso, serviu como combustível para a minha determinação. Acreditei que, se eu pudesse superar essas adversidades, outras mulheres também poderiam.

Nos últimos anos, tenho me dedicado incansavelmente a compartilhar minha experiência e conhecimento com a esperança de inspirar mulheres a seguirem seus sonhos e transformarem suas vidas por meio do empreendedorismo. Seja por meio de palavras amigas, encorajando, ou escrevendo sobre minha história, meu objetivo é mostrar que é possível construir um negócio de sucesso a partir do zero, sem depender de fatores externos.

Ao longo dessa jornada, testemunhei histórias incríveis de mulheres que encontraram força e coragem para trilhar seus próprios caminhos. Cada vez que vejo uma mulher que acredita em si mesma e decide perseguir seu sonho, sinto-me fortalecida em minha missão.

Este capítulo é dedicado a todas as mulheres que têm o desejo de empreender, mas ainda não encontraram a confiança necessária. Permitam que minha história seja um exemplo de que é possível alcançar o sucesso e a realização pessoal, independentemente das circunstâncias iniciais. Juntas, podemos construir e inspirar um futuro repleto de mulheres empreendedoras, prontas para enfrentar qualquer desafio que se apresente.

Vamos em frente, juntas!

As origens

Nascida e criada em Belo Horizonte, sou uma orgulhosa mineira de 42 anos. Sou casada com o advogado João Eugênio Modenesi há 13 anos e temos dois filhos maravilhosos, João Vitor e Lauro, de dez e sete anos, respectivamente.

Minha jornada na vida empreendedora teve suas raízes em uma família simples. Meus pais, ambos mineiros, nunca tiveram muitas oportunidades de estudo. Eles completaram o ensino médio, mas nunca frequentaram a universidade. Como filha única, cresci enfrentando muitos obstáculos.

Para sustentar minha educação, minha mãe trabalhava como vendedora em lojas. Ela se desdobrava em dois ou três empregos para me proporcionar as oportunidades que ela própria nunca teve. Ela era uma verdadeira heroína anônima, equilibrando os horários exaustivos de trabalho com as tarefas domésticas nas noites de folga. Seus olhos cheios de esperança e cansaço refletiam o sacrifício silencioso que ela fazia para me dar oportunidades com que ela própria nunca sonhou. Nosso apartamento pequeno, onde a mesa da cozinha se transformava em meu refúgio de aprendizado, era um verdadeiro cenário em que livros se misturavam ao cheirinho reconfortante das refeições que ela me preparava.

Graças às bolsas de estudo que obtive, consegui estudar nas melhores escolas de Belo Horizonte. Os financiamentos permearam toda a minha trajetória escolar, desde o ensino fundamental até a faculdade. As escolas liberavam os financiamentos devido à minha condição de baixa renda. Era um ciclo constante de pagar alguns meses, ficar devendo outros e refinanciar para poder continuar. Passamos por muitas dificuldades ao longo dos anos.

Na faculdade de Arquitetura, que também era particular, conseguimos financiar 70% da mensalidade. No final do curso, os 30% restantes precisavam ser pagos integralmente. Mais uma vez, enfrentamos uma situação difícil. Mas onde alguns veem dificuldades, outros enxergam perseverança. Minha mãe, incansável, recorreu ao meu avô, que vendeu seu apartamento para pagamento da dívida.

Sempre tive o incentivo e o apoio de minha mãe para estudar e buscar um bom emprego. Ela nunca poupou esforços para me manter na escola. Lembro-me vividamente de um exemplo inspirador: ela trocava sanduíches por transporte escolar. Ela fazia essa permuta, oferecendo um sanduíche em troca de uma carona até a escola. Minha mãe nunca teve medo ou vergonha de trabalhar. Cresci testemunhando sua coragem, sua dedicação e a vontade de realizar seus sonhos. Ela era uma guerreira incansável, uma inspiração que moldou quem eu sou hoje.

Trajetória na Arquitetura

Ao olhar para trás em minha trajetória na arquitetura, percebo que cada desafio enfrentado e cada obstáculo superado me transformaram na mulher empreendedora que sou hoje. Em 2004, após me formar na faculdade, me deparei com a difícil realidade de não ter perspectivas de trabalho na minha área. No entanto, essa adversidade não me abalou, pois desde cedo aprendi a buscar oportunidades por conta própria.

Desde meus 13 anos, trabalhei em diferentes empregos e "bicos", como vender bombons e ser assistente de escritório de contabilidade. Essas experiências não apenas me ensinaram sobre o valor do trabalho árduo, mas também desenvolveram minha adaptabilidade e habilidades de comunicação. Sabia que precisava encontrar uma maneira de ingressar no mundo corporativo e perseguir meu sonho de ser arquiteta.

Decidi montar meu currículo e me inscrever em uma agência de recrutamento. Com apenas 20 anos, ingressei em um processo seletivo para uma empresa renomada, mesmo ciente da minha inexperiência. Durante a entrevista, me apresentei com determinação e paixão, deixando claro que estava disposta a aprender e me dedicar plenamente ao trabalho. Com a força da minha convicção, consegui a vaga, superando uma concorrência acirrada.

Assim que assumi meu novo posto, fui enviada para São Paulo, onde participei de um treinamento na área de gestão de vendas. Gerenciar revendedoras de esquadrias em Minas Gerais e no Espírito Santo se tornou meu desafio diário. Enquanto viajava frequentemente, mergulhava ainda mais no aprendizado. Em 2008, a construção civil no Espírito Santo passou por um *boom*, e fui designada para acompanhar de perto um importante projeto de um prédio, desde a compra até a instalação de esquadrias.

Com o passar do tempo, a empresa percebeu a importância de expandir suas operações no Espírito Santo, e a escolha para liderar essa filial recaiu sobre mim, mesmo com apenas 25 anos e sem conhecer ninguém na região. Decidi aceitar o desafio e fui transferida para o estado, deixando tudo organizado em minha cidade anterior.

No entanto, em um momento de descanso durante minhas férias, recebi um e-mail equivocado que revelou que seria demitida. Fiquei desesperada, pois havia me planejado para ficar na nova cidade por pelo menos um ano, com contratos e obrigações assumidos. Essa notícia inesperada poderia ter me derrubado, mas escolhi encarar essa situação como uma oportunidade para repensar minha carreira e buscar novos caminhos.

A partir desse momento, decidi que não dependeria mais apenas de empregos tradicionais, mas que construiria meu próprio destino como empreendedora. Com determinação renovada, comecei a buscar outras oportunidades na área da Arquitetura, explorando projetos independentes e estabelecendo minha própria marca.

Hoje, olhando para trás, posso dizer com orgulho que superei os desafios e conquistei meu espaço como uma mulher empreendedora. Minha jornada foi marcada por altos e baixos, mas cada obstáculo enfrentado fortaleceu minha confiança e me ensinou a nunca desistir dos meus sonhos.

Não poderia deixar de destacar que nessa época também conheci meu marido, um ser iluminado que me ajudou a me reerguer!

Portanto, que essa história inspire todas as mulheres que estão lendo este livro. Acreditem em si mesmas, sejam resilientes e persistentes em suas jornadas empreendedoras. Não importa quais desafios surjam no caminho, lembrem-se de que vocês têm o poder de transformar adversidades em oportunidades e construir um futuro brilhante. Não tenham medo de sonhar alto e seguir em frente, confiando em sua força interior para alcançar o sucesso que merecem.

A grande virada

Após enfrentar tempos difíceis e buscar oportunidades por conta própria, chegou o momento crucial que mudaria completamente minha trajetória na Arquitetura. Decidi entrar em contato com um amigo de Ipatinga e propus uma parceria: abrir uma loja juntos. Para minha alegria, ele aceitou a proposta. Aluguei uma modesta loja de 30 metros quadrados na movimentada Av.

Rio Branco, em Vitória. Com os recursos do meu FGTS, paguei o aluguel e adquiri um ar-condicionado.

Determinada a chamar a atenção dos clientes, recorri a uma solução criativa. Fui na obra para a qual fui contratada anteriormente e pedi uma janela que não seria mais utilizada. Gentilmente, eles me concederam e ela se tornou o atrativo principal da porta da minha loja. Assim, comecei minha jornada: pequena, solitária, assumindo todas as responsabilidades administrativas, financeiras e de vendas. Embora fossem dias desafiadores, eu nunca deixei de perseguir meus sonhos.

Lembro-me vividamente dos momentos em que ligava para arquitetos, decoradores e qualquer pessoa que pudesse me auxiliar nas vendas de esquadrias. Em um determinado momento, fui indicada pelo João para trabalhar em uma obra de um amigo dele. Logo em seguida, surgiu uma oportunidade para trabalhar em uma obra na Ilha do Frade. Assim, continuamos nossa caminhada, aprendendo com os erros e aprimorando nossas habilidades.

Com o tempo, comecei a crescer e pude contratar um profissional para auxiliar nas questões administrativas da loja. Foi assim que se iniciou um novo ciclo: um cliente indicava o meu trabalho para outro e, pouco a pouco, fui construindo minha clientela. Após vários anos de dedicação e participações em eventos renomados, como a Casa Cor, decidi investir na divulgação do meu trabalho. Porém, foi no início da pandemia, em 2020, que decidi dar um passo ainda maior em direção ao crescimento, buscando um espaço mais amplo e adequado para atender meu novo público-alvo, os clientes de alto padrão.

Sem medir esforços, no auge da pandemia, aluguei um novo espaço e o reformei completamente. Hoje, posso atender plenamente às demandas e expectativas desses clientes exigentes. É gratificante olhar para trás e perceber que, mesmo diante de tantos desafios e incertezas, fui capaz de transformar obstáculos em oportunidades de crescimento. Acreditei em meus sonhos, lutei com todas as minhas forças e hoje colho os frutos do meu empreendedorismo na arquitetura.

Os porquês e os novos desafios

A notícia da demissão foi como um terremoto que abalou minhas fundações, derrubando minha dose recente de otimismo. Aquela empresa, que um dia representava uma promessa de um futuro próspero, transformou-se em um palco onde ocorreu uma reviravolta cruel.

A síndrome de *burnout*, um turbilhão de emoções e incertezas, tornou-se meu adversário invisível. Tudo o que antes era uma certeza sólida tornou-se uma névoa incerta. No silêncio da noite, meu quarto se tornou um campo de reflexão, onde questionava cada escolha, cada passo que me trouxe até aquele momento. Foi uma jornada de autodescoberta dolorosa, porém reveladora, que revelou a resiliência que eu tinha em mim.

Reconstruir não é apenas uma tarefa arquitetônica, mas também uma jornada interna. Descobri novos caminhos, explorei oportunidades inexploradas e encontrei forças na capacidade de adaptação. Como uma estrutura resiliente, ergui-me das cinzas da demissão, moldando uma nova narrativa para minha vida profissional.

Hoje, enquanto relembro os desafios enfrentados desde os primeiros anos escolares, passando pela faculdade até o turbilhão da demissão e a síndrome de *burnout*, vejo um padrão emergir. Cada capítulo, por mais complexo que tenha sido, contribuiu para a construção da pessoa que sou hoje. Minha jornada, com suas curvas e reviravoltas, é um testemunho da capacidade humana de superar obstáculos e transformar desafios em oportunidades.

Neste ponto da minha vida, encaro o futuro com uma mistura de gratidão pelo passado e entusiasmo pelo que está por vir. A bolsa de estudos que me acompanhou desde os primeiros anos escolares agora é um símbolo não apenas de educação, mas também de resiliência e determinação. A arquitetura da minha vida continua a ser construída, uma obra-prima em constante evolução, refletindo a beleza que pode surgir das ruínas.

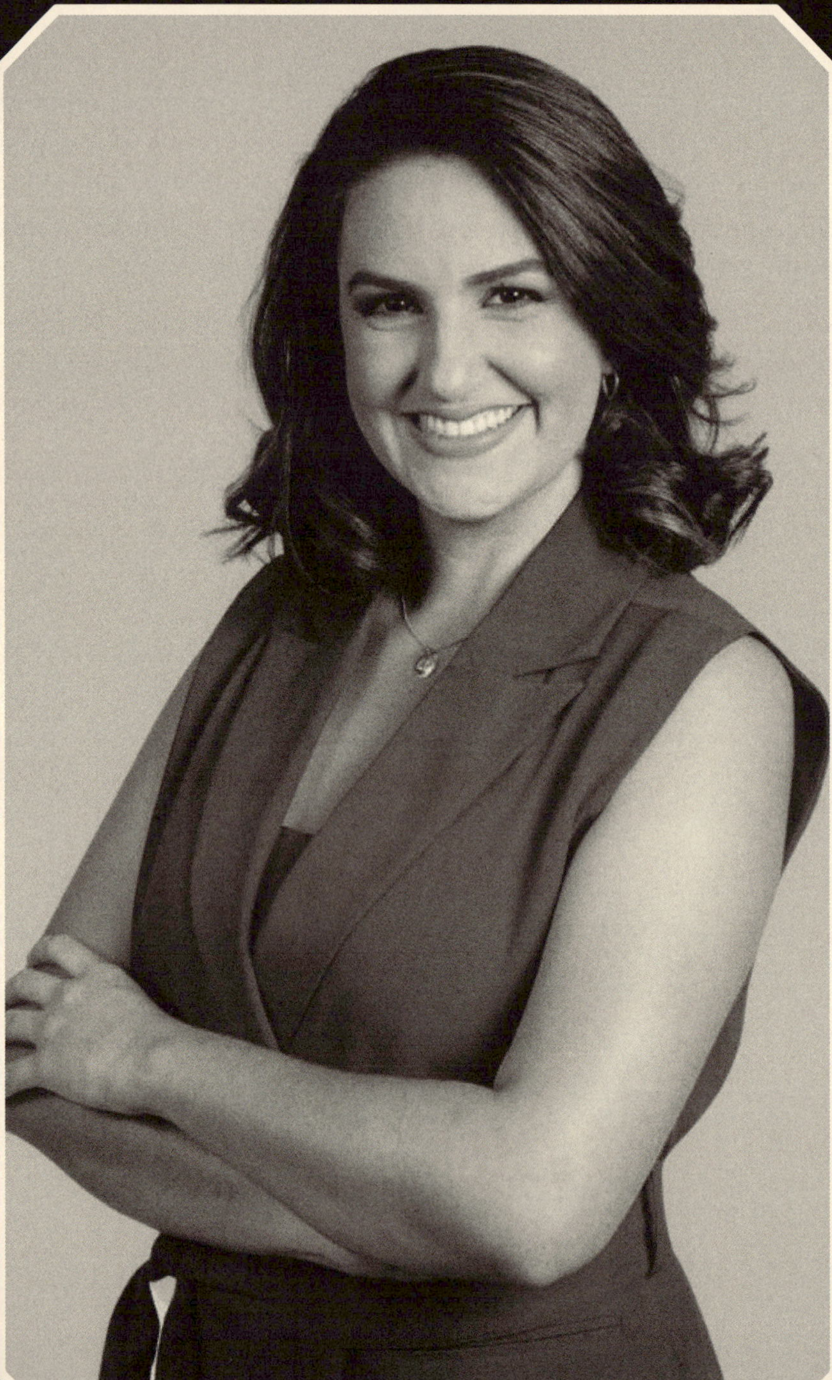

Sem raízes, não há Sustentação

Stefany Sampaio Silveira

Neta de produtores e do interior do Espírito Santo, tornou-se produtora de conteúdo sobre agronegócio e palestrante sobre inovação no setor, sendo a primeira engenheira agrônoma do Brasil a ter um programa de televisão específico sobre o agronegócio.

Possui formação acadêmica em Engenheira Agrônoma e técnica em agronegócio e Administração. É pesquisadora acadêmica nas áreas de governança, agronegócio, irrigação, cacauicultura e tecnologias digitais.

Coordena a plataforma Agro Business da Apex Partners e atua como diretora do programa Agro do Ibef-ES, inspetora do Crea-ES, membra da SEEA, conselheira no Instituto Ampliê e voluntária no programa Miniempresa da Junior Achievement, no Sertão e Amazonas pelo projeto Servir.

Entende seu papel vocacional para inspirar a nova geração do agro para ver possibilidades dentro e fora da porteira.

Sempre fui fascinada pelo crescimento lento e exuberante do pé de cacau. Quando criança me questionava como uma florzinha tão pequena poderia produzir um fruto tão majestoso e saboroso. Além disso, minha pequena mente infantil também não entendia como as sementes, ao serem enterradas no solo, produziam frutos. Por isso, permita-me como neta de produtores rurais e engenheira agrônoma começar este capítulo com uma reflexão.

As árvores frutíferas variam no tempo de crescimento até o momento em que produzem seus primeiros frutos. No caso do cacau, a produção em volume comercial começa a partir do terceiro ano, mas até esse momento o produtor precisa ficar atento. É agronomicamente recomendado que ele retire todas as flores que vierem a aparecer antes desse tempo e literalmente arranque os frutos que "ousarem" surgir. Sei que essa medida pode parecer algo drástico e até mesmo doloroso, mas a longo prazo essa atitude do produtor o auxiliará a ter maior produção.

A não retirada dos frutos acarretará problemas maiores, pode acreditar. A energia do crescimento será centralizada para produzir raízes profundas, que são o necessário para essa "fase" do ciclo. Árvores **sem raízes não têm sustentação** para o tempo de vida útil do cacau, que segundo dados afirmam ser centenária.

Um adiantar do processo, BUH! Energia canalizada para fase

errada, ciclo adiantado, processo correto mal-sucedido e queda!

O final dessa árvore que não seguiu o fluxo ideal será tombar em poucos anos por ter uma produção **pesada demais** para quantidade de raízes que ela foi capaz de formar. Por ter adiantado o ciclo de produção e ter produzido **fora do tempo,** seu tronco e raízes não aguentaram a "**carga**". Qualquer tempestade ou alteração climática pode afetá-la. Ela está vulnerável.

Lembro de um dia um produtor me mandar uma foto no WhatsApp e um áudio todo feliz manifestando sua felicidade ao ver o primeiro fruto com quase 20 cm no seu pé de menos de 1 metro de altura sem nenhuma poda. Como uma agrônoma objetiva, nem terminei de ouvir o áudio e já digitei: "Recomendo que retire o fruto com urgência e faça a poda de formação nesse cacau. A produção agora é prejuízo depois". O produtor ficou devastado e eu senti na pele a dor de uma mãe que tem que corrigir o filho, quando o olho dele está brilhando, querendo algo que não é para sua idade.

Contudo, sabia que ele me agradeceria anos depois vendo seu cacau produzir durante muito anos com quantidade satisfatória. Aquele primeiro cacau era apenas **um devaneio** em meio ao tamanho da produção que ele iria ver no futuro. Encantar-se por ele e não retirar poderia custar caro demais.

Árvores sem estrutura de base e sem raízes não aguentam fortes e longas produções. Árvores sem raízes quebram seus galhos. Galhos fracos não suportam peso. Frutos sem estrutura caem no chão antes da hora. Árvores sem raízes fortes não aguentam tempestades e mudanças climáticas. Produtores não orientados caem na fantasia dos primeiros frutos e se iludem.

Algo parece familiar? Nós também agimos do mesmo modo em nossas vidas!

Queremos, como mulheres, esposas, filhas, empresárias e profissionais adiantar nossas produções e antecipar ciclos em nossas vidas, sem ter "tronco" firme ou raízes vigorosas e resistentes.

Como aprendi isso

Sempre fui uma criança observadora e agitada que amava inventar coisas diferentes e descobrir os "porquês". Praticamente todas as férias eu inventava uma coisa nova para não ter que ficar parada nesse tempo, inércia para mim sempre foi difícil: já vendi *cupcakes*, ja pintei e vendi quadros, já fiz bazar, já criei bijuterias, tive um caderno de empresas que queria criar, brincava de ser professora e dar aula para as bonecas.

A minha relação com a criatividade que vive em mim sempre foi para buscar sentido no momento presente. Contudo, entendo que, como pezinho de cacau, muitas vezes quis gastar energia produzindo frutos quando ainda era hora de criar raízes profundas.

O meu primeiro momento em que isso ficou evidente foi quando queria largar o ensino médio no Instituto Federal, que duraria quatro anos, para fazer a faculdade de Fonoaudiologia. A ideia era abandonar o Ifes e ir direto para faculdade. Passei em primeiro lugar na primeira fase do vestibular e na segunda fase, que era discursiva, não passei por **0,18 décimos.** Décimos que me fizeram chorar por dias, mas defenderam a trajetória que vivo hoje e me deram a oportunidade de fortalecer minhas raízes antes de produzir frutos. Ensinando-me especialmente sobre a importância de cada processo ao seu tempo.

Voltando às origens

E foi nesse processo de fortalecer minhas raízes antes da

frutificação, que no final do ensino médio, o que eu queria ter abandonado, tive a oportunidade de participar da Maratona de Negócios Sociais do Sebrae/ES e fiquei entre os finalistas com o projeto de uma *startup* criada com minha amiga Jessika Rosa. Uma experiência transformadora e que depois dela me trouxe vários prêmios de empreendedorismo e uma bagagem na área de inovação e associativismo. Participando e sendo finalista de vários outros desafios de negócios, vencedora do AJUDANCA da Bel Pesce como melhor projeto do Espirito Santo com o projeto da empresa "Inove Rural". Com essa experiência fui convidada a fazer parte da federação capixaba do Jovem Empreendedor, na qual sou grata por ter entrado aos 17 anos.

Assim, meu coração foi um canteiro onde as sementes de sonhos foram plantados, onde as raízes da determinação penetram profundamente e onde, com paciência, crescia em direção a lugares que nem imaginava. Como o cacau que quer produzir antes do 3º ano, lançando suas flores, eu novamente quis adiantar um ciclo da vida e decidi ir embora para Florianópolis/SC, acreditando que lá, que considero até hoje o vale do silício brasileiro, teria mais oportunidades de desenvolver projetos de inovação e *startups*.

Mesmo sendo neta de produtores, meus pais tendo uma empresa no agronegócio e morando em um estado que tem o agro como 30% do PIB, sair na minha visão era a opção mais viável. Na verdade era o caminho que todos os meus amigos e jovens do interior faziam. Acreditava que o agro não daria dinheiro e que eu precisava voar para longe.

Dessa vez com a aprovação, me preparei durante alguns meses para iniciar meu curso em agosto de 2016 na Universidade Federal de Santa Catarina. Matrícula, apartamento, passagem, tudo encaminhado, até que uma viagem muda tudo.

Em maio de 2016, cinco meses antes do início das minhas

aulas, fui convidada pelo Serviço Nacional de Aprendizagem Rural para uma viagem até a Agrishow, maior feira do agronegócio da América Latina. Durante a viagem, ouvi falar sobre meu estado de uma maneira diferente. Descobri que éramos o maior exportador de pimenta-do-reino, maior produtor e exportador de mamão Papaya, terceiro maior produtor de cacau do Brasil, maior produtor de ovos do país, maior produtor e exportador de gengibre, maior produtor de café conilon, segundo maior produtor de cafés do País, com destaque nacional e internacional na produção de cafés especiais e várias outras coisas que me fizeram pensar como era ingrata por ir embora antes de conhecer mais sobre isso.

Hoje percebo que aquela viagem foi alinhada ao propósito de Deus para mim e o quanto as informações relevantes sobre o mercado e o setor poderiam ter mudado a trajetória de tantos jovens como eu, que talvez poderiam ser inspirados a pensar soluções para esse segmento, mesmo que fora da porteira, ou poderiam ter tido subsídios de informações.

Penso então: os capixabas sabem das informações sobre agricultura? Existem pessoas falando sobre isso?

Em busca dessas respostas, mudo de curso para Engenharia Agronômica no Instituto Federal do Espírito Santo – campus Itapina e mudo também para Colatina. Com certeza trocar Florianópolis com suas belas paisagens e lindas praias pela 2ª cidade mais quente do Espírito Santo não foi fácil, mas entendo que podas são necessárias. A tesoura cortante da adversidade, muitas vezes impiedosa, é a ferramenta que esculpe nossa existência, removendo os ramos desnecessários para promover um crescimento mais saudável e vigoroso.

Em meio ao processo de poda, sou confrontada com a inevitabilidade da mudança. Os galhos que caem são como capítulos encerrados, e as folhas que se desprendem representam desapegos necessários.

E foi exatamente isso que aconteceu. Ao ficar no Espírito Santo descubro que o que falavam sobre o estado ainda era pouco comparado às pessoas trabalhadoras que batalhamj e confiam e, além disso, uma terra fértil.

Em meio às dificuldades, percebo que a poda não é uma punição, mas sim uma dádiva, ir para uma faculdade pequena, escondida e no interior foi literalmente um presente.

Logo no primeiro periodo da faculdade, consigo uma bolsa de pesquisa no projeto da implantação da incubadora do Ifes Itapina, sendo mentora de *startups* do agro e organizando todo processo de pré-incubaçao e incubaçao de empresas. Pensa?

A menina que queria ir para o vale do silício brasileiro descobre que pode fazer inovação no interior do Espírito Santo. Não tenho dúvida que essa experiência mudou minha vida. Ter recursos limitados, estar longe dos grandes centros e ter pouca equipe foi fundamental.

Como uma boa curiosa, ainda queria mais! Durante a faculdade, ingresso, concomitantemente, na primeira turma do estado do curso técnico em Agronegócio do CNA.

Após inúmeras estações de poda e desafios, a jornada da minha vida culmina em um campo quase pronto para frutificar.

Oportunidades e mudanças de rota

A cada dia o agro me era fascinante e surpreendente, por isso comecei a postar voluntariamente as coisas do dia a dia da faculdade e do curso técnico, postei em 2019 uma foto na barcaça de cacau da fazenda São Luiz em Linhares, premiada entre as 18 melhores amêndoas de cacau do mundo no salão de chocolate de Paris. Essa foto que ainda está no meu perfil do instagram (@stefany.agro) "viralizou" e, junto com outras postagens, me fez em outubro de 2019 ser escolhida junto com 20 influenciadoras do Brasil para ir ao Congresso Nacional de Mulheres do Agro em São Paulo, sendo a representante capixaba.

Neste evento tenho minha primeira experiência como *digital influencer* e conheço todas as referências que seguia na rede social ao entrar na agronomia. Percebo ali que a vida de *influencer* não seria para mim. Produzir conteúdo com base em *briefing* pronto, não poder expressar minha opinião com meu olhar e não ter a criatividade da criação expressa me limitavam.

Foi quando, após essa experiência e vários pedidos de publicidades negados, conversei com uma pessoa da mesma multinacional do convite que me perguntou: "Stefany, você é a única influenciadora que foi para São Paulo que nega fazer publicidade para nós. Como é o conteúdo que você quer criar? O que você quer?". Lembro-me que naquele dia respirei fundo e respondi: "Quero emitir minha própria opinião e falar só o que eu de fato eu acredito e dar voz a outras pessoas".

Daquele dia em diante, parece que começou a surgir uma nova mentalidade em mim. A inquietação por uma criação de conteúdo autêntico e não enviesado em interesses comerciais ou políticos me saltava os olhos. Foi então que recebi ainda em novembro de 2019 o convite para cobrir com meu Instagram o Summit Agronegócio Brasil 2019 do jornal Estadão. Quando cheguei, ao pegar o crachá estava escrito: Stefany Sampaio - imprensa.

Ao perguntar ao responsável da viagem por que estava assim, ele me disse: "Você disse que queria dar sua opinião, só sendo imprensa você consegue fazer isso. Agora você não tem *briefing*, pode falar o que quiser." Não sei resumir em poucas palavras o que foi aquela experiência, mas sei que voltei grata a Deus, pois era exatamente isso que eu queria.

No evento, fui paga para assistir as palestras e compartilhar no meu Instagram meu ponto de vista sobre as falas dos palestrantes. Acredita?

Saio de lá com uma agenda de vários eventos em que trabalharia em 2020.

Do limão, a limonada

O que eu nem ninguém contava era que viveríamos uma desastrosa pandemia em 2020 e todos os eventos iriam deixar de acontecer. Na verdade falo com temor e lamento desse momento, pois sei que muitas famílias foram devastadas por essa doença, com perdas, dor ou prejuízo financeiros.

Na minha realidade, a pandemia foi um verdadeiro baque também. A empresa da minha família é de soluções e eventos para o agro e nosso faturamento foi a zero muitos meses durante a pandemia; minhas aulas pararam e voltei para casa depois de quatro anos fora; perdemos pessoas queridas; vimos produtores ficarem desesperados por não saber como iriam colher seu café, que estava bem na época de colheita.

Em meio a esse cenário todo, lembro com muita clareza de acordar um dia ouvindo de Deus para gravar um vídeo. Até esse momento, eu não mostrava vídeos falando, somente escrito e fotos. Pensar em falar era muito para mim, especialmente por ter sofrido muito *bullying* por ter língua presa e falar embolado. Ler em voz alta ou falar em público me deixava com medo.

Mas ,como filha de pais incentivadores, aprendi desde cedo que precisava *"ir com medo mesmo"*. E foi isso que eu fiz. Pedi ajuda a uma tia para arranjar um produtor que estava colhendo café em plena pandemia e a meu cunhado que tinha câmera para me acompanhar e gravar uma "coisa" para mim. Lembro deles me perguntando o que iríamos fazer na fazenda, qual roteiro, como eu faria. E eu não conseguia responder, pois também não sabia, rs...

Ali mesmo, onde eu não fazia ideia ainda, florescia a Stefany comunicadora. Uma agrônoma se aventurando em outra área.

Depois dessa experiência e de outros vídeos mais simples para o IGTV, comecei a criar vídeos para YouTube. Sem investimentos, usando o que eu tinha. Para minha surpresa, os vídeos começaram a ter muitas visualizações e no terceiro vídeo publicado fui convidada a compor a equipe do projeto Folha Business da Apex Partners em parceria com a TV Vitória. Começando em 2021 como colunista diária sobre agronegócio na Folha Vitória e um quadro de três minutos na Record ES no programa Mundo Business, apresentado pelo Ricardo Frizera, hoje sócio da Apex e pessoa a quem sempre serei grata pela oportunidade e visão. Sempre digo que ele enxergou o potencial em mim, que nem eu sabia que existia.

Agarrei a oportunidade e, literalmente, tive o processo de "crescimento". Foi doloroso sair da minha zona de conforto e ingressar em uma área completamente diferente. Troquei a enxada literalmente pelo microfone e o campo pelos estúdios. A Stefany que achava que teria uma carreira como engenheira agrônoma a campo ou pesquisadora acadêmica, virava apresentadora de televisão em alguns meses.

Fui de três minutos em um quadro dentro de um programa de negócios para um programa somente sobre agro apresentado por mim em 12 meses e fui a **primeira engenheira agrônoma do Brasil** a ter um programa de televisão em canal aberto.

Uma loucura! Aquela Stefany que quase foi embora do estado por desconhecimento, passava a entender a missão. Ser instrumento e dar voz aos produtores e empresários que constroem o PIB.

Eu não deixei de ser agrônoma por estar na televisão. Eu só mudei a forma de contribuir com o agro do meu estado e país.

E espero cada dia mais honrar essa escolha!!

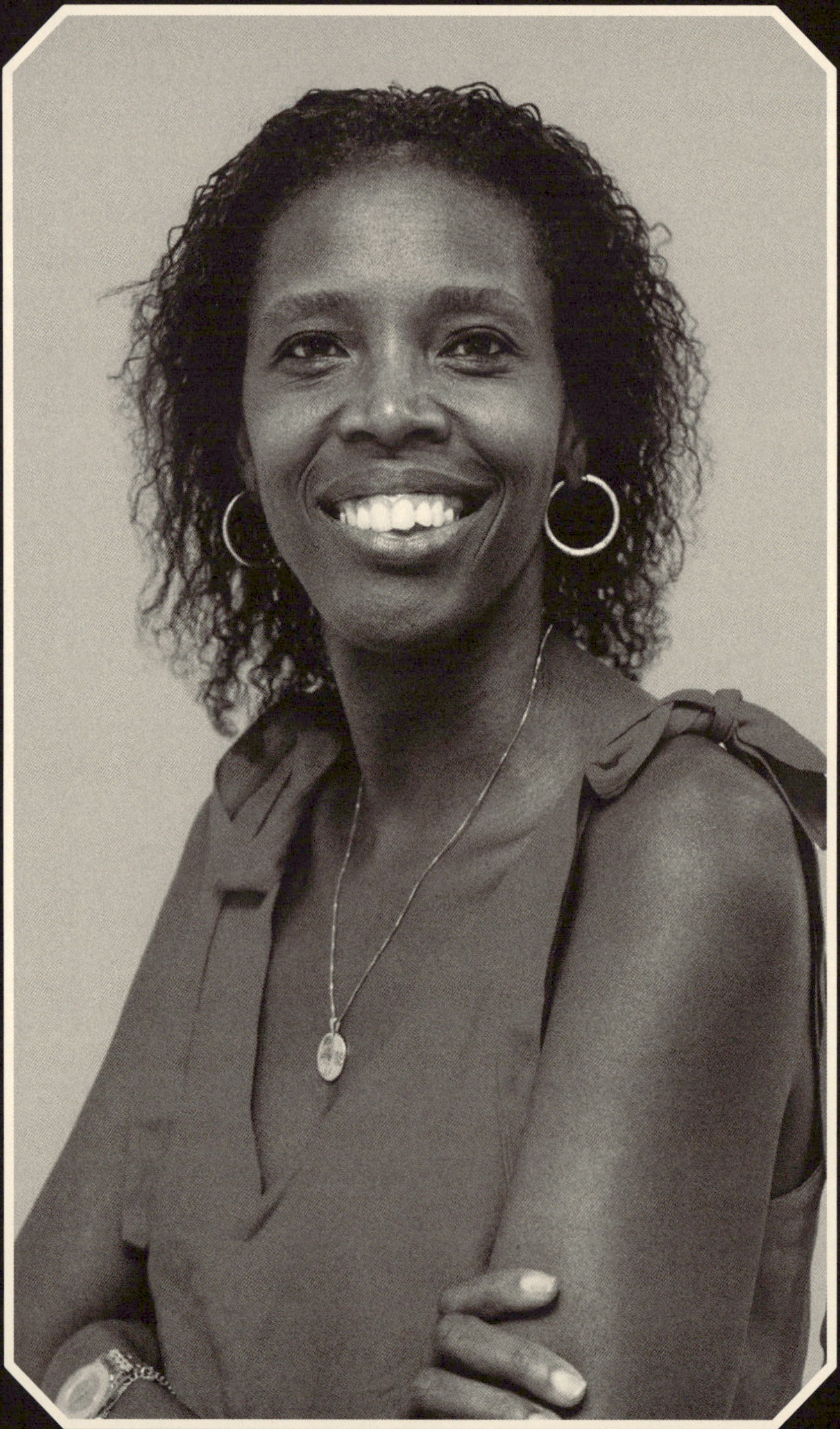

Transformando Desafios em Oportunidades

LINKEDIN

Verônica Lopes de Jesus

Diretora-Presidente e cofundadora do Instituto Oportunidade Brasil, que atua na inclusão produtiva, promovendo oportunidades de acesso ao mercado de trabalho para jovens negros em situação de vulnerabilidade socioeconômica, garantindo que esses jovens tenham acesso à capacitação profissionalizante e, posteriormente, ao mercado de trabalho. Administradora com mais de 25 anos de experiência, possui MBA em Marketing pela Fundação Getulio Vargas (FGV), especialização em Políticas Públicas e Projetos Sociais pelo Senac, e mestrado pela Fucape.

Raízes

Nasci no Rio de Janeiro, em uma das várias comunidades que existem na cidade. Com apenas três anos de vida, meu pai mudou o rumo da nossa família. Não sei se ele tinha a dimensão de como um concurso público alteraria o curso de nossa história e o destino dessa família que, havia pouco tempo, tinha recebido duas novas integrantes.

Após passarmos três anos em Rondônia devido ao concurso, viemos morar no Espírito Santo. Nunca fomos ricos; estudamos em escola pública, e a influência da minha família teve um papel crucial na formação da pessoa que me tornei. Meu pai, com quatro mulheres em casa, oito anos após meu nascimento, deparou-se com a chegada da caçula. Foi muito sábio ao preparar e empoderar suas filhas para a vida.

Uma história que marcou muito a minha infância foi em um dia em que, ao retornar do supermercado com minha mãe, meu pai chamou imediatamente as três filhas para uma conversa. O tom dele era de urgência e estava muito sério. Logo começou a falar.

Ele havia visto uma mulher no supermercado perguntando ao marido se poderia comprar um pacote de "Modess". O marido se aproximou, verificou o preço e respondeu: "Não, está muito caro. Continue usando a toalhinha". A voz dele embargou nesse ponto da história.

Ele nos encarou e disse: "Eu não quero que nenhuma de vocês passe por isso, nunca. Vocês vão estudar, ser independentes e serão responsáveis pelo próprio destino. Se quiserem se casar, casem-se. Se não quiserem, não se casem. Se casarem e não der certo, separem-se, mas não quero que passem pela humilhação de depender de um homem para decidir se podem comprar um Modess".

Eu levei esse ensinamento, junto com outros que ele nos passou, muito a sério. Acreditei que podia conquistar tudo. Assim, aos 16 anos, busquei minha primeira oportunidade profissional. O objetivo a longo prazo era tornar-me diretora, embora não tivesse muita ideia do que exatamente seria esse cargo. Meu outro plano, comprar um Fiat 147. O carro que estava na moda, naquela época.

Consegui um emprego no McDonald's como atendente de lanchonete. Meu pai não queria deixar de jeito nenhum, afinal, eu tinha um curso de datilografia (pode parecer piada, mas não é) e poderia conseguir um emprego melhor. Além disso, eu ainda estava no segundo ano do ensino médio e teria que estudar à noite. Minha mãe me ajudou a convencê-lo, dizendo que seria um trabalho temporário de verão (era novembro). Bem, esse trabalho temporário durou 15 anos.

Entre Big Macs e Livros

O McDonald's, sem dúvida, foi a base da minha trajetória profissional. A loja em que trabalhei foi a primeira unidade da multinacional em solo capixaba. Nem os colaboradores, nem a população da cidade, sabiam muito bem o que esperar. Foi uma grande novidade no local, e as pessoas demoraram a se acostumar com o jeito de ser do McDonald's.

Fui a segunda destaque do mês na loja, a funcionária que tem a foto pendurada na parede no balcão por se destacar nas funções e contribuir para o desempenho da equipe. Meus pais ficaram cheios de orgulho e foram convidados para fazer um lanche, conhecer a loja e encontrar meu gerente. A unidade tinha mais de 100 colaboradores, e eu me sentia muito orgulhosa de mim mesma pela conquista.

Com 12 meses de trabalho, já assumia o papel de treinadora, auxiliando no treinamento e avaliação de outros colaboradores. Entre dois e três anos, alcancei uma posição de coordenação e frequentemente estava no Rio de Janeiro, participando de cursos. Aos 24 anos, um dos momentos mais especiais da minha carreira, fui para Chicago, nos EUA, cursar o *Advanced Operations Course*, na universidade do hambúrguer. Foi a minha primeira viagem internacional. Todo o processo, desde tirar o visto até preparar a mala, foi acompanhado por toda a minha família com muito entusiasmo. Nessa fase da minha carreira, até meu pai já tinha se rendido aos encantos do Ronald McDonald.

Em Chicago, no curso, tive a oportunidade de encontrar pessoas do mundo todo, reunidas para discutir excelência em qualidade, atendimento e gestão. Fiquei muito impressionada com toda a grandiosidade da empresa e com tudo que poderia conquistar. Nessa época, eu já me preparava para assumir a gestão de uma unidade de negócios.

Muitos cursos e o trabalho intenso acabaram me distraindo da minha formação acadêmica. Foi então que meu pai veio me lembrar da essência do que sempre foi pregado em nossa casa: a educação como alicerce de tudo. Ele ressaltou que, mesmo com um salário bom e conquistando várias coisas, eu precisava pensar no futuro e ter uma base educacional sólida. A pergunta crucial foi: se eu saísse de lá, o que faria da vida?

No ano seguinte, retomei os estudos, ingressando na graduação e, em seguida, emendei diretamente com a especialização na Fundação Getulio Vargas. Um aspecto que me marcou profundamente na FGV, além da excelência dos professores, foi a simpatia e cordialidade de todos na instituição. Em pouco tempo, os colaboradores passaram a me chamar pelo meu nome. Achei isso curioso, considerando o grande número de alunos.

Um dia, não sei qual foi o gatilho para isso, percebi que era a única pessoa negra naquele ambiente. Fiquei chocada e surpresa. Essa é uma dura realidade que fazia e ainda faz parte de muitos espaços que frequentei e frequento. Claro que isso me incomoda, mas deveria incomodar mais pessoas.

O término da minha especialização na FGV marcou o nascimento do meu filho, José. Foi nesse momento que uma nova mulher nasceu em mim. Anteriormente focada exclusivamente na carreira, com tudo sempre muito organizado e planejado, passei a ter que cultivar uma maleabilidade necessária. Afinal, um dia programado tinha seu curso alterado se ele não estivesse bem, e ele sempre foi minha prioridade.

Tive dúvidas sobre ser mãe. Não queria ser mãe apenas por ser. Queria fazer isso da maneira certa. A maternidade chegou aos 28 anos, muito bem planejada e desejada e sem dúvida me fez uma pessoa melhor e uma profissional melhor ainda.

Minha mãe, sempre muito presente, foi minha rede de apoio essencial, nesta fase da minha vida. Me deu o suporte necessário para ser mãe e continuar focada na minha carreira. Em uma das minhas últimas convenções no McDonald's, que eu ainda não sabia que seria a última, José foi diagnosticado com gastroenterite um dia antes da viagem. Já pronta para cancelar a viagem, minha mãe me tranquilizou, dizendo: "Pode ir, tranquila, eu dou conta. Cuidei de três meninas". Quando liguei para perguntar como ele estava pela primeira vez, ela respondeu com seu bom humor típico: "Está tudo ótimo, já troquei o lençol três vezes, mas está tudo bem". Começamos a rir.

Com José mais crescido, entrei no mestrado de Ciências Contábeis na Fucape, não gostava nada desta temática contábil, mas era o que eu precisava para continuar avançando na carreira. No final do mestrado, as lojas franqueadas em que trabalhava foram vendidas. Não foi algo planejado, então foi um choque, pois não estava preparada para aquele momento. Nesta altura da minha carreira, já cuidava das lojas franqueadas de Vitória, respondendo diretamente aos franqueados. Coordenava vários gerentes e funcionários.

Como boa ariana, apesar do susto, no dia seguinte já estava pronta para enfrentar os novos desafios. Realizei um desejo antigo: comecei a lecionar em uma faculdade e trabalhar com meus antigos chefes em outros negócios como sócia.

De São Paulo ao Terceiro Setor

Com a conclusão do mestrado e o foco em atingir minha meta estabelecida no início da carreira, decidi me mudar para São Paulo. Comecei a buscar oportunidades na cidade e, em menos de seis meses, já tinha conseguido me recolocar no mercado de trabalho. Mudei-me para o interior de São Paulo e, a cada 15 dias, tinha reuniões na capital, sede da empresa. O cargo era de média gerência, com possibilidades de crescimento.

Essa fase trouxe uma série de novidades. Uma cidade nova, um emprego novo e a experiência de morar em uma cidade pequena, com 80 mil habitantes, com zona rural. Colegas de trabalho especiais, como a Cris, que se tornou uma grande amiga, desempenharam um papel fundamental em nossa adaptação a essa nova realidade. No ambiente profissional, muitos desafios. Trabalhar em uma operação que envolvia tanto o físico quanto o on-line. O trabalho com outros profissionais que também estavam chegando à empresa ajudou muito neste processo de adaptação.

Em oito meses após minha chegada, um período que pode parecer curto, mas que foi repleto de vivências e trabalho intenso, fui convidada para uma reunião. Nesse encontro, recebi o convite para assumir a direção da empresa como diretora executiva. Comecei uma jornada incrível e extremamente desafiadora. Vivi momentos intensos, incontáveis aprendizados e inúmeros desafios, como diretora-executiva de uma empresa que tinha como foco melhorar a vida das classes C, D e E.

Nesse período em São Paulo, comecei a cozinhar como *hobby*, e essa prática se tornou uma constante na minha vida. A estratégia por trás disso era focar outra atividade ao chegar em casa, como forma de distrair a mente. Se perdesse a concentração, a comida poderia queimar, e José certamente ficaria chateado, pois estava ali, ansioso por sua refeição e pela conversa sobre o dia na escola.

A estratégia de cozinhar deu certo, e até hoje é tanto um prazer quanto uma forma de relaxar. Sou capaz de chegar em casa às oito horas da noite e preparar uma massa. Quando digo uma massa, não é simplesmente cozinhar um macarrão e fazer um molho, é literalmente fazer a massa do macarrão ou da lasanha.

Quando estava prestes a deixar São Paulo, recebi um convite para morar no Rio de Janeiro. Contudo, era hora de retornar a Vitória. Eu já não era a mesma; havia alcançado o objetivo que buscava há bom tempo na minha vida. A pergunta que ficava era: e agora?

Ao retornar a Vitória, fui gerenciar uma nova organização, mas o olhar estava diferente. Sempre estive envolvida em trabalhos voluntários. Comecei no McDonald's, com o Mc Dia Feliz, e não parei mais. Participei de atividades diversas, desde vender sobremesas com os escoteiros (José é escoteiro) até trabalhar no projeto miniempresa da Junior Achievement.

Foi então que resolvi fazer uma transição de carreira e trabalhar no terceiro setor. Muitos diziam que eu era louca, que o terceiro setor não pagava como o setor privado, e que eu poderia me arrepender.

O primeiro passo foi me preparar, resolvi fazer uma pós-graduação em políticas públicas e projetos sociais no Senac. Foi um desafio, para a administradora. Uma amiga, Tatiana, madrinha do meu filho, me ajudou nesse processo de recolocação. Assim, entrei para o Instituto Ponte, uma instituição fundada por uma mulher com o DNA executivo nas veias. Isso facilitou muito minha adaptação a essa nova jornada. Continuava em uma instituição com metas, onde era necessário demonstrar produtividade e excelência, a única e melhor diferença era que os esforços agora eram direcionados para colocar mais alunos no Instituto. Foram anos de muito empenho, trabalho árduo e de vivenciar muita transformação social.

Propósito e Compromisso

Sempre me senti uma pessoa extremamente privilegiada. Sou uma mulher negra, que vem de um lar com pai e mãe. Consciente de que uma parcela significativa da população periférica tem lares liderados por mulheres, com a ausência paterna tanto financeira quanto emocionalmente, reconheço que tive oportunidades únicas. Tive a chance de estudar em ótimas instituições e crescer profissionalmente, privilégios que muitos da minha cor não tiveram. Sou uma exceção e estava na hora de fazer algo concreto em relação a isso.

O trabalho voluntário sempre foi, para mim, uma forma de retribuir os privilégios que tive na vida. Conversando com Luiz Claudio, também cofundador do IOB e meu marido, percebemos que era o momento de arregaçar as mangas e fazer algo com foco nos pretos e pardos do Brasil, que correspondem a 56% da população, segundo o último censo do IBGE. Lamentavelmente, 70% dessas pessoas vivem abaixo da linha da pobreza. Números que não deveriam ser ignorados.

No final de 2020, fundamos o Instituto Oportunidade Brasil,

com o objetivo de potencializar oportunidades para jovens negros em situação de vulnerabilidade social. O "Brasil" no nome é para nos lembrar da meta de torná-lo o maior possível, ultrapassando as fronteiras do nosso país. Eu e minhas metas e objetivos.

O Instituto trabalha na inclusão produtiva, promovendo oportunidades de acesso ao mercado de trabalho para esses jovens. Buscamos garantir que essas pessoas tenham acesso à capacitação profissionalizante e, posteriormente, ao mercado de trabalho. Dessa forma, pretendemos possibilitar a geração de renda digna, ampliar o poder de escolha, garantir ganho de qualidade de vida e contribuir para aumentar a produtividade do país.

Enfrentamos grandes desafios, visto que 81% das pessoas veem o racismo no Brasil, mas apenas 34% admitem preconceito contra negros, de acordo com a Pesquisa PoderData de 2020.

Atualmente, estamos qualificando três turmas de jovens negros capixabas, que vivem em situação de vulnerabilidade econômica e social na região metropolitana da Grande Vitória.

Além de formação gratuita, eles recebem bolsa auxílio, transporte e ainda participam de atividades culturais. Os jovens também contam com aulas de inglês e com mentoria de carreira, realizada gratuitamente por voluntários que atuam no Espírito Santo e em outros estados do Brasil.

Recentemente ganhamos um laboratório de informática, que atende nossos alunos e nos permitirá oferecer cursos para a comunidade.

Encerramos o ano de 2023 com o orgulho de receber três premiações, duas estaduais e uma internacional.

Não acredito que vim à Terra a passeio; sinto que tenho um propósito. Trabalhar por uma causa que nem sempre encontra empatia é um desafio monumental, mas ninguém me disse que seria fácil.

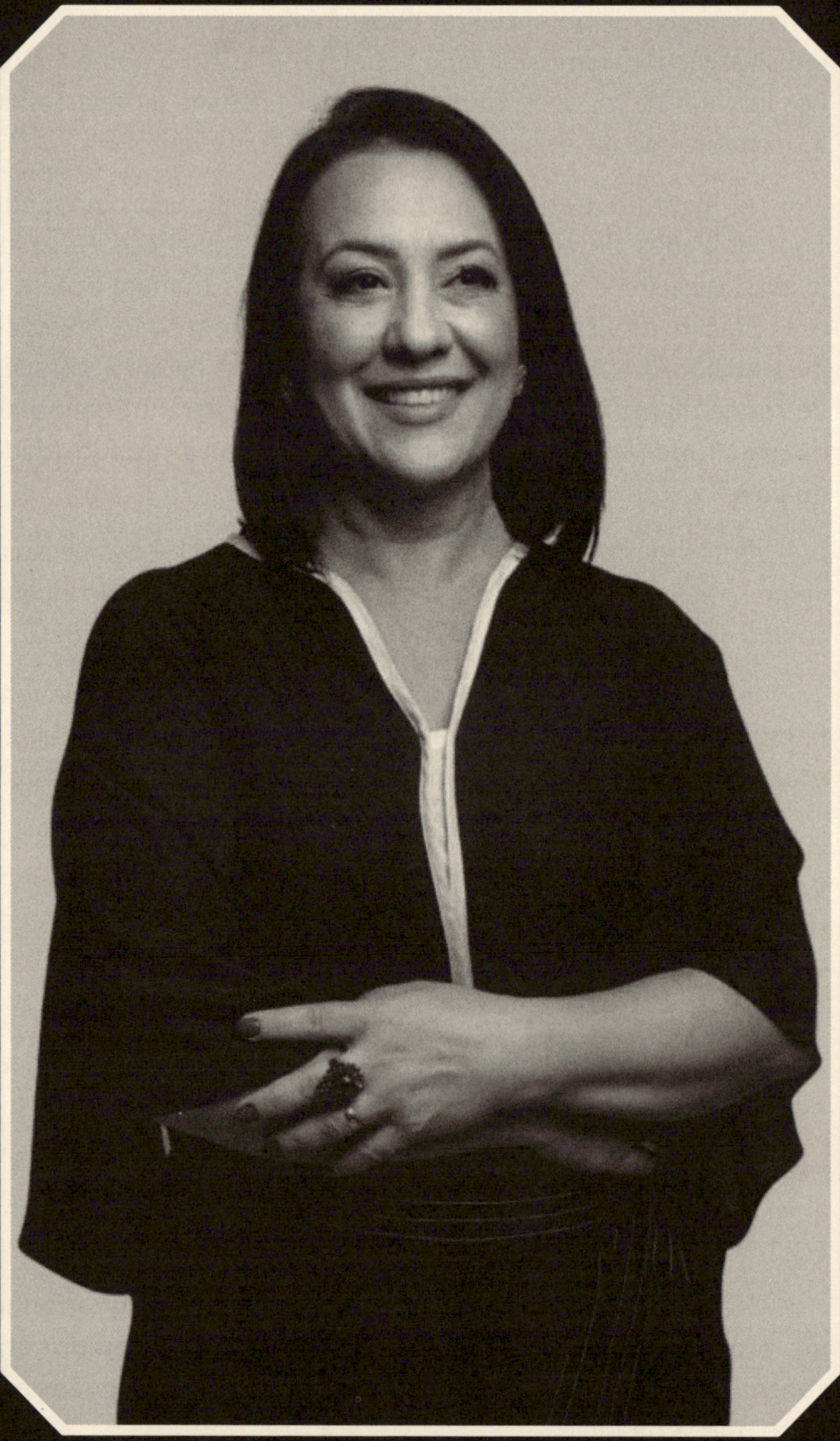

Uma história boa de contar nunca foi fácil de viver

LINKEDIN

Zilma Bauer Gomes

É administradora, sócia-proprietária e fundadora da empresa de cosméticos e tratamentos capilares Ervas Naturais, que hoje atua em diversos estados, entre eles São Paulo, Rio de Janeiro, Distrito Federal, Goiás, Minas Gerais, Bahia, Mato Grosso do Sul, Mato Grosso, Rondônia, Amazonas, além do Espírito Santo, local onde está instalada a fábrica. Também realiza vendas online para todo o país. Natural de Mantena-MG, é presidente do Sindicato da Indústria de Produtos Químicos do Espírito Santo – Sindiquímicos. Casada com Alcion Gomes, é mãe de Kaio Bauer e Larissa Bauer, e a família se mantém unida à frente da Ervas Naturais.

"Uma história boa de contar nunca foi fácil de viver." Ariano Suassuna

Na minha história, toda dificuldade é uma oportunidade. Certamente esta é uma maneira de resumir a tenacidade, o talento e a resiliência de quem se reinventou diversas vezes, até tornar-me uma empresária bem-sucedida à frente da marca de tratamento capilar Ervas Naturais.

Nascida em Barra do Ariranha, município de Mantena, Minas Gerais, tive uma infância de pé no chão, dificuldades e proximidade com a natureza. Meu avô, José Antônio Bauer, tinha escolhido a região para viver, e ali construiu uma grande casa que abrigou a família durante gerações. Natural de Itaperuna-RJ, José Antônio percorreu um longo caminho até chegar a Ariranha, primeiro de trem, depois no lombo de burros. Junto com ele, a mulher e um filho que é meu pai, Joacir, com apenas dois anos. Na chegada, improvisaram um abrigo e, à noite, a fogueira estava sempre acesa para espantar os animais.

Foi ali que nasci; o parto feito pela avó, dona Nadir. Quando eu tinha seis anos, meu pai decidiu levar a família para Santa Luzia da Onça, vilarejo onde montou uma loja de tecidos. Assim como o pai, Joacir também era dentista prático, e ao mesmo tempo que tocava a loja atendia os moradores da região.

O primeiro revés na minha história aconteceu nessa época, quando o sócio de papai fugiu, noite alta, levando toda a mercadoria e deixando só as dívidas para trás. A solução encontrada foi mudar novamente, desta vez para São João de Manteninha. Sem loja e sem consultório, o pai sustentava a família trabalhando em uma madeireira. A comida, pouca e contada, era preparada por mamãe no fogão a lenha. A merenda que eu levava para a escola era arroz e feijão do almoço e do jantar, arrumada cuidadosamente num potinho.

Tempos difíceis em que, para pagar os credores, meu pai permitiu que levassem os móveis da casa. Sobrou quase nada, só o colchão no chão, onde nós dormíamos. Era também onde sonhávamos. E acredito que quem sonha não desiste. Alguns meses depois, o consultório já estava de pé, e a vida começava a melhorar.

Deus, sabiamente, só dá o fardo a quem Ele sabe que pode carregar. E aos 12 anos eu – que sempre era a chefe nas brincadeiras com as crianças – precisei assumir a responsabilidade sobre a casa e os meus irmãos. A mãe, Salviana, adoeceu, e coube a mim, a filha mais velha, cuidar dela, levar meus irmãos à escola, preparar a comida. De repente, tive que me tornar adulta, "mãe de minha mãe". Acabaram-se as brincadeiras, os jogos, e eu tive que crescer.

"Tudo bem, vamos resolver." Foi assim que as dificuldades foram encaradas e ultrapassadas por mim, que me tornei muito decidida. Como no vilarejo em que vivíamos só havia o ensino fundamental, precisei esperar até completar 18 anos para completar os estudos. Antes disso, nosso pai não deu a autorização para pegar o ônibus, sozinha, até Mantena, onde cursava o magistério e trabalhava na loja de um dos meus tios.

Da escola para a loja, da loja para a casa, e no caminho, o amor. Alcion, meu futuro marido, ficou seis meses me admirando de longe, até tomar coragem e oferecer uma carona. No caminho, declarou-se. Tornamo-nos namorados no dia 7 de novembro de 1986, em um ano nos casamos. Nossos filhos, Kaio e Larissa, vieram logo depois.

Quando eles eram pequenos, eu comecei a fazer bijuterias em casa. Não queria ficar longe dos filhos, mas sempre gostei de estar ativa, de trabalhar e ajudar meu marido. O sucesso dessa empreitada levou à criação de um ateliê de decoração com três funcionárias, que recebiam encomendas de toda a região. O lucro, eu guardava cuidadosamente, pois sentia que Deus tinha um propósito para mim e sabia que me esperava mais uma grande virada na vida.

E, novamente, foi uma adversidade que me fez crescer. Com problemas de queda de cabelo, que sempre uma angústia para mulheres vaidosas, eu recebi da minha irmã Jaqueline um kit de tratamento antiqueda, desenvolvido artesanalmente. Algum tempo depois, soube que o proprietário da marca estava disposto a vendê-la. Juntei as economias, fiz um empréstimo e, em 1998, juntamente com Alcion e meu irmão Gefson, tornei-me dona da marca Ervas Naturais.

A fábrica nasceu nos fundos da casa do meu pai, modesta, pequena – mas gigante na certeza de ser um divisor de águas na vida da família. Ao mesmo tempo que pesquisava insumos e matérias-primas para os produtos se tornarem cada vez melhores, investia no meu aperfeiçoamento. Dediquei-me a um curso de seis meses oferecido no Sebrae para me qualificar. Encontrei tempo entre tantos compromissos que eu tinha – empresa, filhos, casa, marido – para investir na qualidade da produção. Superei a barreira do primeiro ano com dedicação, deixando para trás o fantasma que assombra tantos empreendedores. Errar era para os outros, não para mim.

A marca hoje possui um portfólio muito maior do que o kit antiqueda que me impressionou. São 190 tipos de produtos capilares, vendidos em vários estados do Brasil. Do início, quando as entregas eram feitas no fusquinha verde, até o reconhecimento em diversos prêmios de qualidade, são quase três décadas de muito trabalho e investimento, tanto na empresa quanto em mim mesma. Comecei a cursar Administração aos 40 anos, lado a lado com meu filho, que se graduava em Farmácia.

Em 2021, eu e a Ervas Naturais recebemos o Prêmio Melhores do Brasil, criado pela organização Humanizadas para reconhecer bons exemplos de empresas que são as melhores para o Brasil. A Ervas Naturais é a única da indústria capixaba a se enquadrar no ranking das 300 empresas mais humanizadas do país.

Eu sempre acreditei que trabalhar lado a lado com quem compartilha seus ideais, ajudando uns aos outros, compartilhando conhecimento e dividindo dificuldades, é o motor para o desenvolvimento de um segmento. Minha crença no associativismo e no poder da união me motivou a atuar, em 2006, reunindo o setor de cosméticos, e como reconhecimento à minha atuação fui eleita presidente do Sindicato das Indústrias Químicas do Espírito Santo – Sindiquímicos, cargo que ocuparei até 2025.

A família, que sempre foi o meu pilar desde o nascimento pelas mãos do meu pai e da minha avó na casa de Ariranha, segue unida à frente da empresa que tanto orgulha os capixabas. Meu filho Kaio hoje é o farmacêutico responsável por toda a produção, mas ainda pequeno estava na fábrica, ajudando a colar rótulos e a fechar as caixas com os produtos. Larissa, formada em Marketing, começou no Serviço de Atendimento ao Consumidor, e foi quem teve a ideia de ampliar as vendas também para os consumidores finais – já que antes os produtos só estavam disponíveis para salões de beleza. E assim, casa e escritório, antes cheios de livros, se transformaram em depósitos para atender à crescente demanda, os motoboys indo e vindo, uma confusão organizada e lucrativa.

Para mim, que desde criança quis ter um negócio próprio e sempre gostei de ler os rótulos dos shampoos, a Ervas Naturais é a realização de um sonho dividido com aqueles que são mais importantes. Eu sempre optei por manter a família ao meu lado, mesmo que para isso tivesse que adiar a expansão da marca para o exterior. Até hoje, com meus filhos adultos, mantenho o hábito de almoçarmos juntos pelo menos uma vez na semana. Em casa, a conversa é sempre olho no olho, e o afeto é o companheiro diário – como os pais me ensinaram que deve ser, mesmo nos momentos mais difíceis.

Para o futuro, há muitos planos. A entrada da Ervas Naturais em outros países, como o Chile, é o próximo passo. "Minha mãe é uma empreendedora nata", diz Kaio. E pretendo continuar a conduzir a marca com pulso firme e coração aberto. Larissa destaca que foi ver como eu voltava do trabalho para casa, com um brilho nos meus olhos, o que a motivou a entrar para a equipe ainda como estagiária.

O compromisso com a fé é uma marca na minha vida. Quando as bijuterias que vendia começaram a fazer sucesso, e depois consegui abrir o ateliê de decoração, a doação do dízimo e as ofertas para a Igreja eram sagradas. Sempre foi meu compromisso com Deus. Em 2011, criei o Instituto "Eu tenho um sonho" (Ietus) que, por meio da arteterapia, auxiliava mulheres com depressão e outras dificuldades psíquicas. Nos anos seguintes, patrocinei o Dia da Beleza em um presídio feminino. Também tenho uma parceria com um projeto que atua na recuperação e acolhimento de dependentes químicos, oferecendo produtos como shampoos e condicionadores.

Para mim, empreender é o meu grande propósito, e nem a incerteza que estar à frente de uma empresa representa me afasta dele. Fazer a diferença na vida das pessoas por meio do seu trabalho dá força para atravessar mares turbulentos, sempre com a frase que repito para mim mesma desde a infância: "Tudo bem, vamos resolver".

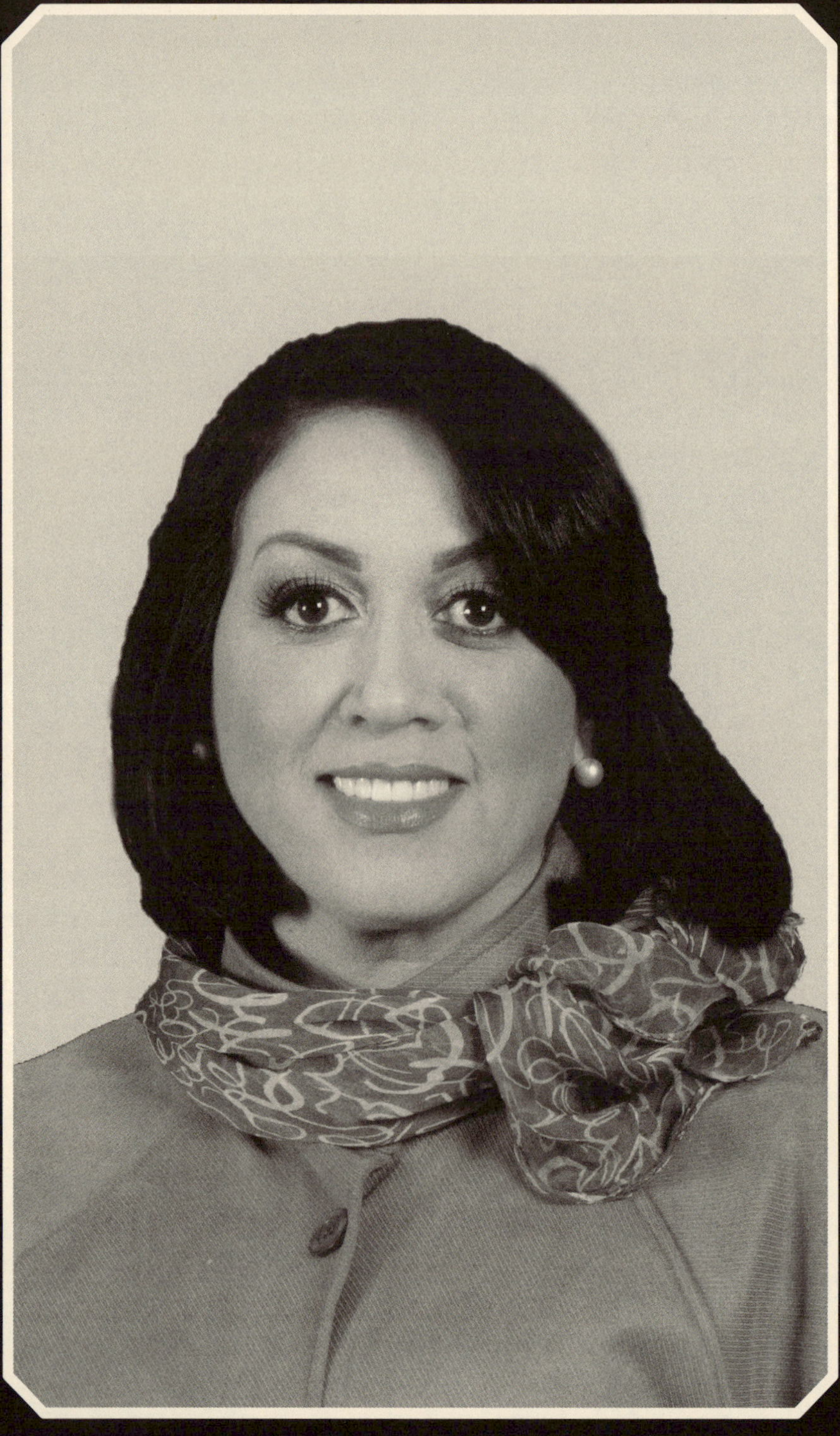

História da CEO da
Editora Leader e
Idealizadora da
Série Mulheres®

Andréia Roma

**EU
POSSO VOAR!**

Como tudo começou

Nasci em São Paulo, sou uma paulista muito orgulhosa de ter nascido nesta terra de tantas oportunidades. Falar das minhas origens, de quando eu era criança, é necessário, porque tudo é parte da minha história de vida. Venho de uma família muito humilde, na infância eu não sabia o que era ter uma roupa, um tênis ou uma sandália novos. Eu e minha irmã usávamos o que outras pessoas nos davam, mas mesmo assim éramos agradecidas. Hoje somos nós que ajudamos outras pessoas, seja diretamente, com caridade, ou indiretamente, através do nosso empreendedorismo.

A profissão do meu pai, um pernambucano muito batalhador, era de pintor. Ele fazia de tudo para que não faltasse nada para nós e seguíamos a vida com escassez, sem luxo, aprendendo que a melhor escolha sempre é ter muita honestidade. Meu pai foi muito carinhoso comigo e com a minha irmã, guardo boas lembranças dos primeiros anos da minha vida. Atualmente ele é aposentado e posso dizer que é uma pessoa maravilhosa, muito importante para mim.

Mamãe, paulista como eu, não trabalhava, porque meu pai entendia que ela precisava estar em casa para cuidar da nossa educação. Então, fomos muito bem educadas por minha mãe, pois mesmo com pouca escolaridade ela nos ensinava bons valores e o respeito ao próximo. Ela nos ensinou como nos portar à mesa, como agir corretamente na convivência com outras pessoas, em qualquer ambiente em que estivéssemos. Tudo isso era próprio dela, que tem uma história muito bonita. Ela foi adotada, depois de ser deixada na porta de um orfanato, junto com as duas irmãs e um irmão.

Separadas pela adoção, depois de 30 anos minha mãe encontrou minha primeira tia, após mais cinco anos, minha outra tia. Meu tio já é falecido, infelizmente, e jamais encontraram a minha avó. Minha mãe foi adotada por um casal que vivia no Interior, e que cuidou muito bem dela, graças a Deus, e ela se tornou uma mulher de fibra, exemplar. Mamãe teve a oportunidade de concluir somente o colegial, não prosseguiu com os estudos, pois se casou com papai muito jovem. E na simplicidade dela, com seu olhar amoroso e de bons valores, nos ensinava muito. Fomos crianças, eu e minha irmã, que tivemos uma mãe presente de verdade. Ela esteve sempre junto com a gente, na pré-escola, no primeiro dia de aula, ia nos buscar, cuidava muito bem de nós, nos orientava, ensinava como nos defender. São muitas passagens que ficaram marcadas nos nossos corações.

Escolha amar, sempre

Algumas pessoas, ao lerem este trecho de minha história, vão dizer que minha mãe talvez não devesse ter aberto mão dos estudos e de trabalhar fora. Na verdade, ela escolheu estar presente e com isso acompanhar nossa infância e todos os nossos passos. Eu digo sempre que ela escolheu amar. Entendo que hoje nós, executivas, não temos como abrir mão de nossas carreiras, porém, ao trazer esta história tenho a intenção de dizer para você que, mesmo com a correria do dia a dia, nunca deixe de registrar em sua agenda o tópico TEMPO PARA AMAR, envie um *invite* se preciso.

Minha mãe me ensinou o segredo de ser fiel às pessoas que amamos e cuidar com amor e dedicação. Apesar de ter sido abandonada um dia por sua mãe biológica, ela me ensinou que amar é um remédio que cura todas as dores da alma. Muitas vezes, quando iniciamos um trabalho, não nos dedicamos como poderíamos e isso ao longo dos anos se torna prejudicial. Reconheço que minha mãe foi a maior treinadora do tema "dedicação e atendimento ao cliente" que eu poderia ter em minha vida. E você, consegue se lembrar do que sua mãe ou seu pai lhe ensinou? Faça sempre essa reflexão e se fortaleça. Desafios vêm para mostrar o quanto você é forte.

Um livro muda tudo!

E como nasceu meu amor pelos livros, esse amor que me levou a empreender no mercado editorial? Bem, o primeiro livro que ganhei foi uma cartilha escolar. Eu adorava essas cartilhas porque podia pintá-las e tinha exercícios que eu gostava de fazer. Aí nasceu minha paixão pelos livros, que só aumentou pela vida afora. Isso colaborou muito na minha atuação como editora, porque não acredito em livros sem exercícios. Eu amava minhas cartilhas, eram distribuídas pelo governo. Elas eram o que eu tinha, eu ganhava de presente, cuidava delas com muito zelo e carinho, lembro-me até de ajudar minha mãe a encapá-las.

Achava sensacional poder ter aqueles livros e cartilhas, enfeitava com florezinhas, não tinha muito o que colocar, não tínhamos como comprar adesivos, então eu fazia com revistas e jornais velhos, tudo que achava eu recortava e colava, deixando tudo muito bonito. A atitude de colar e enfeitar os livros, cuidando com zelo, é o que trago para os dias de hoje. Minha lição aqui é convidar você a zelar e cuidar das oportunidades e parcerias, infelizmente ao longo dos anos nos decepcionamos com algumas, porém, desistir de encontrar parceiros certos para juntos fazer a diferença, jamais. Lembre-se de se levantar a cada tombo unicamente por você e não para que as pessoas que o feriram vejam. Estas pessoas passaram, e você seguiu. Viva o aqui e agora e esqueça o passado.

Sororidade inspirada por meu pai

Se eu pudesse resumir um pedaço da minha história sobre o tema Sororidade, descreveria com estes fatos.

Todos os dias de manhã meu pai saía de casa de bicicleta, praticamente atravessava a cidade para ir trabalhar, e assim economizava na condução para podermos ter um bom café da manhã, antes de irmos pra escola. Quando voltava sempre trazia um pacotinho de balas, de cereja ou de chocolate, lembro-me do formato e cheiro até hoje. Assim que ele chegava colocava as balas do saquinho na mesa, e pedia para eu e minha irmã sentarmos à mesa com ele; ali ele iniciava um ritual diário, olhando nos nossos olhos com carinho ele dividia as balas, e só depois deste momento é que poderíamos pegá-las.

Meu pai me ensinou sobre sororidade muito antes de ouvirmos sobre o tema. Ele com esta atitude me ensinava o valor de respeitar minha irmã, o valor de dividir, o valor de receber, o valor de agradecer. Recordo que a gente não brigava por isso, e ele e minha mãe nos ensinavam ali, mesmo sendo pessoas com tão pouca escolaridade, a compartilhar, a apoiar, respeitar. E isso eu faço sempre, seja como editora, como ser humano, eu compartilho muito. Eu dou muitas oportunidades para que outras pessoas possam publicar, possam escrever, possam se encontrar e identificar a sua história. E se valorizar, por isso eu foco muito no protagonismo da história, o que tenho certeza que fez diferença na minha vida.

Então finalizo aqui essa parte que fala da minha infância, dos meus pais, e de como eles me ensinaram a ser quem eu sou hoje.

Laboratório do sucesso
Iniciei minha vida profissional quando tinha 14 anos, como cuidadora de um casal de idosos. Trabalhar com eles me ensinou a ver e sentir o ser humano de outra forma, mais sensí-

vel, mais dependente. Eles já não estão mais conosco, mas nem imaginam o tamanho do legado que deixaram para mim. Foi uma grande lição para uma menina de 14 anos. Aos 15, entendi o significado de atender pessoas, fui trabalhar em uma banca de pastel e ali tive a chance de aprender grandes lições. Uma delas eu me recordo bem: meu patrão fritava todos os dias um pastel de carne e me fazia comer; quando eu terminava, ele dizia: "Como foi? Estava saboroso?" Na época eu não entendia o que ele queria, porém hoje sei que ele me ensinava que a experiência de experimentar é o maior laboratório do sucesso. Um cliente só volta para sentir novamente a experiência que seu produto pode proporcionar.

Aos 16, iniciei como recepcionista em uma papelaria, onde gostava muito de atender os clientes e fiz muitas amizades. Nesta experiência entendi que o *networking* traz para nossas vidas muitas oportunidades. Uma dica importante para você que deseja crescer é se relacionar, conhecer seus clientes, entender o que fazem e por que fazem. Todo cliente tem um propósito, descubra o propósito do seu cliente.

Aos 18, engravidei do meu primeiro namorado, e foi também meu primeiro aprendizado. Hoje eu agradeço a ele pela vida da minha filha, mas na época éramos jovens e tive uma experiência dolorosa. Eu tive a chance de ouvir o coração dela sozinha, foi um momento só meu e eu adorei. E naquele dia, como uma intuição divina, eu sabia que era uma menina, antes de o médico saber!

Quando ela nasceu, chamá-la de Larissa, que significa Alegria, realmente expressava o que eu estava sentindo. E me emociono ao dizer isso, porque ela tem me dado muitas alegrias. Segui criando minha filha sozinha e isso só me deu mais força para entender aonde queria chegar.

Lembro-me de que, quando entrei na sala de cirurgia para

dar à luz a Larissa, visualizei que dali em diante eu seria empreendedora, que lutaria por mim e por minha filha. Comecei a estudar, e não parei mais, me considero uma autodidata em muitas áreas do conhecimento.

Suas escolhas decidem quem você será no futuro!

Próximo aos 24 anos me casei com o Alessandro e recebi mais um presente, meu segundo filho, chamado Boaz, e sua chegada reforçou ainda mais o que eu queria realizar em minha vida.

Na minha primeira formação em PNL e Coaching, recordo-me que o exercício na sala de aula era a ponte ao futuro. Ali eu reforçaria aonde queria chegar. E minha meta foi ter uma editora. Esse objetivo gritava dentro de mim, foi então que pedi demissão da empresa em que trabalhava. Algo me dizia "você está no caminho, vá em frente".

Foi o que fiz, porque eu tinha dois motivadores em minha vida, Larissa e Boaz.

Segui minha vida trabalhando, lendo muitos livros, pois sou uma apaixonada por livros, e participei de várias formações, buscando oportunidades, em minhas contas somo mais de 60 cursos. Confesso que investi muitos dias da minha vida para todas estas formações, ganhava pouco em empresas em que trabalhei, porém a oportunidade de estudar me manteve fiel em cada uma delas. Eu realmente fazia além do que era paga para fazer, pois eu acreditava em mim. Sou grata a todas as empresas pelas quais passei, são grandes motivadores para mim.

Quase desisti

Lembro-me que depois dos 30 anos fui convidada para

estruturar a primeira editora, era um sonho e trabalhava dia e noite com a proposta de uma sociedade. Porém naquela época a empolgação foi tamanha e me esqueci do contrato, aí você já imagina. Depois desta decepção eu resolvi deixar o mundo editorial, quase desistindo do sonho de empreender, e disse a meu marido que iria procurar uma nova recolocação no mercado. Ele me disse: "Acredite, você vai conseguir".

Foi quando tive a grande surpresa que mudaria totalmente minha vida.

Ele me disse para insistir com meus sonhos. E, se eu acreditasse na editora que queria construir, daríamos um jeito para realizar minha meta. Sem me consultar, ele foi até a empresa em que trabalhava há seis anos e pediu para ser demitido. Com a indenização dele fundei a Editora Leader. Assim, nasceu a Editora Leader, por meio de alguém que renunciou ao seu trabalho para realizar o meu sonho. Meu marido me inspira até hoje.

Sou e serei eternamente grata a ele.

Meu maior legado

Falar de filhos, de família, para mim é o maior legado do mundo, é você respeitar as pessoas que você ama. Falar do momento de mãe solteira é difícil. Não fiz nada diferente de outras jovens que também engravidam e não têm o apoio de seu parceiro. Não fui forçada a engravidar, aconteceu e aí vieram as consequências. Uma delas foi que meu pai não aceitava, até pela criação que teve, tinha uma importância muito grande para ele que eu só tivesse filhos após o casamento. Ele deixou de falar comigo, não me abraçava mais, foi muito penoso lidar com isso, porque ele sempre foi muito próximo. Na realidade, ele se importava, mas estava muito magoado. Hoje eu sei disso, mas na época não.

Então eu tinha de conviver com o conflito de ter sido abandonada e de meu pai se afastar de mim. Minha mãe me apoiou e me dava carinho e força. Fiquei em casa grávida, isolada, como se estivesse em quarentena. É assim que descrevo hoje aquela situação. Como não tinha com quem conversar, eu falava com minha bebê, cantava para ela. Por isso digo que ela realmente foi a minha alegria. Falar dela e da minha gravidez é falar de todas as mães solteiras, mas principalmente dizer às jovens para que se cuidem e evitem passar por uma situação tão dolorosa.

Hoje tomo isso como um grande aprendizado. E digo que o maior desafio de ser mãe, com certeza, é estar sozinha, apesar de ter aquela bebê maravilhosa dentro de mim. Então, eu entendi que precisava realmente fazer a diferença, não só pela minha filha, mas por mim primeiro. Naquele momento eu assumi o protagonismo da minha vida. Pensei que eu queria mais da vida, queria mais de tudo que pudesse obter.

Minha maior lembrança é de quando entrei no hospital, naquele corredor frio, olhei na janelinha da porta do centro cirúrgico e quem estava ali era minha mãe. Com seu olhar ela me dizia que eu ia conseguir, e isso realmente me motiva até hoje. Então, todas as vezes que me sinto triste, eu olho na "janelinha do tempo", e vejo o rostinho da minha mãe dizendo que vou conseguir. Isso pra mim faz toda a diferença.

Quando decidi ter um emprego, até pela maturidade de querer sustentar minha filha, tive uma grande oportunidade, aos 19 anos, de trabalhar num jornal, com a venda de assinaturas. E me saí muito bem. Era no centro da cidade de São Paulo, foi uma ótima experiência.

Depois fui para uma empresa de treinamentos, que nem existe mais, mas na época tive a chance de fazer alguns e aprendi muito. Eram treinamentos de negociação, motivação, liderança, conheci também um pouco da Programação Neurolinguística (PNL), e várias outras ferramentas. E mergulhei nesse mercado, gostava muito de ler, até pela falta de oportunidade que tive, então agarrei com as duas mãos e segurei com muita determinação.

Logo depois, comecei a vender livros e revistas numa empresa que não existe mais. Lá eu aprendi bastante, as pessoas que conheci ali foram bem importantes na minha vida e entendi que para vender eu tinha de ler ainda mais. Ler bastante, o tempo inteiro. Gosto muito de ler, eu lia muitos livros sobre motivação, vendas, de liderança, de negociação, livros de Eduardo Botelho, Reinaldo Polito, vários escritores, nacionais e internacionais, muitas pessoas que aprendi a admirar.

Contar sobre esse período é dizer o quanto essa oportunidade me ensinou a ser uma pessoa melhor, e a transformar desafios na "janelinha", onde o retrato é da minha mãe, dizendo que vou conseguir.

Pronta para Voar!

Selo Editorial Série Mulheres®

A Editora Leader é um espaço especial criado para que homens e mulheres possam publicar. Em todos os projetos da Leader dedicado às mulheres, uma das coisas que coloco é um espaço para as origens das autoras, como fiz aqui neste capítulo, porque, mesmo que seja doloroso falar sobre aquele momento, aquela situação difícil, isso faz com que você entenda a sua evolução, o quanto você caminhou, o quanto você já venceu. E faz com que veja alguém inspirador, como eu vi na janelinha do hospital, o rostinho da minha mãe. Então, qual é o rosto que você vê? Quando você se lembra dos seus desafios na infância, das situações difíceis, qual é o rosto que você vê? Acho que essa é a maior motivação, quando você consegue descrever isso, quando você trouxer isso pra sua vida consegue inspirar outras pessoas a caminhar. Percorrer o corredor daquele hospital foi um dos mais longos trajetos da minha vida, mas foi o mais importante, porque me ensinou a ser quem eu sou.

Me ensinou a compartilhar mais, me mostrou caminhos que nenhuma faculdade, nenhum curso vai me ensinar. Realmente ali eu assumi que podia fazer aquilo, e eu fiz.

Hoje minha filha tem 22 anos, está no segundo semestre de Medicina, e eu fico muito feliz. Contudo, hoje trabalho com legados, assim como os médicos, que fazem o bem para tantas pessoas! Hoje vejo minha filha caminhando para isso.

Então acho que o Selo Série Mulheres® da Editora Leader e grande parte de suas publicações têm um pouco de cada mulher, independentemente do que ela escolheu para sua vida. Digo que é uma conexão com as mulheres. Não é só quem eu quero ser, é quem eu sou. É quem eu assumi ser, é a protagonista da minha história. Com uma infância triste ou feliz, eu quero que realmente essas histórias inspirem muitas pessoas. Essa é a minha história, que reúne várias mulheres e diversas temáticas no mercado, trazendo o olhar feminino, trazendo o olhar dessas mulheres através do protagonismo de suas histórias, começando pelas origens e falando de onde elas vieram e quem elas são.

Eu me orgulho muito da Série Mulheres®, um projeto que lançamos com abrangência nacional e internacional, com ineditismo registrado em 170 países, aliás o único no Brasil, porque todos os livros são patenteados, tivemos esse cuidado para que nenhuma outra editora, além da Leader, pudesse lançar as temáticas, por exemplo, Mulheres do RH, Mulheres no Seguro, Mulheres do Marketing, Mulheres do Varejo, Mulheres na Tecnologia, Mulheres Antes e Depois dos 50, Mulheres na Indústria do Casamento, Mulheres na Aviação, Mulheres no Direito, Mulheres que Transformam, enfim, hoje já estamos na construção de quase 50 temáticas que vamos lançar até 2030. São histórias de mulheres que realmente decidiram, que, através de suas escolhas, suas trajetórias, suas boas práticas empolgam as leitoras e os leitores, porque o Selo Editorial Série Mulheres® é para homens e mulheres lerem. Então trazemos com carinho a história de cada mulher, mostrando a força feminina, não como uma briga por igualdade, nada disso, mas sim com um olhar humanizado, com um olhar em que as mulheres assumem o protagonismo de suas histórias. Elas entendem os seus valores, as suas crenças e assumem a sua identidade, mostrando quem elas são, dentro do que elas fazem, do que elas escolheram para fazer. Mulheres fortes, eu diria. São mulheres escolhidas a dedo para participar da Série. Nós precisamos entender que para tocar uma alma humana você tem que ser outra alma humana.

Então a Série Mulheres® é uma grande oportunidade para o mercado feminino mostrar sua história, mostrar mais do que o empoderamento, mostrar o quanto você pode inspirar outras mulheres. E detalhe: numa história difícil, triste, quanto você pode levantar o ânimo dessas mulheres, para que elas tenham uma chance, para que possam caminhar.

Um dos livros que vamos lançar é Mulheres – Um grito de socorro, que já está registrado também, e vem trazendo esse olhar de muitas Marias, que são fortes e deram a volta por cima em suas vidas. A Série Mulheres® é isso, é um compilado de mulheres que inspiram outras mulheres e homens. Muitas não são famosas, mas são "celebridades" dentro do que elas fazem. Nosso propósito é trazer um novo olhar para as brasileiras que colaboram para o desenvolvimento econômico do nosso país, com verdadeira responsabilidade social e ambiental.

A Editora Leader me transformou numa empreendedora de sucesso, e eu a transformei numa empresa com vários diferenciais.

Eu acredito que "**Um livro muda tudo**", que se tornou o nosso *slogan*. E pergunto sempre, através da Leader: qual é a sua história? Qual é o poder que tem a sua história?

Termino por aqui, espero que minha história a prepare para voar, e convido você a contar a sua história aqui, na Editora Leader, no Selo Editorial Série Mulheres®.

Cordel

Este livro tem poder,
O poder de transformar,
Cria oportunidades,
Pra muita mulher falar,
Sobre suas experiências,
Este livro vai contar!

Este livro bem ensina,
Sobre respeito e equidade,
Defende o nosso espaço,
Buscando mais igualdade,
Que tal ser inspiração,
Pra muitas na sociedade?

Não estamos contra os homens,
Não é uma competição,
Só queremos ter espaço,
Não é uma imposição,
Unindo homem e mulher,
É mútua inspiração!

Pra você que é mulher,
Não importa a profissão,
Reconheça o seu valor,
Dê sua contribuição,
Isso pode bem mudar,
O futuro da nação!

Por espaço igualitário,
Não é só nossa questão,
Queremos o seu respeito,
Temos também opinião,
Atenção você mulher,
Preste muita atenção!

A mensagem do cordel,
É fazer cê refletir,
Que essa série pra mulher,
Vai fazer cê decidir,
Se juntar a essa luta,
Não espere, pode vir!

Recebemos como presente este cordel, criado por **Caroline Silva**, coautora do livro "*Mulheres Compliance na Prática – volume I*", para abrilhantar os livros da Série Mulheres.

Benefícios do apoio ao Selo Série Mulheres

Ao apoiar livros que fazem parte do Selo Editorial Série Mulheres, uma empresa pode obter vários benefícios, incluindo:

- **Fortalecimento da imagem de marca:** ao associar sua marca a iniciativas que promovem a equidade de gênero e a inclusão, a empresa demonstra seu compromisso com valores sociais e a responsabilidade corporativa. Isso pode melhorar a percepção do público em relação à empresa e fortalecer sua imagem de marca.

- **Diferenciação competitiva:** ao apoiar um projeto editorial exclusivo como o Selo Editorial Série Mulheres, a empresa se destaca de seus concorrentes, demonstrando seu compromisso em amplificar vozes femininas e promover a diversidade. Isso pode ajudar a empresa a se posicionar como líder e referência em sua indústria.

- **Acesso a um público engajado:** o Selo Editorial Série Mulheres já possui uma base de leitores e seguidores engajados que valoriza histórias e casos de mulheres. Ao patrocinar esses livros, a empresa tem a oportunidade de se conectar com esse público e aumentar seu alcance, ganhando visibilidade entre os apoiadores do projeto.

– **Impacto social positivo:** o patrocínio de livros que promovem a equidade de gênero e contam histórias inspiradoras de mulheres permite que a empresa faça parte de um movimento de mudança social positivo. Isso pode gerar um senso de propósito e orgulho entre os colaboradores e criar um impacto tangível na sociedade.

– *Networking* **e parcerias:** o envolvimento com o Selo Editorial Série Mulheres pode abrir portas para colaborações e parcerias com outras organizações e líderes que também apoiam a equidade de gênero. Isso pode criar oportunidades de *networking* valiosas e potencializar os esforços da empresa em direção à sustentabilidade e responsabilidade social.

É importante ressaltar que os benefícios podem variar de acordo com a estratégia e o público-alvo da empresa. Cada organização deve avaliar como o patrocínio desses livros se alinha aos seus valores, objetivos e necessidades específicas.

REGISTRO DIREITO AUTORAL

CBL
Câmara
Brasileira
do Livro

clique para acessar
a versão online

CERTIFICADO DE REGISTRO DE DIREITO AUTORAL

A Câmara Brasileira do Livro certifica que a obra intelectual descrita abaixo, encontra-se registrada nos termos e normas legais da Lei nº 9.610/1998 dos Direitos Autorais do Brasil. Conforme determinação legal, a obra aqui registrada não pode ser plagiada, utilizada, reproduzida ou divulgada sem a autorização de seu(s) autor(es).

Responsável pela Solicitação:
Editora Leader

Participante(s):
Andréia Roma (Coordenador) | Ana Paula França (Coordenador)

Título:
Mulheres no Espírito Santo : acelerando e inspirando carreiras

Data do Registro:
11/05/2024 11:10:51

Hash da transação:
0x4ebde717a8b44b636cdcc4afbd25a8969029abd0c3c3c40c85ee71ac2afd4c41

Hash do documento:
13622e4e3bac2f1b97526d36af7269907ae0b984e25f838ebf86e325054b9a9e

Compartilhe nas redes sociais

FAÇA PARTE DESTA HISTÓRIA
INSCREVA-SE

INICIAMOS UMA AÇÃO CHAMADA

MINHA EMPRESA ESTÁ COMPROMETIDA COM A CAUSA!

Nesta iniciativa escolhemos de cinco a dez empresas para apoiar esta causa.

SABIA QUE SUA EMPRESA PODE SER PATROCINADORA DA SÉRIE MULHERES, UMA COLEÇÃO INÉDITA DE LIVROS DIRECIONADOS A VÁRIAS ÁREAS E PROFISSÕES?

Uma organização que investe na diversidade, equidade e inclusão olha para o futuro e pratica no agora.

Para mais informações de como ser um patrocinador de um dos livros da Série Mulheres escreva para: **contato@editoraleader.com.br**

ou

Acesse o link e preencha sua ficha de inscrição

Nota da Coordenação Jurídica do Selo Editorial Série Mulheres® da Editora Leader

A Coordenação Jurídica da Série Mulheres®, dentro do Selo Editorial da Editora Leader, considera fundamental destacar um ponto crucial relacionado à originalidade e ao respeito pelas criações intelectuais deste selo editorial. Qualquer livro com um tema semelhante à Série Mulheres®, que apresente notável semelhança com nosso projeto, pode ser caracterizado como plágio, de acordo com as leis de direitos autorais vigentes.

A Editora Leader, por meio do Selo Editorial Série Mulheres®, se orgulha do pioneirismo e do árduo trabalho investido em cada uma de suas obras. Nossas escritoras convidadas dedicam tempo e esforço significativos para dar vida a histórias, lições, aprendizados, cases e metodologias únicas que ressoam e alcançam diversos públicos.

Portanto, solicitamos respeitosamente a todas as mulheres convidadas para participar de projetos diferentes da Série Mulheres® que examinem cuidadosamente a originalidade de suas criações antes de aceitar escrever para projetos semelhantes.

É de extrema importância preservar a integridade das obras e apoiar os valores de respeito e valorização que a Editora Leader tem defendido no mercado por meio de seu pioneirismo. Para manter nosso propósito, contamos com a total colaboração de todas as nossas coautoras convidadas.

Além disso, é relevante destacar que a palavra "Mulheres" fora do contexto de livros é de domínio público. No entanto, o que estamos enfatizando aqui é a responsabilidade de registrar o tema "Mulheres" com uma área específica, dessa forma, o nome "Mulheres" deixa de ser público.

Evitar o plágio e a cópia de projetos já existentes não apenas protege os direitos autorais, mas também promove a inovação e a diversidade no mundo das histórias e da literatura, em um selo editorial que dá voz à mulher, registrando suas histórias na literatura.

Agradecemos a compreensão de todas e todos, no compromisso de manter a ética e a integridade em nossa indústria criativa. Fiquem atentas.

Atenciosamente,

Adriana Nascimento e toda a Equipe da Editora Leader
Coordenação Jurídica do Selo Editorial Série Mulheres

ANDRÉIA ROMA
CEO DA EDITORA LEADER

REGISTRE seu legado

A Editora Leader é a única editora comportamental do meio editorial e nasceu com o propósito de inovar nesse ramo de atividade. Durante anos pesquisamos o mercado e diversos segmentos e nos decidimos pela área comportamental através desses estudos. Acreditamos que com nossa experiência podemos fazer da leitura algo relevante com uma linguagem simples e prática, de forma que nossos leitores possam ter um salto de desenvolvimento por meio dos ensinamentos práticos e teóricos que uma obra pode oferecer.

Atuando com muito sucesso no mercado editorial, estamos nos consolidando cada vez mais graças ao foco em ser a editora que mais favorece a publicação de novos escritores, sendo reconhecida também como referência na elaboração de projetos Educacionais e Corporativos. A Leader foi agraciada mais de três vezes em menos de três anos pelo RankBrasil – Recordes Brasileiros, com prêmios literários. Já realizamos o sonho de numerosos escritores de todo o Brasil, dando todo o suporte para publicação de suas obras. Mas não nos limitamos às fronteiras brasileiras e por isso também contamos com autores em Portugal, Canadá, Estados Unidos e divulgações de livros em mais de 60 países.

Publicamos todos os gêneros literários. O nosso compromisso é apoiar todos os novos escritores, sem distinção, a realizar o sonho de publicar seu livro, dando-lhes o apoio necessário para se destacarem não somente como grandes escritores, mas para que seus livros se tornem um dia verdadeiros *best-sellers*.

A Editora Leader abre as portas para autores que queiram divulgar a sua marca e conteúdo por meio de livros...

EMPODERE-SE
Escolha a categoria que deseja

■ Autor de sua obra

Para quem deseja publicar a sua obra, buscando uma colocação no mercado editorial, desde que tenha expertise sobre o assunto abordado e que seja aprovado pela equipe editorial da Editora Leader.

■ Autor Acadêmico

Ótima opção para quem deseja publicar seu trabalho acadêmico. A Editora Leader faz toda a estruturação do texto, adequando o material ao livro, visando sempre seu público e objetivos.

■ Coautor Convidado

Você pode ser um coautor em uma de nossas obras, nos mais variados segmentos do mercado profissional, e ter o reconhecimento na sua área de atuação, fazendo parte de uma equipe de profissionais que escrevem sobre suas experiências e eternizam suas histórias. A Leader convida-o a compartilhar seu conhecimento com um público-alvo direcionado, além de lançá-lo como coautor em uma obra de circulação nacional.

■ Transforme sua apostila em livro

Se você tem uma apostila que utiliza para cursos, palestras ou aulas, tem em suas mãos praticamente o original de um livro. A equipe da Editora Leader faz toda a preparação de texto, adequando o que já é um sucesso para o mercado editorial, com uma linguagem prática e acessível. Seu público será multiplicado.

■ Biografia Empresarial

Sua empresa faz história e a Editora Leader publica.

A Biografia Empresarial é um diferencial importante para fortalecer o relacionamento com o mercado. Oferecer ao cliente/leitor a história da empresa é uma maneira ímpar de evidenciar os valores da companhia e divulgar a marca.

■ Grupo de Coautores

Já pensou em reunir um grupo de coautores dentro do seu segmento e convidá-los a dividir suas experiências e deixar seu legado em um livro? A Editora Leader oferece todo o suporte e direciona o trabalho para que o livro seja lançado e alcance o público certo, tornando-se sucesso no mercado editorial. Você pode ser o organizador da obra. Apresente sua ideia.

A Editora Leader transforma seu conteúdo e sua autoridade em livros.

OPORTUNIDADE
Seu legado começa aqui!

A Editora Leader, decidida a mudar o mercado e quebrar crenças no meio editorial, abre suas portas para os novos autores brasileiros, em concordância com sua missão, que é a descoberta de talentos no mercado.

NOSSA MISSÃO

Comprometimento com o resultado, excelência na prestação de serviços, ética, respeito e a busca constante da melhoria das relações humanas com o mundo corporativo e educacional. Oferecemos aos nossos autores a garantia de serviços com qualidade, compromisso e confiabilidade.

Publique com a Leader

- **PLANEJAMENTO** e estruturação de cada projeto, criando uma **ESTRATÉGIA** de **MARKETING** para cada segmento;

- **MENTORIA EDITORIAL** para todos os autores, com dicas e estratégias para construir seu livro do Zero. Pesquisamos o propósito e a resposta que o autor quer levar ao leitor final, estruturando essa comunicação na escrita e orientando sobre os melhores caminhos para isso. Somente na **LEADER** a **MENTORIA EDITORIAL** é realizada diretamente com a editora chefe, pois o foco é ser acessível e dirimir todas as dúvidas do autor com quem faz na prática!

- **SUPORTE PARA O AUTOR** em sessões de videoconferência com **METODOLOGIA DIFERENCIADA** da **EDITORA LEADER**;

- **DISTRIBUIÇÃO** em todo o Brasil — parceria com as melhores livrarias;

- **PROFISSIONAIS QUALIFICADOS** e comprometidos com o autor;

- **SEGMENTOS:** Coaching | Constelação | Liderança | Gestão de Pessoas | Empreendedorismo | Direito | Psicologia Positiva | Marketing | Biografia | Psicologia | entre outros.

LIVRARIA MARTINS FONTES | leitura | amazon

AMERICANAS | livraria cultura | EDITORA LEADER

Livrarias Curitiba | magalu

www.editoraleader.com.br

Entre em contato e vamos conversar

Nossos canais:

Site: www.editoraleader.com.br

E-mail: contato@editoraleader.com.br

📷 @editoraleader

O seu projeto pode ser o próximo.

EDITORA LEADER